평 가 지 배 사 회 를 살 아 가 는 **시 험 인 간**

호모 이밸루쿠스

평가 지배 사회를 살아가는 시험 인간

호모 이밸루쿠스

초판 1쇄 펴낸날 | 2020년 10월 15일

지은이 | 김민주
펴낸이 | 류수노
펴낸곳 | 한국방송통신대학교출판문화원
　　　　(03088) 서울시 종로구 이화장길 54
　　　　전화 1644-1232
　　　　팩스 (02) 741-4570
　　　　홈페이지 http://press.knou.ac.kr
　　　　출판등록 1982년 6월 7일 제1-491호

출판위원장 | 이기재
편집 | 이두희·명수경
편집 디자인 | 이화서
표지 디자인 | 이상선

ⓒ 김민주, 2020
ISBN 978-89-20-03795-5 03370

값 16,500원

이 도서의 국립중앙도서관 출판예정도서목록(CIP)은 서지정보유통지원시스템 홈페이지
(http://seoji.nl.go.kr)와 국가자료종합목록 구축시스템(http://kolis-net.nl.go.kr)에서 이용하실
수 있습니다.(CIP제어번호: CIP 2020040544)

평가지배사회를 살아가는 **시험 인간**

호모 이밸루쿠스

HOMO EVALUCUS

김민주 지음

지식의날개

　나는 이 사회를 '평가지배사회'라고 진단한다. 우리 모두가 수없이 평가받고 평가하면서 살아가기 때문이다. 평가결과에 따라 행동과 생각은 물론이고 인생의 경로도 달라진다. 지금까지 살아오면서 여러 차례 치러 왔던 시험의 결과가 우리에게 미친 영향을 떠올려 보면 쉽게 이해할 수 있을 것이다. 시험을 비롯한 다양한 형태의 평가는 우리 삶과 사회를 지배하고 있다. 지금 이 순간에도 평가를 하는 행위나 그 결과가 이 사회를 만들고 design 있을지도 모른다.

　평가라는 키워드를 통해 세상을 바라볼 수 있다는 아이디어는《평가지배사회》라는 책을 통해 이미 소개한 적이 있다. 평가지배사회에 대한 간략한 소개를 담고 있는 작은 책이었다. 그런데 그 책에서는 평가지배사회라는 진단은 했지만 정작 그 속에 살아가는 인간에 대한 내용은 다루지 못했다. 그래서 이후 3년여간 평가지배사회에서 살아가는 인간에 대한 조사와 탐구를 하기 시작했다. 그 결과물이 바로 이 책《호모 이밸루쿠스 ― 평가지배사회를 살아가는 시험 인간》이다.

이 책에서는 평가를 뜻하는 단어 이밸루에이션 evaluation 을 사용하여 평가지배사회를 살아가는 인간을 '호모 이밸루쿠스'라고 지칭한다. 평가에서 자유로울 수 없는 우리 모두가 호모 이밸루쿠스이기 때문에 이 책은 우리 모두의 이야기이기도 하다. 하지만 우리는 스스로가 호모 이밸루쿠스인지조차 모르고 살아가고 있다. 이미 평가의 굴레 속에서 평가를 일상으로 받아들이고 있기 때문이다. 길들여져 있으면 잘 보이지 않는다. 이 책은 바로 그 점을 깨닫게 해 주면서 우리의 상황을 정확히 인지하는 데 도움을 준다. 우리가 호모 이밸루쿠스라는 점을 깨닫고 현재 어떻게 살아가고 있는지, 그리고 앞으로 어떻게 살아가야 하는지 등을 이야기해 준다.

구체적으로 다음과 같은 내용을 다룬다. 호모 이밸루쿠스와 평가지배사회에 대한 소개부터 프롤로그, 일상 속에서 호모 이밸루쿠스가 어떻게 살아가는지 1장, 인간이 호모 이밸루쿠스로 어떻게 성장하는지 2장, 호모 이밸루쿠스가 서로 닮아 가는 모습 3장, 평가과정에서 작동하는 권력을 마주한 호모 이밸루쿠스의 실상 4장, 호모 이밸루쿠스가 만드는 시장의 모습 5장, 호모 이밸루쿠스에게 영향을 미치는 운 6장,

평가지배사회에서 진화하는 호모 이밸루쿠스7장, 그리고 마지막으로 앞으로 호모 이밸루쿠스가 살아갈 방법을 제시한다에필로그.

코로나바이러스감염증-19COVID-19, 이하 코로나-19 이후의 세계에 대해 이런저런 말들이 많다. 호모 이밸루쿠스에게도 코로나-19의 발병은 큰 사건이다. 미래 예측이 쉽지 않지만, 이 사회를 평가지배사회로 진단한 관점에서 볼 때 이 사건을 겪으며 더욱 확실해진 사실이 하나 있다. 코로나-19 이후의 세계에서도 평가는 여전히 계속될 것이고 호모 이밸루쿠스의 존재도 지속될 것이라는 점이다.

평가의 방식은 달라져도 평가는 사라지지 않을 것이다. 학교 등교가 어려워도 시험을 생략하지는 않았고, 취업시험의 경우도 일정이 연기되고 장소가 달라졌을 뿐 시험이 없어지지는 않았다. 오히려 더 다채로운 평가 방식이 등장했다. 시험 응시자는 각자의 집에서 온라인으로 시험을 치르기도 했다. 시험 응시와 시험 감독 모두 비대면으로도 가능함을 보여 주었다. 그동안 그래왔던 것처럼 호모 이밸루쿠스는 또 다른 새로운 환경에 적응해 가고 있음이 분명하다.

이와 같이 복잡한 사회에서 다채로운 일이 벌어져도 호모 이밸루쿠스는 또 적응하며 진화해 갈 것이다. 평가로부터 벗어날 수 없는 인간은 그것이 숙명일지도 모른다. 그렇기 때문에 더욱 호모 이밸루쿠스에 대한 탐구가 필요하다. 이 책을 통해 그동안 접하지 못했던 새로운 시각으로 자신에 대한 탐구 여정을 시작하길 바란다.

이 책은 한국방송통신대학교 출판문화원의 도서원고 공모에 당선되면서 세상에 나오게 되었다. 이 기회가 없었다면 호모 이밸루쿠스의 탄생도 없었다. 한국방송통신대학교 출판문화원에 깊은 감사의 마음을 전한다. 특히 세심하고 정성스럽게 편집을 해 주신 관계자분들께는 별도의 감사의 마음을 전한다. 마지막으로 이 책이 평가지배사회를 살아가는 여러분들의 삶에 조금이라도 힘이 되길 바란다.

2020년 10월, 학교 연구실에서

김민주

차례

호모 이밸루쿠스와 평가지배사회

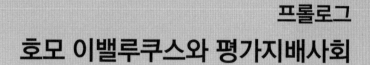

인류는 호모 이밸루쿠스 homo evalucus 이다. 호모 이밸루쿠스라는
용어는 평가를 뜻하는 이밸루에이션 evaluation 에서 비롯된 것으로 평
가지배사회를 살아가는 인간을 말한다. 사소한 평가에서부터 나름의
형식을 갖춘 평가에 이르기까지 인간은 모두 평가를 하거나 평가를
받으며 살아간다. 식食을 해결하기 위해 먹는 순간 맛을 평가하고, 전
자기기를 사용하면서 디자인과 기능을 평가하고, 여러 형태의 시험을
통해 평가를 받고, 남이 만든 음식을 평가하면서 동시에 자신이 만든
음식의 맛을 평가받기도 한다. 그 외에도 우리는 여러 가지에 대해 평
가를 하고 평가를 받는 행위 속에서 살아간다. 그래서 우리의 삶을 '평
가'라는 행위에 기초해 볼 때, 인류를 호모 이밸루쿠스라고 지칭하는
것이 결코 지나치지도, 어색하지도 않다.

호모 이밸루쿠스의 하루를 따라가 보자. 직장인 A씨는 아침에 일어나서 잠을 잘 잤는지 못 잤는지 평가한다. 출근하기 위해 어떤 옷을 입는 것이 좋을지 옷장 속의 옷을 평가하고, 고른 옷을 입고 거울에 비친 자신의 모습을 평가한다. 아침을 먹으면서는 반찬을 평가하고 창밖을 내다보며 날씨를 평가한다. 차를 몰고 회사로 이동할 때는 갑자기 끼어드는 앞차 운전자의 운전 습관을 평가한다. 회사에 도착해서는 지각하는 부하직원을 평가하고, 부하직원이 제출한 보고서도 평가한다. 오후에는 부하직원이 제출한 보고서를 수정해서 상관에게 보고하면, 이제는 상관으로부터 평가를 받는다. 이때 상관은 고객이 회사 제품의 만족 정도를 평가한 결과^{만족도 평가}를 보여 준다. 그리고 지난 주에 있었던 1차 승진평가의 결과도 함께 알려준다. 다행히 A씨는 평가결과가 좋아 기분이 좋다. 부서로 돌아와서 내일 있을 부서업무 개선 방안에 대한 발표를 준비한다. 이 발표에서 좋은 평가를 받아야 2차 승진평가에서 가산점을 받을 수 있다. 발표 준비를 마치고 새로 오픈한 가게에서 부하직원이 사 온 커피를 마시면서 커피 맛을 평가하기도 한다. 퇴근 후 집으로 돌아와 오늘 하루가 어땠는지 속으로 평가하며 늦은 밤에 잠이 든다.

모든 호모 이밸루쿠스의 하루가 직장인 A씨와 동일하지는 않을 것이다. 그러나 인간은 어떠한 형태로든 평가가 지배하는 사회에서 살아가고 있다는 것은 변함없는 사실이다. 심지어 어떤 호모 이밸루쿠스는 죽어서도 평가를 받는다. 이른바 유명세에는 죽어서도 평가받는 것을 감수하는 불편함까지도 포함된다. 이렇게 보면 평가는 인간의 또 다른 굴레이다. 굴레이기 때문에 좀처럼 벗어날 수 없어서 살아가는 순간순간에 평가는 우리의 고민거리가 된다.

한 언론사가 20대 성인 1,001명을 대상으로 현재 가장 큰 고민이 무엇인지 설문조사를 실시했는데 전체 응답자의 38.8%가 '취업'이라고 했다. 취업에 대한 고민이 연애 10.4% 나 결혼 7.3% 에 비해 압도적으로 많았다.[1] 취업은 직업을 구해서 직장에 나가거나 꼭 직장은 아니더라도 직업을 유지할 수 있는 장場 에 들어서는 것을 말한다. 가장 일반적인 경로는 취업준비생이 일정 기준의 자격을 갖추었는지 검증을 거친 뒤 직장으로부터 선택받는 것이다. 여기서 일정 기준의 자격에 대한 검증은 바로 평가로 이루어진다. 이렇게 보면 많은 20대의 고민이 취업이라고 하지만, 어쩌면 취업을 위해 선행되는 평가를 받는 것이 가장 큰 고민일 수 있다. 직장에서 요구하는 일정 기준의 자격에 부합하는 좋은 평가를 받아야 취업할 수 있기 때문이다. 취업 준비란 곧 취업을 위한 평가 준비라고 할 수 있다. 그래서 취업이 고민이라고 응답한 많은 20대의 고민은 곧 취업을 위한 평가를 앞둔 고민인 셈이다.

청소년에게도 평가는 고민거리다. 한국청소년정책연구원이 2018년 초·중·고교생 9,060명을 대상으로 설문조사한 결과에 따르면, 청소년 중 33.8%가 최근 1년간 '죽고 싶다'는 생각을 해 봤다 가끔 생각한

다: 28.6%, 자주 생각한다: 5.2%고 응답했다. 그와 같은 생각을 하게 된 이유로는 학업부담·성적 등 학업 문제가 37.2%로 가장 높았다. 2013년부터 2018년까지의 설문조사에서 학업 문제 2016년까지는 '학교 성적'으로 조사 라는 응답 비율은 줄곧 30%대 후반과 40%대 사이를 유지하고 있다. 가족 간의 갈등 17.9% 이나 선후배나 또래와의 갈등 7.2% 그리고 경제적인 어려움 1.4% 등의 이유보다 항상 더 높았다.[2] 이러한 성적 등의 학업 문제 역시 평가라는 행위에 기초한 것이다. 특히 대학 진학을 위한 학업부담이 청소년에게 죽고 싶다는 마음이 들게 하는 데 큰 영향을 미쳤는데, 이때의 학업부담도 결국 평가에 의한 것이기 때문에 청소년의 고민거리는 많은 부분 평가에 따른 것이라고 볼 수 있다.

대학 입시는 평가의 전형적인 모습을 보여 준다. 심지어 취업도 입시에 따른 명문대학 졸업 여부에 영향을 받으므로, 우리 인생의 전반기에서 가장 중요한 평가는 바로 입시이다. 평가를 잘 받아서 원하는 명문대학에 진학하고 졸업해서 누구나 선망하는 곳에 취업하기를 바란다. 물론, 우리나라만 유독 입시 경쟁이 심하게 나타나는 평가지배사회인 것은 아니다. 미국도 만만치 않다. 앨버트 라슬로 바라바시 Albert-László Barabási 의 책《성공의 공식 포뮬러 *The Formula: The Universal Laws of Success* 》에 따르면, 보스턴 학부모들은 졸업생들의 평균 SAT 점수가 높은 고등학교 Boston Latin School 에 자녀를 입학시키기 위해 혈안이 되어 있다고 한다. 해당 고등학교에 입학하면 명문대학 진학이 보

장된다고 여기기 때문이다.[3]

심지어 냉전시대에 서로 대립하던 두 극단의 국가도 인재양성 방식에서는 비슷한 생각을 가지고 있었다. 과거 소련이나 미국 모두 엄격하게 표준화된 인재육성 시스템에서 평가를 통해 우수성을 획득해서 남을 이겨야 최고가 된다는 신념이 강했다. 그리고 그렇게 실천했다.《다크호스 *Dark Horse*》의 저자인 토드 로즈 Todd Rose 와 오기 오가스 *Ogi Ogas* 가 말하듯이,[4] 최고 명문대학에 들어가기 위해서는 고등학교에서 남들을 모두 이겨야 하고, 가장 좋은 대학원에 들어가기 위해서는 대학에서 남들을 모두 이겨야 하며, 최고의 일자리를 얻으려면 대학원에서 남들을 모두 이겨야 하고, 가장 좋은 직위로 승진하려면 직장에서 남들을 모두 이겨야 한다. 소련이나 미국 모두 더 높이 올라서려면 동료보다 더 뛰어난 재능을 펼쳐야 하고, 재능이 가장 뛰어난 사람만이 사다리 꼭대기에 오르는 구조였다. 이 과정의 문턱 threshold 은 바로 표준화되어 있는 평가 시스템이었다.

그래서 학생과 학부모에게 평가 준비에 도움을 주는 서비스를 하는 교육'기업'이 존재하는 것이 이제 더 이상 새삼스럽지 않다. 교육의 효과란 평가를 통해 성과를 보여야 비로소 완성되는 것으로 여기는 시대가 된 지 이미 오래다. 더 직접적으로 표현하면, 교육 효과가 있다는 말은 곧 시험과 같은 평가에서 좋은 성적을 받았다는 것과 동일한 말이 되었다. 그러니 당장 시험을 앞둔 호모 이밸루쿠스는 더욱더 좋은 평가를 받기 위해 분주하게 여러 방안을 마련하고 교육기업에게 비용을 지불하면서 도움을 요청한다.

그런데 도움을 줄 교육기업도 그냥 고르지 않고 평가를 해서 더 좋은 곳을 선택한다. 그러다 보니 평가를 통해 그 성과를 보여야 하는 교육기업들 또한 평가를 받는다. 예컨대 '대한민국 교육기업 대상'은 주최 측에서 표현하듯이 학생과 학부모에게 믿을 수 있는 교육 상품을 제공하는 기업을 선정하는 것이다.[5] 평가를 도와주는 대상도 평가를 받는 상황에 처해 있다. '대한민국 교육기업 대상'이라는 거창한 타이틀이 아니더라도, 평가를 도와주는 주체로서 기업은 그들이 서비스를 제공한 대상이었던 학생과 학부모로부터도 평가를 받는다. 평가가 이리저리 얽힌 모습이 평가지배사회를 더 실감 나게 해 준다.

흔히 평가에 동반되는 경쟁을 경험하면 평가지배사회를 더 강하게 실감하게 된다. 일반적으로 인간은 물론이고 거의 대부분의 유기체는 동족과 경쟁을 한다. 그런데 때로는 지나칠 정도로 폭력적으로 경쟁을 하기도 한다. 아자 가트 Azar Gat 의 《문명과 전쟁 War in Human Civilization》에서는 폭력적일 수도 있는 인간의 경쟁을 전쟁으로까지 논의를 확장해서 인간 문명을 설명하고 있다.[6] 좋은 시험 성적이나 평가결과를 위해 '죽기 살기로 임한다'는 말은 사실 시험이나 평가를 전쟁으로 여기는 것과 다름없는 표현이다. 인간 문명을 지나친 경쟁과 더 넓게 확장해서 전쟁으로 설명하는 것은, 어쩌면 오늘날 우리가 경쟁을 자연스럽게 느끼는 이유를 말해 주는 것일지도 모른다.

경쟁의 자연스러움은 평가활동에서 빛을 발한다. 경쟁의 속성과 인지적 차별성을 부여하는 평가의 속성이 서로 잘 어울리기 때문이다. 평가는 개인에 한정된 것이지만 차별성 부여라는 평가의 결과는 결국 다른 사람과 차별이 이루어져야 하기 때문에 경쟁이 불가피한 경우가 많다. 경쟁이 동반되는 평가가 그래서 더 자연스럽게 받아들여진다. 언제나 평가와 함께 겪게 되는 경쟁이 이제는 평가가 이루어지고 있음을 느끼게 해 주는 신호가 된다. 그리고 경쟁의 치열한 정도는 평가의 중요성을 말해 주는 시그널이 되기도 한다. 그만큼 평가의 결과가 갖는 중요성을 상기시키기 때문이다. 그래서 경쟁이 치열할수록 평가의 중요성만큼이나 평가 자체도 더 실감난다. 인지적 차별성을 부여하는 정도가 강력한 평가라면 누구나 좋은 평가를 받고 싶어 하므로, 즉 평가에 따라 높은 수준의 차별성을 지니고 싶어 하기 때문에 경쟁이 치열해진다. 경쟁이 주는 평가지배사회의 실감이란 바로 이런 것이다.

이제는 단순한 실감을 넘어 평가를 중심에 둔 상태에서 현실을 받아들이기도 한다. 이는 평가에 초점을 맞춘 상호 주관적 현실 intersubjective realities 을 말하는 것이다. 상호 주관적 현실은 많은 개인들의 주관적 의식을 연결하는 의사소통망 내에 존재하는 것으로, 일종의 공동체 현실이다. 많은 사람들이 함께 공유하고 공통적으로 함께 만드는 현실이다. 반드시 객관적 현실과 일치하지 않을 수도 있다. 그리고 단 한 명의 개인이 생각과 신념을 바꾼다고 해서 바뀌는 것도 아니다. 현실에 존재하는 만들어진 상상의 질서는 많은 경우 상호 주관적 현실의 구현이다.[7] 극단적으로 모두가 현실이라고 말하면 그것이 현실이 된다.

평가가 현실을 만들어 가는 것도 동일하다. 많은 사람들이 평가나 그 결과를 중심에 두고 현실을 인식한다면 그것이 상호 주관적 현실이 된다. 어떤 대상이 평가결과로 A등급을 받았을 때 모두가 그것을 인정하고 받아들이고 또 서로 공유하면 이전에는 없던 'A등급이 존재하는 현실'이 추가된다. 어제까지는 무명이었지만 경연대회에서 1등을 하면 그때부터는 무대에서 전혀 보이지 않았던 스타 한 명이 추가된 현실이 등장한다. 인기 경연 프로그램이었던 〈미스트롯〉과 〈미스터트롯〉에서 1등을 한 과거의 무명가수 송가인, 임영웅 는 평가결과에 따라 많은 사람들이 알아 주고 인정해 줘서 이제는 이들이 존재하는 트롯 무대가 하나의 현실이 되었다. 우리 사회에서 어떤 대상에 일류, 이류, 삼류가 있다고 인식하는 것도 평가지배사회의 호모 이밸루쿠스들이 평가결과를 놓고 모두가 공유하는 인식 때문이다. 그것이 현실이다.

평가지배사회를 실감하고, 나아가 평가나 그 결과를 현실 그 자체로 여기는 것은 평가가 바로 굴레가 되었다는 말이다. 그리고 이 모든 것이 자연스럽게 여겨진다. 진정으로 자연스러워졌다는 것은 완전한 굴레가 되어 인식조차 하지 못하는 것을 의미한다. 그래서 또 다른 인간의 굴레라고도 부를 수 있는 이러한 '평가'는 세상을 이해하고 인간 자체를 이해하는 하나의 안경이 된다. 어떤 안경을 쓰느냐에 따라 다른 세상이 보인다고 할 때, 평가라는 안경도 그 기능을 한다. 평가라는 안경으로 세상을 보면 여기저기 평가와 관련된 행위가 보인다.

최근 코로나바이러스감염증-19 ^{이하 코로나-19} 가 우리 일상에 큰 변화를 야기했다. 마스크를 옷처럼 여기게 될 정도가 되었고, 이제는 '코로나-19 이후의 사회'라고 불리기도 한다. 그래서 코로나-19가 평가지배사회에 미친 영향도 적지 않았다. 평가의 안경으로 코로나-19 이후의 평가지배사회를 바라보면 몇 가지 눈에 띄는 점이 있다.

우선, 코로나-19는 평가지배사회의 건재함을 다시 한번 더 상기시켜 주었다. 코로나-19가 기승을 부릴 때 교육 현장에서는 학생들의 학습을 걱정하면서 동시에 학습의 결과를 측정하는 평가 ^{시험} 를 어떻게 할 것인가도 걱정했다. 예를 들면, 등교 수업이 원활하지 못한 상황에서 중간고사와 기말고사는 어떻게 시행할지, 수능 시험 일정은 연기를 해야 할지 아니면 그대로 시행해야 할지, 재수생이 유리하다고 예상되는 가운데 수능 시험의 난이도는 어떻게 해야 할지 등이 교육 현장의 이슈였다.

취업준비생들이 기다리고 있던 입사 시험을 주관하는 기업에서도 비슷한 고민을 했고, 공무원 시험을 주관하는 정부부처도 마찬가지였다. 이런 모습에서 우리가 확인할 수 있는 것은 평가라는 행위가 전제되어 있다는 사실이다. 평가가 선택의 대상이 되는 것이 아니라, 평가는 이루어질 것인데 코로나-19 상황에서 어떻게 할 것인가가 논의의 초점이 되었다. 코로나-19 이후의 사회에서도 평가지배사회는 건재할 것임을 보여 준다.

그리고 코로나-19는 평가지배사회에서 평가의 방식을 다양화하는 데 영향을 주었다. 바이러스의 특성상 비대면이 강조되기 때문에 통상적인 평가 방식을 그대로 적용하기에는 한계가 있다. 그래서 비대면 평가를 위한 여러 방법이 만들어졌다. 온라인 시험이 대표적이다. 시험 응시자의 얼굴이 보이지 않는 상태에서 치러지는 온라인 시험은 이전에도 있었다. 하지만 코로나-19 상황에서는 시험 응시자의 얼굴은 물론이고 응시 중인 모습이 그대로 원격 화면에서 확인되는 상태에서 시험이 치러지는 방식이 널리 적용되었다. 기업의 입사 시험이나 공무원 시험의 면접도 실시간 화상 면접으로 이루어지는 경우가 꽤 있었다. 정부 예산이 투입되는 사업을 심사할 때도 심사자와 사업 신청자가 화상으로 질의와 응답이 이루어지도록 했다.

물론 이런 상황에서 평가결과에 대한 논란도 불거졌다. 대면 형식의 감독이 이루어지지 못했기 때문에 평가의 공정성 문제가 제기되었고, 실제로 일부 대학생의 온라인 시험 부정행위가 이슈가 되기도 했다. 그래서 어떤 곳에서는 합불 pass, fail 형태로 평가의 결과를 기존보다 단순하게 바꾸기도 했다. 이처럼 코로나-19 이후의 사회 역시 평가라는 안경으로 바라보면 다양한 모습으로 이해할 수 있다.

이 책은 평가라는 안경을 쓰고 세상과 인간을 이해하려는 시도의 결과물이다. 단순히 지금 이 사회가 평가지배사회에 이르렀다는 인식을 넘어, 평가지배사회 속에서 인간이 어떻게 살아가고 있는지 그리고 어떻게 살아가야 하는지에 대한 실마리를 제공하려는 노력과 메시지를 담았다.

이 책의 핵심어가 '평가'인 만큼 이에 대한 정의가 필요하다. 평가란 어떤 대상에 대해 가치판단을 해서 인지적 차별성을 부여하는 행위를 의미한다. 가치 기반의 판단으로 인지할 수 있는 형태의 차별성이 드러나게 해 주는 것이 평가이다. 쉽게 말해 평가란 인지할 수 있는 가치판단이 이루어지는 것인데, 이는 한자어 '評價'와 영어 'evaluation'에 공통적으로 들어 있는 의미에서도 알 수 있다. 價는 어떤 대상의 값이나 값어치, 가치 등을 가리킨다. evaluation도 어원을 찾아보면 가치라는 의미의 value에서 나온 말이다.[8] 이러한 의미에 기초한 행위가 이루어지면, 이를 '평가'라고 한다. 그러나 한편으로 평가는 평가행위가 이루어지는 맥락에 따라 여러 용어로 불린다. 시험, 인증, 검증, 심사, 심의, 판단, 비평 등이 그것이다. 모두 평가에 속하는 상황별 용어들이다. 이 책에서는 평가를 상위 개념에 두고 상황에 따라 이 용어들과 혼용하기로 한다.

그중에서도 '시험'은 많은 사람들이 평가를 접하는 가장 흔한 방법이다. 평가행위를 나타내는 다른 용어들과는 달리 시험은 평가와 혼용하기에 상황과 맥락의 구애가 가장 적다. 그래서 이 책에서 말하는 호모 이밸루쿠스에 대해 현실적인 설명을 덧붙이면, 호모 이밸루쿠스는 평가지배사회를 살아가는 시험 인간이라고 할 수 있다.

미주

1 매일경제 기획취재팀. 〈내 고민은 취업 > 생활비 > 연애…그래도 미래는 밝다〉, 《매일경제》, 2019. 1. 1., 5면.

2 최창욱 · 황세영 · 유민상(2018). 《아동 · 청소년 권리에 관한 국제협약 이행 연구−한국아동 · 청소년 인권실태 2018 기초분석 보고서》, 한국청소년정책연구원, pp.314~318.

3 앨버트 라슬로 바라바시, 홍지수 옮김(2019). 《성공의 공식 포뮬러》, 한국경제신문, pp.74~75.

4 토드 로즈 · 오기 오가스, 정미나 옮김(2019). 《다크호스》, 21세기북스, p.257.

5 방종임. 〈소비자 사로잡은 최고의 교육 기업은?〉, 조선에듀, 2020. 2. 3.

6 아자 가트, 오숙은 · 이재만 옮김(2017). 《문명과 전쟁》, 교유서가.

7 유발 하라리, 조현욱 옮김(2015). 《사피엔스》, 김영사, pp.175~176; 마커스 버킹엄 · 애슐리 구달, 이영래 옮김(2019). 《일에 관한 9가지 거짓말》, 쌤앤파커스, pp.47~48.

8 김민주(2016). 《평가지배사회》, 커뮤니케이션북스, pp.3~4.

일상을 살아가는 호모 이밸루쿠스

세 사람의 호모 이밸루쿠스

중학교에 다니던 시절 한 선생님은 이런 말씀을 자주 하셨다. "나는 시험문제를 만드는 사람이지 이제 더 이상 시험을 통해 평가받는 사람이 아니야. 너희들도 열심히 공부해서 나처럼 선생이 되면 그때부터 학생을 시험으로 평가만 하면 돼. 시험을 통해 평가받을 일이 없으니 얼마나 좋은지 몰라." 1년 내내 얼마나 자랑하시던지 25년이 지난 지금까지도 기억에 뚜렷이 남아 있다. 요즘은 기억까지도 아웃소싱 outsourcing 하는 디지털 세상이 되었는데,[1] 어찌된 일인지 그 말은 잊혀지지 않는다. 아웃소싱의 대상이 될 수 없을 정도로 머릿속에 깊이 각인되어 버린 기억이다.

시간이 흘러 이제는 나도 학생을 가르치는 일을 하고 있다. 그 대상이 중학생이 아니라 대학생이라는 것만 차이가 있을 뿐 학생을 가르치고 시험으로 평가하는 것은 당시 선생님이 하시던 일과 비슷하다. 그래서 깨달은 사실은, 당시 선생님의 말씀은 거짓말이었다는 점이다. 학생들이 열심히 공부하기를 바라는 마음에서 하셨던 말씀으로 이해된다. 추측컨대, 아니 거의 확실하게 당시 선생님도 평가를 받았음이 분명하다.

어느 직장에서든 근무성적에 대한 평가를 받듯이 선생님도 평가를 받았을 것이고, 방학 때 연수 목적으로 교육에 참가했을 때도 시험을 통해 평가를 받았을 것이다. 일상생활 속에서도 시험지의 형태가 아닐 뿐이지 선생님의 성격, 외모, 태도 등에 대해 다양한 사람들로부터 평가를 받았을 것이다. 그 당시에는 해당되지 않았지만, 최근에는 선생님들도 학생과 학부모들로부터 평가를 받는 경우가 많다. 대학에 몸담고 있는 내가 학기말이 되면 언제나 강의평가 결과를 받게 되는데, 그때마다 당시 선생님의 말씀이 분명 거짓말이었다는 것을 더욱 실감한다. 물론 좋은 의도의 거짓말이었을 것이다. 선생님도 이 시대의 호모 이밸루쿠스임이 분명하다. 평가를 한다는 점에서도 그렇지만 평가를 받기도 하므로 더욱 그렇다.

어느 70대 의사 이야기도 있다. 행정학을 전공했고 또 가르치고 있다 보니 정부기관을 비롯한 공공기관의 평가위원이나 면접위원 또는 심사위원으로 종종 참여한다. 어떤 지방자치단체의 임기제공무원을 선발하는 시험에 면접위원으로 참여한 적이 있다. 임기제공무원은 흔히 우리가 말하는 정년까지 보장되는 일반 공무원과는 차이가 있다. 임기가 정해져 있어서 계약된 기간만 근무한다. 임기제공무원은 다양한 분야에서 선발하는데, 면접위원으로 참여했을 당시 보건소에서 근무할 의사도 포함되어 있었다.

면접을 할 때면 일반적으로 면접위원들은 평가할 영역별로 질문을 나누어서 맡는 경우가 많다. 면접대상자에게 전문지식을 질문하며 평가하는 면접위원도 있고, 그 외 공무원으로서 자세나 인성, 태도, 창의성, 발전가능성 등을 평가하는 면접위원도 있다. 30대인 나를 비롯해서 다른 면접위원은 대부분 40대였고 가장 높은 연령대는 50대 정도였다. 30대부터 50대까지 고르게 구성된 면접위원단이었다.

그런데 당시 면접에 응시한 의사는 70대였다. 임기제공무원은 일반 공무원의 정년에 해당하는 나이를 넘어도 지원이 가능하다. 평가장에서는 평가를 하는 사람과 평가를 받는 사람 간에 나이가 문제될 이유는 전혀 없다. 각각의 위치에서 역할에만 충실하면 된다. 그런데 70대 의사를 면접한 일은 그동안 많은 연령대를 대상으로 평가해 본 나에게 또 다른 새로운 경험이었다. 그것은 평가에서는 나이가 상관없는 호모 이밸루쿠스의 특징을 보여 주는 강렬한 경험이었기 때문이다.

어느 군인의 이야기도 있다. 이 군인은 평가지배사회를 인지하고 기꺼이 즐기는 호모 이밸루쿠스이다. 대학 졸업 후 장교 ROTC로 군복무를 했는데, 함께 근무했던 대대 작전장교의 이야기다. 내가 중위 계급일 때 작전장교는 소령으로 상위 계급의 상관이었다. 군대에도 검열과 같은 여러 평가가 있는데, 당시 작전장교는 상급부대에서 평가하러 온다고 하면 반기며 좋아했다.

일반적으로 비단 군대가 아니더라도 어떤 기관에 소속되어 있는 사람이라면 해당 기관이 평가를 받을 때 별로 유쾌하지 않다. 평가 준비를 하는 것도 힘든 일이지만 평가를 받을 때 평가하는 사람이 이것저것 지적하면 기분이 좋을 수가 없다. 평가 이후에는 피드백 feedback 의 일환으로 지적받은 사항을 개선하는 작업도 한다. 이런 생각을 하면 평가를 받는 것이 싫어진다. 물론 평가를 통해 개선되면 좋은 일이지만 당장은 귀찮고 번잡스럽다.

그런데 당시 작전장교는 이런 말을 하며 평가받는 것을 즐겼다. "평가를 잘 받으면 상도 받고 인정도 받을 수 있어. 그러니 평가를 받는다는 건 좋은 기회를 얻는 것과 다름없어." 당시에 나를 비롯한 간부들은 불만이었다. "자기한테나 좋은 기회이지 평가받으려고 고생하는 우리는 별로 좋지 않아. 자기는 시키기만 하지 결국 준비하는 것은 우리니까 말이야." 그때는 작전장교의 말이 참으로 별난 희망으로만 보였다.

돌이켜 보면 당시 작전장교는 상관이었기에 평가를 준비할 때 우리에게 많은 일을 지시했지만, 책임자로서 본인이 더 많이 신경 썼을 것이다. 그리고 본인의 승진이 더 중요했을 수도 있지만, 그보다는 평가를 힘들어 하는 부하들을 설득하고 다독이는 표현이라고도 생각된다. 또는 고된 평가를 받는 자기 자신에 대한 최면일 수도 있다. 어쨌든 당시 작전장교는 평가를 즐겼던 군인이었다. 그런 만큼 실제 평가 당일에는 상당히 능숙하게 평가를 잘 받곤 했는데 그 모습이 꽤나 인상적이었다.

선생님, 의사, 군인은 모두 예외 없이 평가지배사회를 살아가는 호모 이밸루쿠스이다. 평가를 하는 주체지만 역시 평가를 받고 있었을 선생님, 나이가 들어도 여전히 평가받는 자리에 위치하고 있는 나이든 의사, 피할 수 없는 평가라면 즐겨 보자는 태도를 지닌 군인, 이들은 평가지배사회를 살아가는 여러 모습의 인간상이다. 물론 더 다양한 호모 이밸루쿠스들이 있다. 그러나 이 세 사람을 통해 어느 정도 호모 이밸루쿠스의 일상을 엿볼 수 있다. 호모 이밸루쿠스는 평가를 하면서도 평가를 받는다. 나이가 들었다고 해서 호모 이밸루쿠스에서 벗어나는 것도 아니고, 어리다고 호모 이밸루쿠스가 되지 않는 것도 아니다. 또한 생활 속에서 평가를 즐겨 보자는 호모 이밸루쿠스도 있고, 반대로 평가를 무척이나 힘들고 괴롭게 여기는 호모 이밸루쿠스도 있다.

앞의 세 사람은 호모 이밸루쿠스가 살아가는 일상의 단면을 보여준다. 그런데 이 단면은 해당되는 각각의 개인에게는 소중한 '일상'으로 존재한다. 누군가의 일상이 나에게는 사소하지만 당사자에게는 대단하고 소중하다. 그래서 내 일상이나 타인의 일상 어느 하나 가볍게 여길 수 없다. 기본적으로 나와 타인의 일상은 일생의 조각들이기 때문에 더욱 그렇다. 특히 나와 타인의 평가 중심의 일상적 단면은 호모 이밸루쿠스의 모습을 보여 주는 하나의 조각이 된다.

호모 이밸루쿠스는 분명 새로운 용어이자 시각이다. 흔히 이처럼 새로운 시각으로 세상을 이해하게 될 때 접근하는 방법 중 하나는 대상이 드러내 보이는 단면적 모습을 시작으로 점차 온전한 이해로 나아가는 것이다. 이는 루드비히 비트겐슈타인 Ludwig Wittgenstein 이 자신의 인생 후기에 밝힌 생각처럼, 언어를 알기 위해서는 언어의 본질적 의미에 집착하기보다는 '일상' 언어의 쓰임새와 맥락 등의 언어의 '사용'을 이해하는 것이 중요하다는 말과 유사하다.[2] 언어로서 호모 이밸루쿠스도 그와 같다. 호모 이밸루쿠스라는 새로운 언어는 그 언어의 형이상학적 용법과 같은 단일한 본질 규명보다는 호모 이밸루쿠스라는 언어가 사용되는 실제적 용법을 보는 것이 더 도움이 될 수 있다. 사실, 호모 이밸루쿠스라는 언어가 그 자체로 세계의 그림으로서 비트겐슈타인의 인생 전기 입장 이 세상을 모두 나타낼 수 있는 것은 아니다. 오히려 호모 이밸루쿠스라는 언어가 사용되는 언어 구조가 실재

세계에 대한 인간의 사고방식에 영향을 준다 비트겐슈타인의 인생 후기 입장. 그래서 선생님, 의사, 군인의 평가 중심의 일상적 사례에서 사용되는 호모 이밸루쿠스의 용법은 평가지배사회를 살아가는 호모 이밸루쿠스에 대한 우리의 인식을 여는 데 도움을 준다.

일상화된 평가

어쩌면 호모 이밸루쿠스라는 용어 자체의 낯설음이 있을 뿐이지 그에 대한 현실 사례를 찾는 것은 그렇게 어렵지 않다. 우리가 사소한 것에 대해서도 알게 모르게 평가를 하고 평가를 받고 있다는 사실을 생각하면 이해하기 쉽다. 호모 이밸루쿠스답게 나 역시 지금 쓰고 있는 단어와 문장이 괜찮은지 수시로 평가하고 있다. 평가가 '알게 모르게' 그리고 '수시로' 이루어진다는 것은 그만큼 평가가 특별한 그 무엇이라기보다는 일상화되어 있다는 의미이다.

일상화란 사전적 의미로 '날마다 늘 있는 일이 됨. 또는 그렇게 만듦'이다. 이를 결과적인 의미로 확장해서 조금 쉽게 표현하면 '무뎌지는 것'이다. 일상화는 특별하지 않게 늘상 있는 것이 되어 무뎌질 정도가 되어 버린 상태이다. 일상화는 그 자체로 좋고 나쁨의 의미가 있는 것은 아니다. 단지 으레 하는 것으로서의 느낌이 강하다.

그런데 특별하지 않은 그저 그런 평범한 것으로 여겨지는 일상이 사실은 큰 힘을 발휘하기도 한다. 일본의 한 샐러리맨이 23년 동안 매일 먹었던 삼시 세끼를 기록한 노트가 45권에 이르면서 방송에서 화제가 되었고, 책으로도 발간되어 또 한 번 화제가 된 사례는 단순한 일상이지만 그 일상이 지니는 큰 힘을 보여 준다.[3] 매일 먹는 식사만큼 일상적인 것도 없고, 그것을 매일 기록한 일기도 일상적인 행위이다. 하지만 그것은 일상이되 일상을 넘어서는 것이 되었다. 평범한 샐러리맨에서 유명 작가가 된 것이다.

호모 이밸루쿠스가 마주하고 있는 평가행위도 일상으로서 늘 하는 것이지만, 한편으로 그 일상은 나름대로의 힘을 발휘한다. 학교를 다니는 학생들은 시험을 통해 평가받는 것을 특별하게 생각할까? 그렇게 특별하게 생각하지 않는다. 학생이라면 시험을 보고 평가를 받는 것을 당연하게 여길 정도로 일상적이라고 생각한다. 그런데 고등학교 3년 동안 학교에서 치른 일상적인 시험에 따른 내신 성적은 대학교 입학과정에서 중요한 영향을 미친다.

대학에서는 별도의 중간고사와 기말고사 없이 학생들에게 매주 과제를 부과해서 제출하도록 하고, 매주 평가한 과제들의 점수가 최종 성적이 되는 수업이 있다. 학생들이 첫 몇 주간은 좋은 평가를 받기 위해 과제를 정말 열심히 작성해서 제출한다. 그런데 학기 중반쯤 되면 매주 하는 과제가 이제 일상적인 것으로 여겨지기 시작한다. 매주 평가가 이루어지다 보니 처음 과제를 작성할 때보다 긴장도가 떨어지는 것이다. 실제로 학기말에 자신의 성적을 확인한 한 학생이 이런 말을 한 적이 있다. "특정한 날에 중간고사와 기말고사를 봤다면 더 좋은 성적을 받았을 텐데, 매주 과제를 제출하며 평가를 받다 보니 학기초보다 학기말로 갈수록 점점 신경을 덜 쓰게 된 것 같습니다."

학생의 이 말을 듣기 전에 이미 수업을 진행하면서 느꼈다. 과제 작성과 제출에 대한 학생들의 긴장도가 점점 낮아지면서 일상화된 일로서 과제를 수행하고 있다는 느낌을 받았다. 그러다 학기말이 되면서 일상화되었던 과제 점수가 수업의 최종 성적이 되니 그때서야 그 학생은 일상화된 평가의 힘이 어떤 것인지 몸소 느꼈던 것이다.

그렇다면 실제로 평가는 얼마나 일상화되어 있는 것일까? 개개인이 느끼고 경험하는 바에 따라 다를 수 있지만, '평가'라는 단어가 얼마나 많이 언론보도에서 등장했는지를 살펴보는 것은 평가의 일상화를 확인하는 한 방법이 될 수 있다. 한국언론진흥재단에서 제공하는 우리나라 언론매체들의 최근 29년간 1990~2018 작성된 기사 중 평가 관련 기사는 약 4,094,834건으로 집계되었다. 절대적인 건수도 적지 않은 수이지만 그 추이를 보면 [그림 1-1]과 같은 특징을 보인다. 점점 평가라는 키워드가 언론매체에서 등장하는 빈도가 높아지고 있음을 보여 준다. 전반적으로 상승 추세이기는 하지만 2007년에서 2010년까지의 증가 추세가 상대적으로 빠르다는 특징을 보인다.

[그림 1-1] '평가' 키워드의 증가 추세

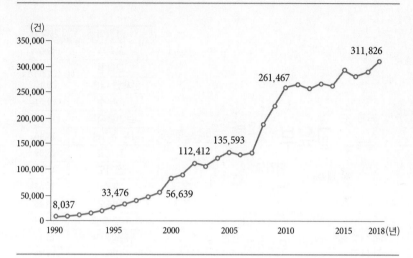

자료: 1990~2018년간 평가 관련 기사, 빅카인즈(www.bigkinds.or.kr)

　　이와 함께 평가와 관련된 연관어를 살펴보면, 평가가 어떤 분야나 대상들과 상대적으로 더 연관되어 일상화되어 있는지를 알 수 있다. 이는 평가와 잘 어울리는 대상, 평가로 인지될 만큼 평가와 친화성이 높은 대상, 평가의 일상화에 기여하는 대상이 무엇인지 등에 대한 정보이기도 하다. 평가를 생각하면 함께 떠오르는 대상이기 때문에 그 대상이 우리에게 일상적으로 여겨질수록 평가도 일상적이라는 의미로 볼 수 있다. 1990년 1월부터 2019년 3월까지 1천 건의 언론매체의 기사에서 평가와 관련된 연관어로 등장한 단어들은 [그림 1-2]와 같다. 거의 대부분이 일상적으로 여겨지는 대상이나 단어들이다.

[그림 1-2] 평가와 관련된 연관어

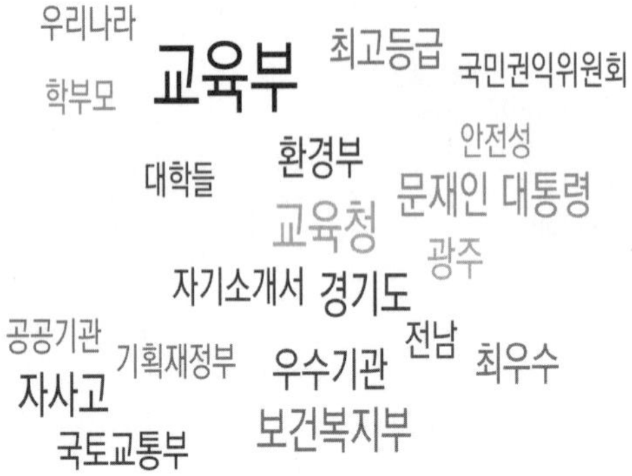

우리나라
학부모
교육부
최고등급
국민권익위원회
대학들
환경부
안전성
교육청
문재인 대통령
자기소개서
경기도
광주
공공기관
기획재정부
우수기관
전남
최우수
자사고
국토교통부
보건복지부

연관어	가중치
교육부	49.69
교육청	22.22
문재인 대통령	20.17
최우수	19.51
보건복지부	18.93
우수기관	18.46
자사고	18.39
경기도	17.96
광주	17.65
학부모	15.46
최고 등급	15.43
공공기관	15.11
전남	14.79
국토교통부	13.92
환경부	13.6
안전성	12.26
우리나라	11.91
기획재정부	11.61
국민권익위원회	11.12
대학들	11.12
자기소개서	10.4

자료: 1990~2019년간 평가 관련 기사 1,000건, 빅카인즈(www.bigkinds.or.kr)

연관성이 높은 순서대로 보면 교육부, 교육청, … 자사고, … 학부모, … 대학들, 자기소개서로 나타났다. 평가와 연관성이 가장 높은 단어는 교육부, 그다음은 교육청이다. 이는 평가가 교육과 관련해서 가장 많이 언급되고 있다는 것을 의미한다. 그 외에 교육과 관련된 연관어로는 자사고, 학부모, 대학들 등이 있다. 평가가 교육과 연관성이 높다는 것은 예상되는 일이다. 교육의 목적은 학습을 통한 역량 향상이고 그 수단으로 언제나 평가를 하기 때문이다. 더 쉽게 생각하면 평가의 수단으로서 시험이 바로 평가와 교육의 연관성을 높인 결과라고 할 수 있다. 언제나 교육은 시험을 통해 효과를 확인하기 때문이다.

여기서 한 가지 눈여겨볼 것은, 평가와 관련성이 높은 교육 관련 단어들이 우리의 생애주기에 해당되는 시기이다. 교육부, 교육청, 자사고, 학부모, 대학들은 주로 대입시험에 관련된 단어들이다. 생애주기로 본다면 대략 20세 이전이 된다. 호모 이밸루쿠스는 20세 이전에 이미 일상 속에서 평가를 경험하고 또 체득하고 있는 것이다. 이는 평가의 일상이 그 이후의 시기에도 자연스럽게 이어지는 이유가 될 수 있다. 대학 입학이라는 평가의 결과^{여파}가 이후의 인생에도 영향을 주기 때문이고, 또 흔히 본격적으로 성인으로 성장하는 과정에서 체득한 것은 성인의 문턱을 넘으면서 적응의 소재이자 기제로서 역할을 하면서 서서히 생활의 자연스러움으로 이어지기 때문이다.

또 다른 연관어는 주로 정부 관련 단어로 문재인 대통령, 보건복지부, 경기도, 공공기관, 전남, 국토교통부, 환경부, 기획재정부, 국민권익위원회 등이다. 앞서 언급한 교육부와 교육청도 여기에 속한다. 정부 관련 단어들이 평가의 연관어로 등장한 것은 무엇을 의미하는 것일까?

이에 대해서는 정부에 대한 약간의 이해가 필요하다. 정부는 인간의 삶과 생활 모두에 관여한다. 태어나서 죽을 때까지 그렇다. 정부는 정책이라는 행위로 우리 일상 곳곳에 영향을 미친다. 쉽게 생각해 보면 태어나서 출생신고를 하는 곳도 정부기관이고 죽어서 사망신고를 하는 곳도 정부기관이다. 때가 되면 초등교육을 받아야 하는 것도 정부기관이 정한 교육정책 때문이고, 학점을 취득하기 위해 수업 일수를 지켜야 하는 것도 정부기관이 정한 규정의 영향이다. 아파트를 사고팔 때 거쳐야 하는 여러 절차를 따르는 것도 정부의 규제 행위에 따른 것이고, 건물을 짓고 싶어도 정부기관의 승인 등의 허락이 없으면 안 된다. 자동차를 사면 등록해야 하는 것은 정부가 그렇게 하도록 했기 때문이다. 예를 모두 들 수 없을 정도로, 사실 우리의 거의 모든 일상에 정부가 간여하고 있다. 그렇다 보니 이 사회가 평가가 지배하는 사회라면 우리 일상에 여러모로 간여하고 있는 정부와 평가가 서로 관련되는 것은 당연할 수밖에 없다. 정부기관이 평가의 주체가 되기도 하고 반대로 국민으로부터 정부가 평가를 받기도 한다.

대통령 역시 같은 맥락이다. 정부기관들이 구현하는 국정을 최종적으로 책임지는 대통령 또한 평가와 연관성이 높다. 대통령의 국정지지도를 비롯한 여론조사는 대통령과 평가의 관련성을 직접적으로 보여 주는 한 예이다. 지지도는 국민들이 주관성에 기초해서 대통령을 평가하는 것이다. 다양한 정책이나 국정운영의 이슈에 대한 의견 제시나 평가 등의 활동도 곧 현직 대통령에 대한 평가이다. 그래서 대통령이 비교적 높은 가중치로 평가의 연관어로 나타났다고 볼 수 있다.

안전과 관련된 연관어도 있다. 안전성이라는 단어가 그에 해당한다. 울리히 벡 Ulrich Beck 이 언급한 것처럼 위험사회 risk society 로 불리는 오늘날 사회는 상존하는 위험을 막기 위해 많은 신경을 쏟고 있다. 자연에 의한 위험 danger 이외에 인위적으로 사람에 의해 발생하는 위험 risk 이 사회 곳곳에 존재한다.[4] 그렇기 때문에 우리는 안전에 대한 의식이 점점 더 높아지고 있다. 우리 사회 역시 불과 몇 년 전에 비해 안전에 대한 인식과 의식이 상당히 높아졌다. 크고 작은 사고들이 있었지만 특히 세월호 사고가 큰 계기가 되었다. 따라서 안전성 테스트, 안전 점검 등에 대한 강조는 곧 안전에 대한 평가로 이어지기 때문에 안전성이 평가와 높은 연관성을 지니는 단어로 등장했다고 볼 수 있다.

평가와 연관성이 높은 또 다른 단어로 나타난 것이 취업과 관련된 자기소개서이다. 자기소개서야말로 평가 그 자체를 나타낸다. 자기소개서는 나를 평가할 때 참고하라고 건네주는 정보이다. 취업 과정이나 입학시험 과정에서 자기소개서는 거의 필수 제출 서류에 해당한다. 예컨대 내가 이런 역량과 인성을 지닌 사람이므로 당신 회사에 필요하지 않겠냐고 읽고 평가해 달라는 것이다. 물론 대입시험에서도 역시 자신에 대한 이런저런 정보를 제시하며 이 학교에 입학하고 싶다는 내용을 담고 있는 자기소개서를 제출한다. 그런 점에서 자기소개서는 교육과 관련된 단어로도 볼 수 있다.

따라서 크게 보면 평가는 '교육', '정부', '안전', '취업'과 연관성이 높다. 교육부나 교육청이 교육에 관련되면서 동시에 정부기관으로서 정부에 관련되기도 하고, 마찬가지로 자기소개서가 교육에 관련되면서 동시에 취업에 관련되기도 하는 등 서로 중복되기도 하지만 이 네 가지를 평가와 관련성이 높은 대표적인 연관어로 묶을 수 있다. 이 네 가지가 평가와 연관성이 높다는 것은 무엇을 의미하는 것일까?

이는 사회적 이슈로서 우리 삶에 자주 등장하는 키워드이기도 하다. 흔히 사회적 이슈의 생명력은 영원하지 않은 것으로 알려져 있다. 이슈관심주기 issue-attention cycle 이론에 따르면 사회적 이슈는 최고조에 이르렀다가 점점 사라진다.[5] 그러나 몇몇 이슈는 최고조에 이르렀다가 하강하며 사라지지 않고 다시 상승국면과 하강국면을 반복하는 등의 모습으로 우리 사회에서 계속 존재하기도 한다. 어쩌면 하강국면이 길지 않고 계속 유지되는 모습일 수도 있다. 대개 현실과 상당히 밀접한 이슈일수록 그렇다.

평가와 관련된 네 가지 키워드가 그렇다. '교육'과 '취업'은 선거철의 단골 공약이 될 정도의 이슈로 자리 잡고 있고, 다양한 정책 등에서 비롯된 '정부'의 영향도 수시로 몸소 느끼고 있다. '안전'에 대한 관심역시 나날이 높아져 가고 있다. 따라서 이 이슈들이 우리의 일상과 밀접하다는 것은 쉽게 이해할 수 있다. 또한 이 이슈들이 평가와 연관성이 높다는 사실은 평가 역시 우리의 일상에 깊숙이 들어와 있음을 말해 주는 것이다.

네 가지 키워드를 시기별로 나누어 보면, 교육은 주로 대입시험 전까지, 취업은 대학 입학 후 취업까지, 정부와 안전은 특정 시기를 떠나 전반적인 시기를 아우른다. 생애주기 곳곳에서 평가가 있겠지만 연관어에서 도출한 키워드 중심으로만 봐도 평가와 관련된 이슈들이 차지하는 범위가 상당하다. 물론 여기에 제시된 빈도가 높은 단어들 이외에도 평가와 관련된 연관어가 더 많이 존재한다. 이를 다 고려한다면 평가가 얼마나 많이 그리고 다양한 모습으로 우리 생활에서 일상화되어 있는지 이해할 수 있다.

친숙한 시험

평가가 일상화되었다는 것은 평가와 관련된 연관어들이 우리와 가까운 곳에서 친숙하게 존재하고 있다는 의미이다. 여러 연관어들이 곳곳에 자연스럽게 스며들어 있다는 말이다. 그런데 호모 이밸루쿠스가 평가의 일상화 정도를 보다 더 직접적으로 느끼는 경우가 있다. 평가를 직접 접하거나 경험할 때인데, 사실 평가와 관련된 연관어들도 직접적인 어떠한 행위를 통해 평가와 연관을 맺게 된다.

그렇다면 우리가 가장 친숙하게 평가를 경험할 때는 언제일까? 내 마음속에서 일어나는 혼자만의 평가를 비롯해서 수시로 접하는 크고 작은 평가들이 있지만, 공식적이면서 누구나 평가로 인지되어 강렬하게 영향을 주는 것은 바로 시험이다. 시험만큼 공식화된 평가장치로서 우리에게 익숙한 것은 없다. 시험에 응시한다는 것은 곧 평가를 받는다는 것이고, 다른 사람에게 시험을 보도록 한다면 나는 평가를 하는 위치에 서게 된다.

우리에게 시험은 친숙하고 익숙하다. 시험이 친숙하고 익숙한 이유는 분명하다. 오늘날 시대가 '경쟁'과 '자격'의 시대가 되었기 때문이다. 시험은 경쟁을 통해 우열을 가리고 그에 따라 자격을 인정해 주는 중요한 기능을 한다. 우열을 가리거나 자격을 부여하기도 하고, 필요하다면 차등을 두기도 한다. 평가의 의미가 '어떤 대상에 대해 가치판단을 해서 인지적 차별성을 부여하는 행위'라고 할 때,[6] 비록 시험이 진실을 밝혀 주는 것은 아니지만 한정된 조건이나 상황 내에서 가치판단을 해서 인지가 가능한 차별성을 부여하는 수단은 된다. 그래서 시험은 평가의 의미를 구현하는 데 상당히 유용하다. 그렇다 보니 과거는 물론이고 오늘날 시험은 평가를 구현하는 손쉬운 도구이자 장치로 기능한다. 따라서 경쟁에서 우위를 점하고 자격을 부여받기 위해 시험을 볼 수밖에 없는 호모 이밸루쿠스는 시험을 보는 것에 익숙해지고 친숙해지면서 평가의 일상화를 경험한다.

그렇다면 여기서 이런 의문이 생길 수 있다. 호모 이밸루쿠스는 얼마나 많은 시험을 보면서 살아갈까? 시험의 범위를 어떻게 보는가에 따라 다소 다를 수 있지만 흔히 공식적인 시험으로 볼 수 있는 사례만을 놓고 볼 때, 우리는 과연 얼마나 많은 시험을 통해 평가를 받으며 살아가고 있는 것일까?

단순하게 나누어 보면, 시험은 학교기관에서 시행하는 교육과 학력 증진 목적의 시험이 있고, 국가나 민간기관에서 주관하여 자격 부여를 목적으로 시행하는 자격증 시험도 있다. 전자는 주로 학창시절에 경험하는 시험이고 후자는 서서히 사회로 진출하는 시기나 사회 진출 이후에 경험하는 시험이다.

교육과 학력 증진 목적의 시험은 초·중·고등학교와 대학교를 거치면서 배우는 과목 수에 평균적으로 두 번 중간고사와 기말고사 보는 것으로 계산해 보면 그 수가 결코 적지 않음을 알 수 있다. 여기에 수시고사 쪽지시험 도 있고, 또 학원 등에서 학교 시험을 대비해서 미리 보는 모의고사까지 더하면 상당히 많은 시험을 치르게 된다. 나는 강의하는 과목마다 다르지만, 어떤 과목의 경우 중간고사와 기말고사뿐만 아니라 수시고사도 두 번 시행한다. 그 과목을 수강하는 학생들은 총 네 번의 시험을 보는 셈이다. 만일 수업에서 학생들이 주제 발표를 한다면 발표시험까지 추가된다. 그래서 실제로 학교기관에서 배우는 교과목의 경우 그 과목 수의 두 배 이상의 시험이 있는 경우도 많다.

자격 취득 목적의 시험도 많다. 기본적으로 많은 사람들이 취득하는 자격시험에는 운전면허 시험이 있고, 취업 등의 사회진출을 위한 영어시험이 있다. 운전면허 시험이나 영어시험을 한 번 보고 끝내 버리는 사람 곧바로 합격하는 경우나 그냥 포기하는 경우 이 있는가 하면 여러 번 응시하는 사람도 많다. 심지어 영어시험은 취득한 성적의 유효기간이 정해져 있어서 성적이 필요하면 반복해서 응시해야 한다. 영어 이외의 기타 외국어시험도 비슷하다.

인기 있는 자격시험으로 공무원 시험은 어떤가? 직업 선호도 1위인 만큼 경쟁이 매우 치열하다. 경쟁이 치열하다는 것은 단순하게 보면 응시자가 많다는 뜻이기도 하지만 한편으로는 응시자들이 여러 번 반복해서 시험을 본다는 뜻이다. 한 번에 합격하는 사람도 있지만, 사실 두 번 안에 합격하기도 쉽지 않다. 경쟁률이 높다 보니 웬만한 응시자들은 여러 번 시험을 본다. 그런데 응시자들은 본시험뿐만 아니라 그보다 훨씬 더 많은 횟수의 모의고사를 보면서 공무원 시험을 준비하고 있다. 수험생들에게 시험은 일상 그 자체라고 해도 과언이 아니다. 시험 아닌 것이 비일상인 셈이다. 서울의 한 고시촌에서 시험 준비를 오래 했던 친구를 1년에 한 번쯤 만났을 때가 있었다. 그때 그 친구는 나와 만나는 그 순간만은 각종 모의고사에서 벗어나는 일탈의 시간이자 비일상의 시간이라고 했다.

그리고 그 외 무수히 많은 자격증 시험도 있다. 한 조사에 따르면

[표 1-1] 기관별 국가기술자격시험 종목

기관	종목
한국산업인력공단	기술사, 기능장, 기사, 산업기사, 기능사, 1급, 2급
한국콘텐츠진흥원	단일등급
대한상공회의소	1급, 2급, 3급, 단일등급
한국광해관리공단	기술사, 기사, 산업기사, 기능사
한국원자력안전기술원	기술사, 기사
한국방송통신전파진흥원	기술사, 기능장, 기사, 산업기사, 기능사
영화진흥위원회	산업기사, 기능사
한국인터넷진흥원	기사, 산업기사

자료: 통계청

민간자격증만도 약 2만 8천 개라고 한다.[7] 물론 공인 여부는 별도로 따져 봐야겠지만 자격증을 원하는 호모 이밸루쿠스를 기다리고 있는 시험의 종류가 상당히 많다는 것은 분명하다. 민간자격증을 제외한 국가공인 기관별 국가기술자격시험 종목은 [표 1−1]에 나타나 있다. 한 기관에서도 여러 종목의 자격시험을 주관하고 있음을 알 수 있다.

　[그림 1−3]은 국가기술자격시험의 응시자 현황이다. 필기시험과 실기시험의 현황을 보면, 시기별 약간의 부침은 있지만 둘을 합산하면 최근 10년간 연간 약 300만 명 넘는 사람들이 시험에 응시하고 있음을 알 수 있다. 대개 필기시험 합격자들이 실기시험을 보기 때문에 이 수치는 중복되지만, 그래도 국가기술자격을 원하는 전체 호모 이

[그림 1-3] 국가기술자격시험 응시자 현황

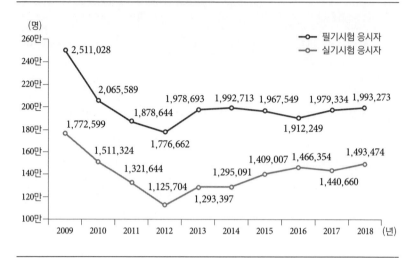

자료: 통계청

밸루쿠스의 시험 횟수가 이 정도인 것은 분명하다. 필기시험만 보더라도 거의 200만 명에 육박하는 것을 알 수 있다. 한 번 더 상기하면 이 수치는 국가기술자격시험에 응시한 호모 이밸루쿠스만을 대상으로 집계한 결과이다.

점점 경쟁이 치열해질수록 자격을 쟁취하려는 호모 이밸루쿠스는 시험에 더 친숙해질 수밖에 없는 상황에 처해 있다. 경쟁력이 있는 사람을 가려내고 자격을 부여하는 데 시험만큼 편한 평가방법도 없기 때문이다. 사법고시에 합격한 후 변호사로 활동하다가 경찰간부가 된 분에게 학부생 대상 특강을 부탁한 적이 있다. 이 분이 하는 말이, 시험은 참으로 좋은 제도라는 것이다. 경쟁 사회에서 시험이라는 제도는 누구에게나 기회를 주면서, 동시에 비교적 큰 고민 없이 수월하게 사람을 선발할 수 있게 해 주기 때문이라고 했다. 맞는 말이다. 시험은 평가와 평가에서 비롯되는 관련 후속 행위 선발, 결정 등에 드는 고민을 상당히 덜어 준다. 시험의 결과로 수치나 등급 중심의 성적이 자연스럽게 제시되기 때문이다.

그리고 이러한 시험은 점수로 산출된 결과가 일종의 강력한 근거가 되어 경쟁우위의 지위와 자격 획득의 정당성을 확보해 주는 데 큰 기여를 하기 때문에 우리는 시험에 더욱 친숙해지기도 한다. 비록 시험에 대한 질적 판단은 다를 수 있지만, 시험 출제의 공정성을 확보하고 시험 응시 기회를 평등하게 제공했다면 시험은 그 결과로 제시되는 점수가 강력한 근거가 된다. 토익 시험 성적이 좋다고 해서 실제 영어 실력이 좋은 것은 아니라는 비판이 있더라도, 높은 토익 성적을 가지고 있으면 그렇지 않은 경우보다 특정 분야에서는 확실히 유리하다. 시험 점수가 실력의 근거로 활용되기 때문이다. 마찬가지로 공무원 시험문제에 타당성을 제기하고 비판하는 사람이 많지만, 그와는 별개로 시험에 합격한 사람은 공무원으로서 자격과 실력을 갖춘 것으로 공식적인 인정을 받게 된다. 이처럼 공식적인 시험을 통해 획득한 점수가 실제 실력과 얼마나 일치하는가의 여부와는 상관없이 일단 점수 그 자체가 실력으로 인정되며, 이는 이어지는 삶의 방향에 결정적인 영향을 준다. 중요한 것은 시험에서 합격할 정도의 점수를 받았느냐 그렇지 않느냐의 차이이다. 시험 점수는 어떤 행위의 정당성을 확보해 주는 강력한 근거가 된다.

그래서 경쟁의 바다에서 치열하게 살아가는 호모 이밸루쿠스에게 시험은 평가가 지배하는 일상적 삶에 커다란 영향을 주는 평가로 굳건히 자리 잡고 있다. 심지어 코로나-19 COVID-19로 학교 등교와 자격증·취업·임용 시험 일정 등에 상당한 제약이 생겨도 시험을 통한 평가가 없어지지는 않았다. 비대면 형태의 온라인 시험, 영상을 통한 실시간 시험, 야외 시험 등으로 평가가 이루어졌다. 그리고 어떤 호모 이밸루쿠스는 특정한 시험에서 자신의 실력을 인정받지 못하고 있어서 시험에 합격하지 못해서 계속 동일한 시험에 매달리고 있고, 또 다른 호모 이밸루쿠스는 자신의 실력의 한계를 알고 싶어서 이른바 자격증 모으기를 하면서 끊임없이 시험에 응시하고 있다. 경쟁과 자격의 시대를 살아가는 호모 이밸루쿠스에게 시험이라는 평가도구는 평가의 일상적 삶의 단면을 보여 주는 가장 흔한 소재에 해당한다.

평가라는 일상적 의례

호모 이밸루쿠스는 평가지배사회에 '내던져져' 있다. 인간이 자의에 상관없이 세상에 내던져져 있다고 말한 마르틴 하이데거 Martin Heidegger 의 피투성 被投性, Geworfenheit, Throwness 용어를 빌리면, 호모 이밸루쿠스는 평가가 지배하는 세상에 내던져져 있는 피투성의 존재이다. 온갖 종류의 평가가 존재하는 세상에 내던져진 호모 이밸루쿠스는 하이데거의 말처럼 피투성을 자각하며 죽음에 대해서도 깨닫지만 동시에 삶의 의미를 포착해서 재구성하려는 시도를 하기도 한다. 이를 기투 企投, Entwerfen, Projection 라고 하는데 세상에 능동적으로 자신을 던지는 것이다.[8] 호모 이밸루쿠스는 평가지배사회에 내던져졌지만 평가를 통해 기투하며 살아간다. 평가를 받기도 하고 평가를 하기도 하며 평가에 비춰지는 스스로를 이해하며 삶을 구성해 나간다.

피투성의 호모 이밸루쿠스가 평가를 통해 기투하는 모습은 평가로부터 도출되는 의미 부여의 행위로 나타난다. 평가를 하거나 평가를 받을 때 으레 그 행위는 정당성을 지니고 이루어지기 때문에 평가행위는 물론이고 그 결과에 의미가 부여된다. 특히 평가결과에서 비롯되는 의미 부여가 후속 행위들을 결정짓는 데 중요한 역할을 한다. 평가는 스크린 screen 과 같은 장치이기도 해서, 한 번 걸러진 결과물을 만들어 내기 때문에 인증되고 검증된 그 무엇을 보여 주는 것이다. 만일 치열한 경쟁이 따르고 그 결과로 희소한 지위를 점유하게 된 평가결과라면, 때로는 그것이 신화 myth 가 되기도 한다.

한국인이 거의 입학한 적이 없는 세계적인 명문대학에 합격했다고 하면 그 사람은 스스로도 의미 부여를 하겠지만, 주위 사람들과 사회에 의해 의미 부여가 반복되고 재생산되면서 어느 순간에 이르면 거의 신화적 존재가 되어 있다. 특히 그가 합격하기까지의 여정은 스토리텔링의 과정을 거쳐 교훈적인 신화가 된다. 때로는 그 부모의 자녀교육 방식까지 의미 부여를 하면서 이슈가 된다.

물론, 평가는 좌절을 주기도 한다. 시험에 낙방한 사람은 평가가 주는 쓰라린 좌절을 몸소 겪는다. 그러나 이 역시 당사자에게는 의미 부여가 된다. 능력의 한계치를 인정하게 되었다거나 인생의 쓴맛을 이해하게 되었다거나 재차 도전을 통해 불굴의 의지를 지니게 되었다는 등의 의미를 부여한다.

그런 점에서 평가는 호모 이밸루쿠스에게 일상적 의례儀禮이다. 의례는 의미 부여가 동반되는 의식으로서 의미를 재생산하고 지속시키는 장치에 해당한다. 세상에 내던져진 피투성의 호모 이밸루쿠스에게 여러 평가는 의례가 되어 의미 부여를 낳으며 기투한다. 의미가 쌓이고 공고화되면 호모 이밸루쿠스는 각자로서 하나의 존재가 된다.

대입시험을 예로 들면, 합격해서 대학에 진학하거나 그렇지 못하거나 또는 이른바 명문대에 진학하거나 그렇지 못하거나 하는 등의 결과를 보면서 똑똑하다, 머리가 좋다, 엘리트 코스로 진입했다, 앞길이 열렸다 등의 온갖 의미를 부여한다. 그리고 이 의미 부여 속에는 시험의 권위가 전제되어 있다. 명문대에 진학했다면 충분히 머리가 좋은 사람이라고 의미를 부여하는 것은, 곧 그 과정의 매개물이었던 평가로서 시험이 권위를 지니고 있다는 것을 내포하는 것이다. 이 역시 시험에 의미를 부여하는 것이다. 이렇게 어떤 대상에게 계속 의미를 부여하고 또 그 대상이 치른 시험의 의미 부여도 당연한 것으로 여겨지면, 그 대상에게 의미가 덧입혀져 이제는 그렇게 부여하던 의미를 지니게 되는 '존재'가 된다. 여기서 끝나는 것이 아니다. 대입시험이라는 평가 의례가 낳은 의미 부여는 이후의 삶에 크고 작은 영향으로 그 흔적을 계속 남겨 놓기도 한다. 대입시험 이외에도 수많은 평가를 겪는 호모 이밸루쿠스는 수많은 의례로서 평가를 맞이하고 언제나 의미를 부여하면서 스스로를 만들어 간다.

이와 같이 호모 이밸루쿠스의 일상은 피투성을 전제로 시작되지만 곧 수없이 많고 다양한 평가라는 의례를 거치며 기투한다. 의례로서 평가행위 그 자체와 평가의 결과가 주는 의미 부여는 호모 이밸루쿠스의 일상을 만들기도 하고 지속시키기도 한다. 따라서 호모 이밸루쿠스는 평가라는 일상적 의례를 통해 의미의 생산, 재연, 반복을 경험하며 일상을 살아가고 있다.

미주

1 Rumsey, Abby Smith(2016). *When We Are No More: How Digital Memory Is Shaping Our Future*, Bloomsbury Press.

2 루드비히 비트겐슈타인, 김양순 옮김(2008).《논리철학논고/철학탐구/반철학적 단장》, 동서문화사.
여기서 비트겐슈타인 생각을 후기라고 표현한 것은 그의 생각 변화 때문이다. 비트겐슈타인은 인생의 전기와 후기의 생각에 차이가 있었던 철학자로서 스스로가 자신의 입장을 수정했다.

3 시노다 나오키, 박정임 옮김(2017).《시노다 과장의 삼시세끼》, 앨리스.

4 울리히 벡, 홍성태 옮김(2014).《위험사회: 새로운 근대(성)를 향하여》, 새물결.

5 Downs, Anthony(1972). "Up and Down with Ecology: The 'Issue-Attention Cycle'", *The Public Interest,* 28, pp.38~50.

6 김민주(2016).《평가지배사회》, 커뮤니케이션북스, p.5.

7 박영재.〈민간자격증 2만 8,000개, 공인 여부 잘 따져야〉,《중앙일보》, 2018. 1. 30., 6면.

8 마르틴 하이데거, 전양범 옮김(2016).《존재와 시간》, 동서문화사.

2장

호모 이밸루쿠스의 성장

학교라는 출발선

사람은 태어날 때부터 호모 이밸루쿠스였을까? 갓 태어난 아기는 평가가 지배하는 세상에 내던져진 피투성의 존재이지만, 적어도 평가에 적극적으로 임하는 호모 이밸루쿠스는 아니다. 다만 어른으로 불리는 먼저 태어난 호모 이밸루쿠스로부터 평가를 받으며 호모 이밸루쿠스의 참맛을 느끼기는 한다. 누구를 닮았네, 이쁘네, 잘생겼네 등으로 평가가 시작된다. 본인의 의지와 상관없이 평가 환경에 노출된다.

호모 이밸루쿠스가 되는 첫 관문은 교육을 받기 시작하면서부터이다. 근대 교육의 아버지로 불리는 요한 하인리히 페스탈로치 Johann Heinrich Pestalozzi 는 교육이 특정 계층에 한정된 것이 아니라 대중 모두에게 이루어져야 한다고 강조하며, 권리로서의 교육을 강조했다. 인간의 평등을 전제로 할 때 교육도 보편적인 활동으로 받아들여져야 한다는 것이다. 그래서 오늘날 교육은 아이가 어른이 되는 과정에서 일반적인 통과의례이자, 권리이자, 의무로 여겨진다.

우리나라 「교육기본법」 제2조 교육이념에서는 "교육은 홍익인간 弘益人間의 이념 아래 모든 국민으로 하여금 인격을 도야 陶冶하고 자주적 생활능력과 민주시민으로서 필요한 자질을 갖추게 함으로써 인간다운 삶을 영위하게 하고 민주국가의 발전과 인류공영 人類共榮의 이상을 실현하는 데에 이바지하게 함을 목적으로 한다."고 규정하고 있다. 또한 제3조 학습권에서는 "모든 국민은 평생에 걸쳐 학습하고, 능력과 적성에 따라 교육 받을 권리를 가진다."고 명시하고 있다. 그리고 제8조 의무교육에서는 6년의 초등교육과 3년의 중등교육은 의무교육으로 한다고 규정하고 있다.

「초·중등교육법」 제13조 취학 의무에서는 "모든 국민은 보호하는 자녀 또는 아동이 6세가 된 날이 속하는 해의 다음 해 3월 1일에 그 자녀 또는 아동을 초등학교에 입학시켜야 하고, 초등학교를 졸업할 때까지 다니게 하여야 한다."고 규정하고 있다. 새 학기가 되면, 초등학교 취학 예정 아동의 소재가 불명할 경우 수사를 통해 그 신원을 확인하는 것도 보편화된 교육, 의무화된 교육을 보여 주는 사례이다. 실제로 서울시교육청은 2020년 1월, 2020학년도 초등학교 예비소집에 불

참한 1만 1,124명에 대해 경찰 등의 협조를 받아 소재 파악에 나선다고 밝히기도 했다.[1]

이처럼 교육은 하나의 권리로 이해되어 누구나 교육을 받는다. 물론 교육을 하는 사람도 존재한다. 그런데 교육에서 독특한 점은, 권리를 행사한 뒤 교육을 받은 뒤에 그 결과를 확인하는 경우가 많다는 점이다. 특히 제도권 교육에서 그렇다. 교육의 결과를 성적으로 확인하려고 한다. 흔히 성적은 상대적인 순위로 나타나고 그에 따라 상賞과 같은 보상이 주어진다. 때로는 처벌 성격의 후속 조치를 취하기도 한다. 물론 교육의 모든 결과가 성적으로 나타나는 것은 아니지만, 근대교육제도가 확립된 이래로 지금까지 초·중·고 교육과정을 거칠 때 거의 대부분의 사람들이 시험이라는 평가를 통해 성적을 획득하면서 그에 따라 우열을 가려 왔다.

이런 모습은 근본적으로 '학교'라는 제도가 교육을 통한 평가와 그 결과를 성적으로 산출하면서 나타난 결과이다. 막스 베버 Max Weber 도 근대사회에서 교육 증서 소유자가 지닐 수 있는 이점을 위해 시험이 보편적인 수단으로 널리 활용되고 있다고 진단했다. 거의 모든 분야에서 교육과정과 시험 도입을 요구할 정도라고 말하기도 했다. 특히 사회의 여러 부문에서 관료제화가 진행되면서 전문적인 시험제도도 계속 발전해 왔다는 것이 베버의 진단이다.[2] 실제로 관료제의 안팎에서 이런 모습을 자주 볼 수 있는데, 학교가 가장 대표적인 장소이다.

이반 일리치 Ivan Illich 에 따르면, 학교라는 제도는 중세 이후 제도적 틀을 갖춰 발전하기 시작하면서 교육을 독점하고 있다. 학교가 인간을 무지로부터 벗어나게 해 줌으로써 사회가 발전한다는 믿음, 또는 이반 일리치의 비판적인 표현으로 나타내면 그와 같은 '신화' myth 를 제공하고 있기 때문에 학교가 교육을 독점하게 되었다. 여기에는 학교를 통해 누구든 교육을 받을 수 있다는 기회균등의 신화도 함께 영향을 주었다. 지금도 많은 사람들이 교육은 곧 학교, 학교는 곧 교육이라는 등식을 자연스럽게 받아들인다. 그러나 이반 일리치는 교육이 누구에게나 열려 있다고 하지만, 사실은 교육과정에서 사회·경제적 배경이 더 중요하게 작용하는 것이 현실이라고 비판하기도 했다.[3]

이런 교육의 현실은 경험적 분석에서도 확인된다. 분석에 따르면, 학부모의 사회·경제적 배경이 우수할수록 자녀의 성적도 높다는 결과가 나타나고 있다. 특히 부모의 소득수준이 높을수록 자녀의 대학수학능력시험 성적도 높은 것으로 나타났다.[4] 또 다른 연구에서도 부모의 소득수준이 높거나 학력이 높을수록 자녀의 학업성적이 좋고, 성적이 좋은 학생일수록 사교육 참여비율도 높게 나타났다.[5]

그러나 이러한 비판을 받고는 있어도, 가치가 제도화되어 있는 오늘날의 현실에서 교육을 독점하고 있는 학교는 공부, 학습, 학업을 아우르고 대표하는 제도적 장치가 되어 있다. 따라서 이런 현실에서 우리가 해야 할 일은 교육의 성과나 결과를 위해 학교의 운영 시스템에 맞춰진 여러 일들을 적절히 잘 수행해 내는 것이다. 교육을 하거나 교육을 받았다면 일정한 수행 실적인 성과가 있어야 한다는 점이 당연하게 받아들여지고 있다. 다시 말해, 교육을 독점하고 있는 학교는 시험과 같은 평가를 통해 성적을 산출하면서 당연하다는 듯이 가시적 성과를 도출하고 있다. 시험이 성과를 위한 필수적인 매개수단이 된 것이다. 그렇다 보니 시험이 중요해져서 시험과 관련 없는 것은 관심거리가 되지 않는 지경에 이르렀다는 진단도 있다. 교사로 재직 중인 한 철학자의 경험은 이러한 현실을 잘 보여 준다.

수업시간에 살아온 경험을 나누거나 철학에 관해 이야기할라 치면 일부 영리한 학생들은 고개를 숙이고 딴짓을 하기 일쑤다. 이들은 교사가 들려주는 내용이 시험에 나올 리 없으니 들어 봤자 소용없다고 생각한다. 차라리 그 시간에 수학 공식이나 영어 단어 하나라도 외우는 것이 낫다고 여긴다. 어떤 주제에 대해 토론 수업을 하거나 발표를 할 때에도 이런 학생들은 적극적으로 참여하기를 꺼린다. 시험에서 몇 점을 받고 몇 등을 하느냐가 가장 중요하기 때문에 최대한 높은 점수를 내는 쪽으로 시간을 투자하고 생각도 거기에 맞춰서 하게 된다.[6]

학교교육과 그 결과이자 성과로 여겨지는 시험성적은 특히 오늘날과 같은 성과 중심의 사회에서 더욱 강조된다. 학생도 그렇고 교사도 그렇다. 학생에게는 시험성적이지만 교사에게는 근무성적이다. 교육을 했거나 받았다면 어쨌든 그 성과로서 성적이 필연적으로 뒤따를 것으로 기대된다. 성적은 좋으면 좋을수록 더 좋다고 여겨진다. 좋으면 좋을수록 더 좋다는 것은 더 좋을 수 있다는 가능성을 염두에 두고 하는 말이다. 이는 누구나 열심히 하면 성과를 낳을 수 있다는 긍정적인 용기의 말이기도 하다. 학교에서 이루어지는 시험과 성적 산출이 나쁘거나 부정적인 것이 아니라 오히려 누구나 할 수 있다는 용기와 가능성을 맛보는 기회가 된다는 것이 오늘날에 널리 퍼져 있는 생각이다. 학교라는 제도 속에서 당연하게 시행되는 시험은 여러 가능성의 기회라는 것이다.

이는 누구나 열심히 하면 성과를 낳을 수 있다는 긍정적인 용기를 북돋아 주는 신자유주의 사상이 영향을 미쳐서 스스로가 자기착취의 결과를 낳을 정도로 성과 추구에 과열된 양상을 보여 주는 단면일 수 있다. 심할 경우, 할 수 있다는 신념과 자유의 감정을 동반한 성과 주체가 오로지 성과를 위해 자기 자신과 전쟁을 치르는 것과 같은 행동을 하게 된다. 한병철이 《피로사회》에서 말하는 오늘날의 사회가 바로 이런 모습이다.[7] 대부분 학교에서는 학생들에게 무한 경쟁에서 낙오되지 않도록 스스로 자신의 욕망과 욕구를 조절할 것을 요구하는 교육을 하기 때문에 학생들은 그것이 당연하다고 여긴다.[8]

이로써 드디어 어린 호모 이밸루쿠스가 시험, 즉 평가행위에 본격적으로 진입하고 때로는 치열한 경쟁을 즐기기도 하면서 적응하기 시작한다. 누구나 의무교육의 대상이 되는 호모 이밸루쿠스는 이 과정을 일종의 통과의례로 받아들인다. 그리고 이 과정에 적응하는 것이 하나의 표준적 경로를 따르는 것이라고 여긴다. 이처럼 어린 나이의 한 인간은 학교를 다니면서 공식적인 기관의 공식적인 평가를 받으며 비로소 호모 이밸루쿠스로 서서히 성장하기 시작한다.

성장과정에서 어린 호모 이밸루쿠스도 성장통을 겪으며 어른 호모 이밸루쿠스로 단단히 여물어 간다. 그것은 바로 '경쟁'이 존재하기 때문이다. 한병철의 말대로 성장통이라 여겨지지 않을 정도로 '할 수 있다'는 신념하에서 스스로를 소진하면서 경쟁을 하지만, 평가에 따른 성적은 경쟁자들 간 차등적 순위를 부여하기 때문에 필연적으로 성장통을 겪을 수밖에 없다.

그런데 이 성장통은 첫 관문을 내딛은 한 개인에게만 국한되지 않는다. 학교에 다니는 호모 이밸루쿠스는 시험시간에 직접 시험지를 받아서 혼자서 평가를 받지만, 그 평가에 대한 준비는 한 사람이 하는 것이 아니다. 시험이라는 평가 준비에 매달릴 수 있는 여력을 지닌 사람은 모두 다 같이 매달리기도 한다. 특히 부모가 그렇다. 극단적인 사례라고도 볼 수 있으나 인기리에 방영되었던 드라마 〈SKY 캐슬〉에서 그 사례를 볼 수 있다. 이 드라마를 소개하는 글은 아래와 같다.

부, 명예, 권력을 모두 거머쥔 대한민국 상위 0.1%의 남편들과 함께 제 자식을 천하제일의 왕자와 공주로 키우고 싶은 명문가 출신의 사모님들이 3대째 의사 가문, 법조인 가문을 만들어 내기 위한 그녀들만의 치열한, 철저한, 처절한 몸부림, 그 필사必死의 욕망이 꿈틀대는 내밀한 속을 샅샅이 들여다보는 리얼 코믹 풍자극[9]

자식을 천하제일 왕자와 공주로 키우고 싶지 않은 사람은 없을 것이다. 그런데 드라마에서 묘사된 바와 같이, 대한민국 상위 0.1%에 해당하는 사람들이 제 자식을 위해 하는 여러 노력을 보면 정말 대단해 보인다. 대다수의 일반 사람들은 흉내 내기도 힘든 것들이다. 돈이 얼마나 들까 궁금하기도 하고, 한편으로는 저렇게 관리하고 준비하는 모습이 신기하기도 하다. 드라마 속 인물들에게는 천하제일이 되기 위해 경쟁에서 1인자가 되는 것이 가장 중요하다. 그 경쟁은 학교기관을 통해 이루어지는 평가의 문턱을 넘으면서 시작된다.

주인공들은 자식들이 평가를 잘 받아서 최고의 위치에 오르는 것이 현재 자신들의 위치를 제대로 물려주고 지금 생활을 재생산하는 길이라고 여긴다. 온통 성적에 기초한 평가에만 관심이 집중되어 있는 상황이다. 그렇게 해야 누구나 부러워하는 대학에 갈 수 있고, 대학 졸업 후에는 동문으로 구성된 사회 네트워크에 진입할 수 있기 때문이다. 문제는 이 과정이 치열한 경쟁으로 가능하다는 점이다. 미국에서 전체 인구 중 명문대 진학자 비율은 과거 영국, 스페인, 이탈리아, 러시아의 귀족제 최절정기 동안의 귀족 비율보다도 더 낮다고 하니 오늘날 명문대 진학은 더 치열할 수밖에 없는 것이 현실이다.[10] 그래서 드라마의 인물들이 치열하고 철저하고 처절한 몸부림을 치는 것이다. 어린 호모 이밸루쿠스는 이 과정에서 스스로도 인지를 하지만 경쟁 도우미를 자처하는 어른들의 모습을 보며 평가지배사회 속에서 실감나는 성장통을 겪는다.

어린 호모 이밸루쿠스는 명문대 진학은 차지하더라도 대학 진학 자체를 못하면 어려움에 처할 수 있다는 불안감을 가지고 있다. 이 불안감은 현실이다. 2019년 경기비정규직지원센터가 경기도 지역 특성화고 졸업생 300명을 대상으로 한 설문조사와 심층면접조사 결과에 따르면,[11] 10명 중 8명은 비정규직이며, 10명 중 5명은 작업장에서 부당한 대우를 받은 적이 있다고 한다. 특히 고졸이라서 무시와 차별을 받는다고 응답한 학생이 134명으로 가장 많았다. 대학 진학 여부에 따라 사회적 차별이 일어나는 현실을 보여 준다. 꼭 명문대가 아니더라도 대학 진학을 위해 시험이라는 평가에 매달리는 이유이다.

그래서 현재 우리나라에서는 드라마 〈SKY 캐슬〉처럼 대학 진학은 물론이고 가능하면 명문대 진학을 위해 과거에는 없었던 입시 코디네이터라는 새로운 직업군이 생겨나고, 입시 컨설팅 학원도 별도로 존재한다. 오로지 학교교육에서부터 최종 입시까지 평가를 잘 받는 것이 목표이다.

이렇다 보니, 학벌 중시 경향은 더욱 견고해질 수밖에 없다. 물론 학교교육을 통한 시험과 평가 그리고 그 결과로 주어지는 성적이 학벌을 낳았는지, 아니면 그 과정이 이미 존재하는 학벌을 더 강화시키는지 선후관계는 알 수 없다. 그러나 분명한 것은 어린 호모 이밸루쿠스는 학교 시험이라는 평가가 학벌까지 이어진다는 사실을 차츰 깨달아 간다는 점이다. 아래 글은 우리 사회에 이미 만연한 학벌 문제를 언급한다.

무엇보다 학벌의 가장 큰 문제는 차별을 내면화한다는 것이다. 승리한 소수가 아닌 대다수는 학력 이데올로기로 인해 개인적인 열등의식에 사로잡혀 차별을 정당화하면서 살아간다. 상대적인 심리적 박탈감에 사로잡혀 이른바 이류·삼류 대학에 다니는 젊은이들은 자기들이 이류·삼류 인간이라는 뼈아픈 정체의식에 평생 시달리게 된다. 더구나 이런 상황에서 대학에 나오지 못한 이들은 더 이상 아무것도 아닌 것이다.[12]

이와 같기 때문에 호모 이밸루쿠스는 학교교육에서부터 시작되는 학벌을 위해 자신은 물론이고 부모까지 평가 준비에 여념이 없다. 평생을 열등의식에 사로잡혀 살아갈 것인가, 아니면 시험을 잘 봐서 좋은 학벌을 배경 삼아 살아갈 것인가의 기로에서 대부분의 호모 이밸루쿠스는 후자를 선택하고 최선을 다한다. 부모는 자식이 학교의 문턱을 넘으면서 호모 이밸루쿠스로 성장하기 시작하는 모습을 보면서 때로는 안쓰럽고 때로는 대견하게 느낀다. 기대되기도 하고 가엽기도 한 복잡한 심경이 드는 이유는 내 자식이 미래에 더 많이 기다리고 있는 여러 평가를 위한 본격적인 첫걸음을 이제 막 시작했다는 사실을 잘 알기 때문이다.

생산수단 획득의 문턱

교육을 독점하고 있는 학교가 시험이라는 평가를 통해 호모 이밸루쿠스의 성장에 첫 관문을 열어 주었다면, 그다음은 먹고사는 문제와 관련한 길목이 기다리고 있다. 통상적으로 학교를 떠난 호모 이밸루쿠스는 먹고사는 문제에 직면한다. 의식주도 사실 먹고사는 일을 세 가지로 구분해서 나타낸 것인 만큼 인간에게 가장 기본적인 문제는 먹고사는 것과 관련이 있다. 먹고사는 문제는 주로 학교 졸업 후 본격적으로 시작되기 때문에 졸업을 앞두었거나 졸업을 한 호모 이밸루쿠스라면 여기에 많은 관심을 둔다. 졸업한 호모 이밸루쿠스의 취업 문제나 취업한 호모 이밸루쿠스의 직장생활 문제에 이르기까지 그 모두가 호모 이밸루쿠스의 먹고사는 문제이다. 그런데 먹고사는 문제와 관련된 여러 일들도 근본적으로 평가에서 벗어날 수 없다.

먹고사는 문제는 기본적으로 생산수단means of production의 문제를 의미한다. 생산수단은 먹고사는 것을 가능하게 해 주고, 또 생산수단의 종류에 따라 어떻게 먹고사는가를 결정해 주기도 한다. 먹고살기 위해 거치는 평가과정은 호모 이밸루쿠스가 성장하는 또 다른 관문이다. 그렇다면 먹고사는 문제와 관련된 '생산수단'이란 무엇인가?

생산수단이란 직관적으로 말하면, 사람들이 생존을 위해 사용하는 수단 또는 자본, 기계, 토지, 원료 등 생산에 필요한 물건을 의미한다.[13] 마르크스의《자본론》에 따르면, 생산수단이란 '노동의 대상'과 '노동의 수단'을 합한 것을 말한다. 인간이 물질적인 어떤 재화를 생산하기 위해서는 노동력, 노동 대상, 노동수단이라는 세 가지 요소가 필요하다. 이 중 노동 대상과 노동수단의 합을 생산수단이라고 부른다. 여기서 노동이란 인간이 자기 욕망을 달성하려는 합목적적인 활동으로 주로 자연물 등에 변화를 가하는 움직임을 말한다. 생산을 위해서는 활동과 더불어 노동의 대상과 수단이 필요한데, 우선 노동 대상은 쉽게 말해 인간의 노동력이 가해지는 대상물로써 자연광물 등의 지하 매장물과 같은 자연물도 있고 이미 가공된 공장 내의 원료도 이에 해당한다. 노동수단은 인간이 노동 대상에 노동을 가해서 변화를 주기 위해 사용하는 물건 등을 의미하는 것으로, 예컨대 여러 도구나 토지, 건물 등이 해당된다. 따라서 이를 종합해서 나타내면, '노동의 대상'

에 '노동의 수단'을 이용하는 '노동'이 이루어짐으로써 물질적인 생산이 성립한다. 노동 대상과 노동수단의 합인 생산수단이 노동을 통해 재화를 생산하는 것이다. 따라서 생산수단은 노동이 가해지는 대상과 노동이 가해지도록 만들어 주는 수단이 무엇인가에 따라 규정된다.

사람들은 어떤 생산수단_{노동 대상+노동수단}을 가지고 노동을 하느냐에 따라 생활하는 방식과 살아가는 방식이 달라진다. 그래서 마르크스는 계급의 의미를 생산수단으로 정의하기도 한다. 생산수단에 대해 공통의 관계를 맺는 사람들의 집단이 바로 계급이다.[14] 이렇게 본다면 어떤 생산수단을 소유하는가에 따라 계급이 달리 규정될 수 있다. 생산수단을 소유한다는 것은 단순히 자본이나 기계, 토지 등의 물건을 소유하는 것을 넘어 인간관계를 의미한다고도 여기는 것이다.[15] 이처럼 노동 대상과 노동수단을 결정짓는 만큼 생산수단의 선택은 우리 삶에서 중요하게 작용한다. 계급과 인간관계에까지 영향을 미치기 때문에 공식적인 학교 교육과정을 마치고 사회로 내던져진 호모 이밸루쿠스에게 생산수단은 중요하다. 따라서 호모 이밸루쿠스는 이제 선택할 수 있는 생산수단을 두고 고민한다. 그런데 이때 고민도 역시 평가의 문턱에서 이루어지는 고민이다. 평가가 그 중심에 있다.

생산수단 획득을 위한 평가는 취업 준비과정에서 무수히 많이 이루어진다. 취업을 본격적으로 준비하는 기간은 오로지 취업 관련 평가를 위해 전력질주하는 시간이고 이때 여러 차례 여러 종류의 평가를 경험한다. 그 기간이 결코 짧지 않다. 한 취업정보 사이트가 345명의 구직자를 대상으로 조사한 바에 따르면, 취업 준비 기간으로 평균 13.3개월이 소요되는 것으로 나타났다.[16] 이는 취업에 대한 본격적인 준비 기간을 의미하는 것이기 때문에 대개는 그 이전부터 준비한다는 점을 고려하면 사실 그 기간이 더 길다고 할 수 있다. 한국노동연구원의 조사에서도 비슷한 결과를 보이고 있다. 15~34세 남녀 2,500명을 대상으로 설문조사를 실시한 결과, 청년들이 첫 일자리를 얻기까지 평균 11.7개월이 소요되며, 13~24개월은 20.8%, 25개월 이상은 10.4%로 나타났다. 그리고 이들은 평균 3.3개의 자격증을 소지했는데, 4개 이상 취득한 응답자도 31.0%에 달했다.[17] 자격증 획득 역시 또 다른 평가를 경험한 것을 의미한다.

이처럼 취업을 준비하는 호모 이밸루쿠스는 졸업을 앞두고 취업을 위한 평가에 1년 이상 매달리고 있는 것이 현실이다. 그 기간 동안 평가 횟수는 지원하는 취업기관 수만큼 많다. 더구나 한 기관에서 한 번의 평가로만 합격자를 가리는 것이 아니기 때문에 무수히 많은 평가를 경험하게 된다. 한 취업포털에서 2019년 구직자 1,979명을 대상으로 조사한 결과에 따르면,[18] 최근 확대되고 있는 블라인드 채용 전형에 35.3%가 지원하였고 여기에 해당하는 구직자들의 한 해 평균 입사지원 횟수는 10.3회 정도이고, 총 면접 진행 횟수는 평균 2회가 62.4%, 평균 3회는 21.7%, 평균 1회는 11.0%였다. 평균 2회 이상이 약

84% 이상을 차지한다. 단순히 평균 횟수의 입사지원을 한 사람이 최종 합격여부와 상관없이 각 회사에서 진행한 모든 면접에 기회를 얻어서 참가하였다면 그는 1년에 20~30회 정도의 면접시험을 보는 것이다. 물론 입사지원 횟수가 더 많은 사람과 면접 이외의 필기시험 등이 추가된다면 그 수는 더욱 많아진다. 어떤 기업에서는 일주일 동안 숙박하면서 입사지원자들을 평가하기도 한다.

그런데 학교 교육과정에서 상급 명문대로 진학하기 위해 평가에 열중할 때 부모의 영향이 작용했듯이, 취업 준비에서도 비슷한 모습을 보인다. 한 언론사와 취업정보 사이트가 취업준비생 1,478명을 대상으로 실시한 설문조사 결과를 보면,[19] '부모가 곧 스펙'이란 견해에 44.7%가 '매우 그렇다', 37.8%가 '조금 그렇다'고 답했다. 82.5%가 부모의 스펙, 즉 부모가 어떤 위치에 있고 어떤 역할을 하는지가 사실상 자녀의 스펙이라고 인식하고 있었다. 그리고 80.8%는 출신학교와 집안 등 개인 배경이 취업 성공과 관련이 있다고 답했다. 이는 명문대 입시나 취업을 위한 평가의 속성과 그 영향력을 잘 알고 있는 부모라는 호모 이밸루쿠스가 점점 현실의 호모 이밸루쿠스로 진화해 가는 자식의 든든한 조력자로 위치하고 있다는 것을 보여 준다.

이렇게 부모의 스펙이 노골적으로 작용하는 현실적인 이유가 있다. 부모는 사랑하는 자식이 최소한 보장받아야 한다고 생각하는 연봉과 희망하는 연봉에 차이가 있다는 것을 잘 알고 그것을 좁혀 주고 싶어 한다. 이는 단순히 연봉 그 자체가 직접적인 이유라기보다는 연봉으로 대표되는 사회적 지위까지 관련되는 사항이다. 그래서 대기업에 취업해서 그에 걸맞은 생산수단을 소유하기 바라는 마음에서 자식 사랑 또는 자식에 대한 의무감으로 적극적으로 발 벗고 나선다. 한 연구소가 전국 4년제 대학교 3학년 이상 학부생 및 졸업생 중 현재 취업 준비 중인 취업준비생 600명을 대상으로 설문조사한 결과에 따르면,[20] 신입사원 연봉으로 받고 싶은 금액에 대해 49.1%가 3천~4천만 원으로 응답했고 평균 금액은 3,608만 원으로 나타났다. 최소 보장되어야 한다고 생각하는 신입사원 연봉을 평균 2,955만 원으로 응답한 것에 비해 희망 연봉이 653만 원 더 높게 나타난 것이다. 이 차이는 어떤 생산수단을 보유하는가에 따른 것이기도 해서 취업 관문에 더 치열하게 임하는 이유가 된다. 그리고 이들은 가능하다면 대기업에 취업하려는 희망도 드러냈다. 취업하고 싶은 그룹사 1위는 삼성그룹 48.3% 이었고, 이어서 SK그룹 39.4%, CJ그룹 30.2%, LG그룹 29.3% 순 복수응답 이었다.

이처럼 원하는 생산수단을 획득하기 위해 졸업 즈음부터 또는 훨씬 그 이전부터 평가 준비에 매달리는 호모 이밸루쿠스가 많기 때문에, 생산수단을 제공하는 기관 공공, 민간영역 입장에서는 더 정교한 평가를 시행한다. 지원자가 많으면 정교한 평가로 가려낼 수밖에 없다. 특히 기관 입장에서는 잘못 선발한 직원은 막대한 피해를 가져올 수도 있어서 더욱 그렇다. 실제로 5만 명을 대상으로 분석한 결과에 따르면,[21] 기업에 해가 되는 사람 규정 위반, 성희롱, 폭력, 사기 등 한 명을 해고할 때의 이익과 훌륭한 직원 한 명을 고용할 때의 이익을 비교하면 해가 되는 사람을 해고할 때가 약 4배 정도 더 큰 이익을 낳는 것으로 나타났다. 설사 상위 1%에 드는 직원 한 명을 고용한다고 해도 기업에 해가 되는 직원 한 명을 해고하면서 얻는 이익이 두 배가량 더 높다고 한다. 이러니 기업 입장에서는 애초에 제대로 뽑아야 한다는 생각이 강하다. 해고하면서 입는 피해도 있고 또다시 다른 사람을 뽑아야 하니 이래저래 손해이다. 기업이나 기관에서 정교한 시험을 통해 사람을 뽑는 데 관심을 두는 충분한 이유가 있는 것이다. 그런 만큼 입사시험에 응시하는 호모 이밸루쿠스는 치열한 평가를 치러야 한다.

오늘날에는 공공영역의 경우 공개경쟁채용에 의한 공무원 시험과 NCS National Competency Standards 기반의 직무수행능력평가를 대표적으로 실시하고 있다. 삼성과 같은 대기업에서는 자체적으로 시행하는 GSAT Global Samsung Aptitude Test, 2015년 이전에는 SSAT로 명명 평가가 있고, 그 외 기업들도 자체 시험을 시행하고 있다. 이 시험들은 결코 만만치 않다. 매력적인 생산수단을 제공해 주는 곳에 가기 위해서는 이러한 시험에 통과해야 하기 때문에 졸업을 앞둔 학생이나 졸업생들은 오로지 이 시험들을 위해 사투를 벌이고 있다.

그런데 한편으로는 이러한 사투가 그나마 예측 가능해서 다행이라는 의견도 있다. 공개적인 모집 공고에 따라 일률적인 시험지로 평가해서 채용하는 것은 구직자들이 준비 가능하고 채용 정보에 대한 부담도 덜어 준다. 하지만 최근에는 이러한 공개채용 방식이 점점 줄어들고 대신 수시채용이나 경력채용이 많아지고 있다. 공채는 일괄적인 채용으로 산업화가 진행되는 가운데 원하는 우수한 인재를 대규모로 채용하기 위한 방식이었다. 그렇지만 이제는 인공지능까지 등장하는 시대가 되었기 때문에, 기업 입장에서는 특정 분야의 충분한 전문성을 지닌 사람이 필요하다. 그리고 산업화 시대처럼 경제성장률이 높은 것도 아니기 때문에 기업은 대규모 공채가 다소 부담스럽기까지 하다. 현대자동차, SK, LG 등도 신입사원 채용을 공채보다는 수시상시 채용으로 바꾸어 가는 추세이다. 이는 구직자들에게 평가 준비에 따른 부담을 높인다. 공채라면 일괄적인 채용인 만큼 정보 수집의 노력도 적고 평가 일정 등에 대한 예측력도 높아서 부담을 덜 수 있으나, 수시채용은 그렇지 않다. 입사를 위한 취업시험의 종류, 수준, 방법도 더 다양하게 나뉘므로 부담감이 커진다. 앞으로 이런 추세는 더 확대될 전망이라고 한다. 먹고사는 가장 기초적인 문제 해결을 위해 호모 이밸루쿠스는 지금도 그렇지만 점점 더 생산수단 선택의 문턱에서 쉽지 않은 평가의 맛을 단단히 느끼게 될 것이다.

승진이라는 고개

매슬로 Abraham H. Maslow 는 욕구단계이론 hierarchy of needs theory 을 통해 인간의 순차적인 욕구를 설명했다. 의식주와 같은 가장 원초적인 생리적 욕구가 어느 정도 충족되면, 보호와 같은 안전의 욕구를 가지고, 이 역시 어느 정도 충족되면 애정을 받고 싶고 어딘가에 속하고 싶은 소속 욕구를 추구하게 된다. 애정과 소속에 대한 욕구는 사회적 욕구라고도 불리는데 사회적 욕구가 어느 정도 충족되면 존경의 욕구가 생기고, 이 역시 어느 정도 충족되면 자아실현의 욕구를 지니게 된다. 인간의 욕구는 5단계로 구성되고 이 단계들은 순차적이며, 하위 단계가 '어느 정도' 충족되면 그다음 단계의 욕구가 생긴다는 것이다.

욕구단계이론을 기준으로 볼 때, 생산수단을 소유한 인간은 특히 소속감을 느낄 수 있는 사회적 욕구까지는 어느 정도 충족한 셈이다. 생산수단인 직장이 소속감의 원천이 될 수 있기 때문이다. 학교교육에서부터 취업시험까지 여러 평가를 거친 호모 이밸루쿠스가 드디어 취업으로 직장이 생기면, 평가결과 취업시험 등 에 따른 성취감이나 보람을 만끽하면서 소속감이라는 사회적 욕구를 느끼게 되는 것이다. 이는 소속감의 질 quality 과는 별개이다. 소속될 수 있는 대상에 의해 소속감을 느낄 수 있느냐가 그 핵심이다. 직장이 마음에 들지 않을 수도 있지만, 일단 소속될 수 있는 곳이 존재한다는 사실 자체가 소속감을 느끼게 해 준다. 대학 졸업생 중 곧바로 취업하지 못한 학생들이 겪는 어려움 중 하나는 소속감을 느낄 수 있는 곳이 없다는 것이다. 졸업까지 마지막 한 학기를 남겨 놓고 굳이 휴학을 해서 취업 준비에 매진하는 이유도 비록 휴학생이라도 대학생이라는 소속감을 가지고 취업준비를 계속할 수 있기 때문이다. 어딘가에 소속되어 있다는 사실과 그렇지 않다는 사실은 취업준비생에게 큰 차이를 느끼게 한다. 소속감이 일종의 심리적 방어막인 셈이다.

호모 이밸루쿠스의 욕구를 매슬로의 욕구단계이론에 비추어 보면 그다음 단계의 욕구를 추구하게 되는데, 이는 존경의 욕구이다. 존경의 욕구는 타인으로부터 인정받고 그로부터 스스로의 가치를 확인받고 싶어 하는 욕구이다. 직장에 한정해서 보면 단순히 소속감을 넘어 직급이나 직위 상승에 따른 인정 욕구 충족이 이에 해당한다. 이는 결국 승진에 영향을 미치는 평가의 결과로 나타나는 것들이다. 호모 이밸루쿠스는 취업을 하면서 생산수단을 획득했지만 직장에서 주어진 처음 자리에 안주하지 않는다. 매슬로가 말하는 인간의 욕구가 작동되기 때문에 이제는 승진에 집중한다.

막스 베버의 말처럼 국민에 대한 봉사를 기본 임무로 하는 관료도 더 높은 지위로 이동하는 승진을 중요한 목표로 삼고 있다.[22] 봉사라고 하더라도, 또 신분보장까지 되더라도 승진은 개인의 욕구 충족 차원에서 볼 때 중요한 것이다. 민간영역에서도 마찬가지다. 신분보장이 되어 있고 승진에서 근무연한이 비교적 엄격한 기준으로 작용하는 그래서 승진 순서가 비교적 예측 가능한 정부영역보다 개개인의 성과와 실적 중심으로 운영되는 민간영역에서 승진은 더 중요하게 또 민감하게 받아들여진다. 정부영역의 관료나 민간영역의 직장인이나 그 정도의 차이가 얼마든 간에 중요한 사실은 승진은 저절로 주어지지 않는다는 점이다. 이 역시 시험과 같은 평가를 거쳐야 한다. 직접 시험을 시행하기도 하고 근무경력이나 업무성과와 같은 다양한 형태의 실적 등을 평가하기도 한다. 그 형태가 어떻든 승진의 문턱에 평가가 기다리고 있다.

승진은 상대적이다. 그래서 평가가 치열하고 그 결과에 따라 조기 퇴직을 하기도 한다. 조직 내 자리가 한정되어 있기 때문에 승진평가의 결과는 승진을 결정하는 중요한 기준인 동시에 퇴직으로까지 이어진다. 한 구인구직 전문 사이트에서 기업 349곳을 대상으로 승직누락자 현황을 설문조사한 결과를 보면,[23] 승진누락자 발생 비율은 중견기업이 66%로 가장 높았고, 대기업 56.3%, 중소기업 32.9% 순이었다. 승진 누락자가 가장 많은 직급은 과장급 31.9%, 차장급 22.2%, 대리급 20%, 사원급 13.3%, 부장급 이상 12.6% 순으로 나타났다. 기업형태별·직급별로 이 수치에 다소 차이는 있지만 모두 그 비율이 적지 않다. 그리고 승진누락자가 발생하는 이유 복수응답 로는, '업무 능력이 떨어져서' 49.6%와 '승진 인원은 한정돼 있어서' 38.5%가 높은 응답률을 보였다. 승진에서는 능력도 주요 요인이지만 승진 인원이 한정되어 있다는 점이 이유가 된다는 사실은 승진의 상대성을 보여 준다.

승진평가를 위해 기업이나 기관에서 별도의 시험을 만들어 시행하기도 하고 공인된 외부 시험을 활용하기도 한다. 별도 시험의 한 예로 승진을 위한 역량평가를 들 수 있다. 최근 공무원 승진과 관련해서 서울시는 역량평가를 통과해야 승진대상자에 오를 수 있도록 승진 방법을 변경했다. 기존에는 6급에서 5급으로 승진하는 경우에만 역량평가를 일부 적용했지만, 2018년 하반기부터는 4급에서 3급으로 승진할 때에도 역량평가 통과를 의무적으로 시행하고 있다. 그래서 직원들이 업무 외적인 스트레스에 고통을 받고 있다는 기사도 등장했다.

5급 사무관인 B씨는 "정말 열심히 일해 승진이 보장되는 격무 부서 주무팀장으로 왔는데 시의원 한마디에 없었던 역량평가가 생겼다"며 불만을 토로했다. 그는 "7급으로 들어와 이 자리에 오기 위해 간하고 쓸개를 빼고 오로지 일만 했었는데 갑자기 역량평가를 통과해야만 승진 자격이 주어진다니 답답하다"며 "4월에 역량평가 교육을 받고 5월에 시험을 봐야 하는데 지금 일도 많아 공부할 시간도 없는데 왜 하필 내 앞에서 역량평가가 생겼는지 어떻게 해야 하는지 막막하다"고 했다.[24]

이렇다 보니 역량평가 통과를 위해 과외를 받는다는 소문도 있다.

과외비는 한 달에 네 번 집중교육을 받는 데 100만 원에서 많게는 무려 300만 원이라고 한다.[25]

내부적으로 시행하는 별도의 시험 이외에도 승진을 위해 적용하는 공인된 외부 시험으로는 가장 흔한 외국어시험을 들 수 있다. 실제로 한때 2000년대 초 영어를 비롯해서 외국어에 대한 사회적 관심이 높았을 때 일부 기업은 외국어 성적을 승진평가에 적극 활용하기도 했다. 예컨대, 2001년에 SK는 과장이나 부장급의 승진 조건에 토익 점수를 포함시키면서 승진대상자의 토익 점수가 700점을 넘지 못할 경우 과장이나 부장 진급을 허용하지 않겠다고 발표하기도 했다.[26]

승진은 이러한 별도의 시험을 적용하기 전에 매년 실시하는 종합적인 평가인 근무성적평정에 의해 이루어지는 것이 기본이다. 근무성적평정은 근무하고 있는 조직에서 업무수행능력, 근무실적, 태도 등을 체계적이고 정기적으로 평가하는 것을 말한다. 이 결과를 참고해서 보수, 승진, 배치전환, 교육훈련 등의 인사가 이루어진다.[27] 쉽게 말해, 직장생활을 하는 사람들도 학생들이 학년 또는 학기 마다 평가를 받듯이 정기적으로 주로 매년 근무성적평정이라는 평가를 받는다. 일종의 실적평가로 근평이라고 줄여서 부르기도 하는데, 직장인들에게 근평은 기회가 되기도 하고 제약이 되기도 한다. 좋은 기회를 잡고 좋지 않은 제약을 최소화하기 위해 일단 근평을 잘 받는 것이 좋다. 그래서 근평을 잘 받으려고 이런저런 노력을 하는 과정에서 스트레스도 많이 받는다. 실적의 종류가 업종과 직책에 따라 다르기는 하지만, 어떤 형태든 주어진 일을 수행한 결실인 실적이 근평의 가장 기본이 된다. 그래서 승진의 문턱은 실적의 문턱으로 불릴 만큼 실적과 승진은 서로 관련성이 높다.

이처럼 직장에서 근무성적평정이나 별도의 시험 등을 통해 승진의 고개에 서는 호모 이밸루쿠스는 이미 학교에서 시작된 평가와 직장을 구하기 위해 생산수단 획득의 문턱에 섰던 경험이 있기 때문에 평가에 어느 정도 친숙한 상태이다. 평가에 나름대로 적응하고 성숙하는 과정을 보이며 성장해 온 것이다. 그런데 직장에서는 경우에 따라 새로운 평가가 적용되기 때문에 평가 자체의 경험과는 달리 평가 방법의 새로움에서 오는 생소함이 있다.

승진시험을 경험하기 이전의 여러 평가들은 주로 단일한 평가 주체로서 존재하는 경우가 많았다. 학교에서 치르는 시험도 평가를 하는 주체로서 시험 출제자가 별도로 존재하는 단일 주체였고, 생산수단 획득을 위한 평가에서도 평가자는 단일 주체자로서 상정된다. 쉽게 말해, 평가를 하는 주체가 특정한 누구라고 반드시 어떤 한 명을 지칭하는 것은 아니지만 평가를 받는 대상과 평가자 간 대응관계가 일방향에 가깝다. 단적으로 학교에서는 교사가 시험문제를 출제하고 학생이 평가를 받는 것이고, 생산수단 획득을 위한 취업시험에서는 해당 직장에서 인재선발 시험으로 평가하면 취업준비생은 평가를 받는 위치에 선다. 그런데 직장생활을 하며 근무성적평정이나 그에 따른 승진시험 등에서는 다소 다른 모습을 보이기도 한다. 반드시 단일 평가자가 존재하는 것도 아니고, 또 기존과 같이 일방향으로만 평가가 이루어지는 것이 아니라 쌍방향 평가를 하기도 한다. 이러한 예에 해당하는 것이 다면평가이다.

다면평가는 대상자를 다수의 평가자가 다양한 수준과 여러 측면에서 평가하는 제도이다. 우리나라에서는 1990년대 초에 기업을 중심으로 도입되었고 이후 공공영역에서도 활용되고 있다. 기존의 평가 방식이었던 상관에 의한 일방향 평가에서 벗어나 다차원적으로 평가하는 것이 다면평가이다. 한 명의 평가자를 두고 상하좌우에서 평가가 이루어진다.[28] 근무성적평정을 할 때는 상관이 나를 평가하는 것은 물론이고 부하직원도 나를 평가하고 나와 직급이 같은 동료도 나를 평가하며 또 내가 응대했던 고객도 나를 평가한다. 이 모든 평가의 결과가 나의 근무성적이 되고 내가 승진할 때 활용된다. 다면평가는 평가 대상자가 상관에게만 평가받을 때 생기는 문제점을 최소화한다는 점에서 긍정적인 면이 있지만, 자칫 인기 영합적인 업무수행만 이어지고 평가 대상자에 대한 심층적인 관찰이나 경험 없이 단편적인 평가가 만연할 수 있다는 문제점도 있다. 그래서 다면평가를 시행하다가 폐지한 곳도 있다. 그럼에도 많은 곳에서 완전한 다면평가는 아니더라도 다면평가적 요소가 가미된 근무성적평정을 시행하는 중이다.

그래서 평가를 받는 입장에서는 평가를 하는 사람들의 범위와 수준이 다양해지는 만큼 평가에 대처하는 것이 쉽지 않은 실정이다.

이처럼 승진은 쉽지 않다. 승진을 위해 여러 평가를 치러야 하는 것도 그렇고 다면평가까지 받아야 한다면 신경 쓸 게 많아진다. 그런데 승진에는 이 외에도 또 다른 어려움이 존재한다. 역량평가를 하든 내부 및 외부평가를 받든 평가제도나 평가 시스템은 그나마 그 틀 속에서만 우수하기 위해 노력하면 되는데, 이와는 크게 상관없이 문화적이고 구조적인 어려움이 있다.

대표적인 것이 성별 또는 소수자 여부 에서 비롯되는 승진 차별이다. 많은 문화권에서 남성보다 여성이 평가에서 불리한 위치에 있는 경우가 많은데, 이를 나타낸 비유가 '유리천장' glass ceiling 이다. 주로 고위직 자리로 승진할 때 겪게 되는 보이지 않는 차별로, 조직 내 여성을 비롯한 소수자가 경험하는 차별을 지칭한다. 더 높이 올라갈 수 있는 승진 기회와 여건이 마련되어 있는 것처럼 보이지만, 실제로 올라가려고 보면 유리로 된 천장이 버티고 있어 이에 부딪쳐 더 이상 올라갈 수 없는 모습을 묘사한 것이다. 높이 올라갈 수 있을 것이라 기대했지만, 유리라서 보이지 않았던 것일 뿐 장애물이 존재하고 있는 것이다. 비단 승진이 아니더라도 여성을 비롯한 소수자가 직장 내에서 암묵적으로 겪게 되는 전반적인 차별도 이와 같다. 승진의 기회가 열려 있다고는 하지만 무언의 그리고 문화적인 차별은 여전히 존재한다.

승진 문턱에서 유리천장에 부딪힌 사람에게 승진을 위한 평가 준비는 남들보다 더 가중된다. 정말 월등히 평가를 잘 받으면 비록 유리천장이 존재하더라도 유리를 깰 가능성이 높기 때문에 평가에 더 매진할 수밖에 없다. 과거보다 여성들이 부딪히는 유리천장의 강도가 많이 약해졌다고는 하지만, 아직도 TV에서는 유리천장을 뚫고 높은 자리까지 승진한 사람들을 다큐멘터리 소재로 사용할 정도이다. 이들의 이야기를 들어 보면 비슷한 환경에 있었던 남성보다 더 치열하게 평가를 받으며 자신의 우수성을 입증해 왔음을 알 수 있다.

평판이라는 또 다른 평가

사람들은 학교 졸업 후 밥벌이로써 생산수단을 획득하고, 생산수단을 제공하는 곳^{직장 등}에서 승진을 하면서 살아갈 때, 이제는 평판에까지 신경 쓰기 시작한다. 평판에 대한 관심은 사회생활을 하면서 시작되지만, 은퇴 시점에 다가갈수록 평판을 더욱 의식한다. 평판은 사람들과의 관계 속에서 시간과 행동이 축적되면서 형성된 한 개인의 총체에 대한 평가를 의미한다.

평판은 축적이라는 역사적 맥락이 작용하면서 단면적이라기보다는 총체적으로 이루어지는 평가이다. 그래서 한 연구에 따르면 일반인들의 평판을 측정할 때 사용할 수 있는 요인으로 여섯 가지를 들고 있다. 인품, 외적 매력, 능력과 배경, 신념, 이타심, 사교성과 친근함이 그것이다.[29] 이러한 요인들은 비교적 긴 시간이 흐르면서 판단된다는 특징을 지니고 있고, 또 그 요인들을 모두 고려해서 한 사람의 총체를 평가한다는 속성도 가지고 있다. 이는 평판에 관한 평가가 단면적이지 않고 다면적이라는 것을 의미한다. 물론 이 여섯 가지 외에도 평판과 관련된 요인이 더 있을 수 있다. 중요한 것은 평판은 시간의 흐름이 반영된 역사적 맥락이 작동하는 다차원적인 평가의 결과라는 점이다.

평판은 보통 젊어서부터 은퇴 시점에 이르기까지의 전 기간이 평가의 대상이 되기 때문에 호모 이밸루쿠스의 성장과정에서 구분한다면 비교적 후반부에 해당한다. '호랑이는 죽어서 가죽을 남기고 사람은 죽어서 이름을 남긴다.'는 말에서 '이름'이 바로 평판을 상징하는 말이다. 물론 젊어서도 평판은 중요하다. 그런데 젊어서는 먹고사는 문제를 해결해야 하고 승진과 같이 먹고사는 문제를 해결하면서도 수시로 밥벌이 수단을 유지하기 위해 신경 써야 할 것이 많아서 평판까지 고려할 여유가 많지 않다. 결국 젊어서는 먹고사는 문제가 조금 더 우선한다. 내 코가 석 자인데 관계 형성을 생각해서 평판에 집중하기에는 어려움이 있다. 그래서 은퇴 시점에 가서야 평판에 대한 집중도가 높아진다. 호모 이밸루쿠스는 이제 평판이라는 평가의 문턱을 지나게 되는 것이다.

평판은 흔히 '좋다', '좋지 않다' 등으로 단순하게 표현된다. 누구나 평판이 좋다는 말을 듣고 싶어 한다. 그런데 평판은 평가하는 사람과 평가받는 사람 간에 축적된 역사적 맥락이 총체적 평가의 기초가 되므로 다분히 주관적이다. 그래서 평판의 결과를 단정적으로 예상할 수 없다. 사람들의 주관적 평가를 예상하기란 어려운 일일뿐만 아니라 반드시 일률적인 평판이 있는 것도 아니다. A는 나에 대해 좋게 말하지만, B는 나쁘게 말할 수도 있다. 유명인이나 사회적으로 높은 지위에 있는 사람들은 많은 이들과 관계를 맺고 있기 때문에 이러한 현상은 다반사이다.

그렇다 보니 때로는 자신의 평판을 좋게 하기 위해 스스로를 포장하는 일이 생기기도 한다. 다른 사람에 대한 통제가 불가하면 차선책은 스스로 통제가 가능한 자신에게 집중하기 마련이다. 이 방법은 일종의 자신에 대한 위로이기도 하다. "나는 이 정도의 사람이므로 좋은 평판을 받을 만하다."라는 점을 보이는 것이다. SNS의 '좋아요'를 유도하는 행위나 다름없다. 이는 《아름다움의 구원》의 저자 한병철의 말대로 부정성을 없애고 매끄럽게만 보이려 하는 것이다.[30] 좋은 평판을 위해 굳이 평판을 낮출 수 있는 요인들을 드러내 보이지 않는다. 진정한 아름다움에는 매끄러운 것만 존재하는 것이 아님에도 불구하고 지속적으로 매끄러운 것만을 보이는 것처럼, 좋은 평판을 위해 좋은 것만을 계속 드러내 보이려 하는 것이다.

그런 점에서 보면 다음에서 언급되는 이들은 귀감이 될 만하다. 좋은 평판을 위해 굳이 스스로를 꾸미지 않는다는 점에서 오히려 더 좋은 평판을 얻는다고 할 수 있다. 이들은 자신이 하는 일을 솔직하게 표현한다. 대표적 사례로 작가 김훈이 있다. 기본적으로 사람들이 살아가는 것은 곧 먹고사는 문제에서 시작된다. 매슬로의 욕구단계이론에서 제일 처음 등장하는 욕구도 생리적 욕구이다. 먹고사는 문제만큼 기초적인 것도 없다. 김훈 작가는 글 쓰는 것도 곧 밥벌이라고 솔직하게 말한다.

> 연필은 내 밥벌이의 도구다. 글자는 나의 실핏줄이다. 연필을 쥐고 글을 쓸 때 나는 내 연필이 구석기 사내의 주먹도끼, 대장장이의 망치, 뱃사공의 노를 닮기를 바란다. 지우개 가루가 책상 위에 눈처럼 쌓이면 내 하루는 다 지나갔다. 밤에는 글을 쓰지 말자. 밤에는 밤을 맞자.[31]

전업 작가로서 유명한 작가가 이보다 솔직한 심정으로 자신의 일에 대해 말하는 것을 아직 보지 못했다. 글쓰기가 고상하다는 우월의식 따위는 전혀 없다. 대학생 때 수강했던 한 교양과목의 강사도 당시 상당히 솔직히 말했었다. 자신이 책을 썼는데 그건 먹고살기 위해서라는 것이다. 글을 쓰는 일이 고상하다고 생각하는 사람들에게는 신선한 충격일 수 있다. 이른바 베스트셀러 작가 중에는 자신의 글쓰기를 고상한 행위로 묘사하면서 책 출간 시 이런저런 우아한 수식어를 동원해 가며 자신의 행위를 그럴듯한 말로 포장하는 경우가 많다. 우리나라는 여전히 사농공상土農工商에 따른 차별의식 속에서 글이나 문자가 더 우월하다는 의식이 내재되어 있기 때문에 더욱 그런 것 같기도 하다. 물론 모든 글쓰기가 생산수단으로서 밥벌이 도구라는 말은 아니다. 하지만 적어도 전업 작가라면 설사 우아한 수식어에 걸맞은 글을 쓴다 하더라도, 그 이전에 어찌 보면 더 고귀한 행위인 밥벌이 수단으로 글쓰기를 한 것을 인정하는 것이 솔직한 모습이다.

비슷한 사례는 또 있다. 모델이자 배우인 차승원은 어느 인터뷰에서 이런 말을 한 적이 있다. "나는 운동을 좋아하지 않는다. 배우니까 어쩔 수 없이 하는 것이다."[32] 남들이 보기에 좋아 보이는 몸을 만드는 이유가 직업이 배우이다 보니 그렇게 해야 먹고살 수 있기 때문이라는 말이다. 작가 김훈, 교양과목 강사, 배우 차승원 모두 좋은 평판을 위해 꾸미지 않고 있다. 바로 그 점이 이들이 훌륭한 평판을 받는 이유일 수 있다.

평판은 다수로부터 평가를 받는 것이기 때문에 우리가 성장하는 과정 여느 시기의 평가와 마찬가지로 평가 준비에 해당하는 '평판관리'를 한다. 흔히 직장인의 경우 직장생활의 후반부에 이를수록 평판관리에 더욱 신경 쓰는데, 실제로 온라인 취업포털 사이트가 직장인 1,165명을 대상으로 조사한 결과에 따르면,[33] '직장 내 평판관리의 필요성'에 대해 90.6%가 '필요하다'라고 답했다. 무려 10명 중 9명이다. 평판관리를 하지 않는 직장인들도 그 이유로 '어떻게 관리해야 좋을지 몰라서'에 가장 많이 응답했는데, 결국 평판관리의 필요성을 부정한 것은 아니라는 의미이다. 가장 신경 써서 관리하는 평판은 '인간성' 34.4% 이었다. 인간성은 여러 사람들로부터 주관적 평가에 의해 이루어지는 무형의 결과라서 정답이 없는 평가를 수시로 받는 것 중 하나이다. 그래서 평판을 관리하기 위해 '동료들과 원만한 인간관계를 유지하려고 노력'하고 72.4%, 복수응답, '맡은 업무는 확실히 처리'하며 41.1%, '항상 웃는 얼굴을 유지' 33.7% 한다.

최근에는 인터넷과 SNS 등이 발달해서 직장 이외의 장소에서도 특정인의 평판에 관한 정보가 널려 있다. 퇴근해도 마음만 먹으면 직장 동료의 사적 영역 SNS의 글과 사진 등 을 들여다보며 평판이 어떤지 평가할 수 있다. 실제로 취업, 승진은 물론이고 명예퇴직 대상자 선정과 퇴직 후 재고용 시 참고정보로 활용하기 위해 개인의 SNS에 나타난 정보들을 평판자료로 삼기도 한다. 최근에는 취업을 준비하면서 개인 SNS를 사전에 폐쇄하는 경우도 있고, 직장인은 개인 SNS를 처음부터 만들지 않거나 만들더라도 가족 이름으로 만들어서 직장 동료나 상사는 알아볼 수 없게 설정한 뒤 사용하기도 한다. 좋은 평판을 위해 더 적극적으로 신경을 쓸 수도 있지만, 한편으로는 사적 영역이 보호되는 선에서 평판관리를 하기도 한다.

물론 의도적으로 자신의 평판을 좋게 만들기 위해 SNS에서 인위적이고 과도하게 평판관리를 하는 경우도 많다. 꼭 직장인이 아니더라도 남들에게 잘 보이기 위해 부정성이 제거된 오로지 긍정성만을 드러내 보이는 자료를 수시로 만들어 올린다. 그런데 부정성을 감추고 긍정성을 과도하게 부각하는 것은 오히려 부정성에 대한 열등감과 긍정성에 대한 집착증을 보여 준다는 사실을 모르는 사람이 많다. 스스로 긍정성만 드러내는 사람들을 보면 한편으로는 안타깝다. 현재 자신의 심정과 평판과는 반대되는 모습을 보여 주는 것처럼 느껴지기 때문이다. 오로지 남들로부터 부러움을 사기 위해 노력하는 모습에 연민의 정이 느껴질 정도이다. 바버라 에런라이크 Barbara Ehrenreich 는 《긍정의 배신 Bright-Sided》에서 미국인들이 스스로 긍정적이라고 생각하고 긍정적인 사람이라는 평판을 가지고 있다고 느끼는 것도 사실 그 이면에는 불안이 놓여 있기 때문이라고 했다.[34]

평판은 기존의 평가와는 다른 특징이 있다. 평판은 교육기관에서의 시험과 취업시험 그리고 승진시험 등에서 경험한 것과는 다르게 평가점수도, 순위도, 그럴듯한 정답도 없다. 평판이라는 평가는 시험처럼 정형화된 것이 아니라 비정형화된 문턱이고 그 수준과 성질이 매우 다양하다. 일정한 기준이 없는 것이다. 시험 중에서도 문제은행식의 시험이나 기출문제가 있는 시험은 가시적 준비가 가능하기 때문에 불안감을 덜어 주는 효과가 있지만, 그렇지 않은 시험은 뭘 준비해야 하는지 막막해서 불안하다. 평판이 그렇다.

그렇다 보니 사회심리학자이자 정신분석학자인 에리히 프롬 Erich Fromm 의 마지막 조교이자 국제 에리히 프롬 협회 이사인 라이너 풍크 Rainer Funk 의 말처럼 인간은 자신의 현실을 연출하게 된다. 일단은 좋은 평판을 얻도록 연출한다. 즉, 자신의 본질에 집중하기보다는 특정한 약력, 성공한 사람, 자의식이 강한 사람, 자기 확신이 있는 사람, 공감할 줄 아는 사람, 합리적인 사람, 카리스마가 넘치는 사람 등의 역할을 하면서 그것을 최대한 완벽하게 표현하려고 노력하게 된다.[35] 평가에 대한 예상문제나 기출문제가 없으니 자기계발서나 사람들이 통상적으로 좋은 평판을 얻을 수 있다고 권유하는 행동을 하는 것이다. 심할 경우, 평판을 위한 최면에 걸린 듯한 상태에 이르기도 한다. 풍크가 경고하듯이 이런 모습이 개인 차원을 넘어 집단 최면이나 암시로 이어지면 누구나 평판관리를 위해 그렇게 하는 것이 올바른 것처럼 되어 버린다. 평판을 관리하고 그에 집중하는 것이 잘못된 것은 아니다. 정도가 지나치거나 왜곡된 경우가 문제다. 평판에 깊은 관심을 둔 호모 이밸루쿠스도 당연히 평가지배사회의 한 구성원이다.

호모 이밸루쿠스로의 성장과 맷집

교육기관에서 시행하는 시험, 취업과 관련된 생산수단 획득을 위한 시험, 실적과 승진을 위한 시험, 그리고 좋은 평판을 위한 노력 등은 살아가는 과정의 몇몇 지점_{문턱}에서 겪게 되는 평가 경험들이다. 마치 통과의례처럼 대다수의 사람들이 이 문턱에 다다르지만 누군가는 통과하고 누군가는 통과하지 못한다. 통과하더라도 누군가는 쉽게 통과하는가 하면 누군가는 여러 차례의 시도 끝에 통과하기도 하며, 여러 번을 해도 끝내 통과하지 못하는 사람도 있다. 평가지배사회를 살아가는 인간인 호모 이밸루쿠스가 겪는 평가의 종류는 설사 모두 동일하다고 하더라도 그 결과는 다양하다.

하지만 평가결과가 어떻든 한 가지 공통점이 있다. 평가를 경험하며 그에 대한 맷집을 기르게 된다는 것이다. 평가지배사회에서 수시로 평가를 접하며 평가에 적응해 나가는 맷집을 기르는 것이다. 호모 이밸루쿠스로 성장한다는 것은 평가의 결과가 어떤 특정한 것_{좋고 나쁨, 높고 낮음 등}으로 결정된다는 것이 아니라, 평가지배사회를 익숙하게 받아들이며 그 속에서 나름대로 적응하며 살아가는 것을 말한다. 그것은 바로 살아가면서 얼마나 맷집을 길렀느냐의 문제이다. 교육기관에서의 시험에서부터 사회생활을 하며 생산수단을 획득하고 그 속에서 생활할 때 경험하고 부딪히는 여러 평가는 곧 평가지배사회에

태어난 한 인간이 진정한 호모 이밸루쿠스로 성장해 가는 맷집을 기르는 과정이나 다름없다.

사전에서는 맷집을 '매를 견디어 내는 힘이나 정도'라고 정의하는데, 여기서 '매'는 일종의 난관을 의미하는 것으로 의도하거나 목표로 삼은 것뿐만 아니라 전혀 예상하지 못한 어려움까지 모두 포함된다. 잔잔한 바다에 그 원인이 무엇이든 대응해야 할 정도의 물결이 이는 것이 매가 되는 셈이다. 그런 점에서 평가 또한 곧 매가 된다. 매가 행위의 반응을 야기하듯이 평가라는 행위도 그에 대응 평가 준비, 평가받는 것, 평가하는 것 등 을 하도록 한다. 의지에 따라 매에 해당하는 평가를 받기도 하지만 의지와 상관없이 불가피하게 평가를 받기도 하고, 때로는 전혀 예상치 못한 상황에서 또는 못한 부분에서 평가를 받기도 한다.

결과가 어떻든 평가라는 매를 맞으며 일정한 대응을 이어 가고, 그렇게 하면서 매 맞은 곳에 굳은살이 박혀 매를 견디는 힘이나 정도가 조금씩 강해진다. 같은 약을 계속 먹으면 그 약에 내성이 생겨 약효가 덜하듯이, 평가도 반복해서 받으면 그로 인한 긴장감의 정도가 약화된다. 처음 운전면허 시험을 볼 때와 열 번째 시험을 볼 때를 비교해 보면, 시험에 대한 생소함은 후자가 훨씬 덜하다. 시험에 맷집이 생겼다는 것이 바로 이런 것이다. 평가를 한 번 받고 두 번 받고 열 번 받으면 그 평가에 익숙해진다. 평가를 하는 사람도 마찬가지다. 처음 평가하는 것과 열 번째 평가하는 것에는 차이가 있다. 이것이 바로 맷집이다.

맷집은 일종의 리질리언스 resilience 역량이 향상되고 안티프래질 antifragile 의 속성이 강화됨을 말한다. 리질리언스란 복원력 또는 회복 탄력성이란 의미로 주로 '변화에 대응할 수 있는 시스템 능력', '교란을 흡수해서 원래의 구조와 기능을 전과 다름없이 유지할 수 있는 시스템의 능력'으로 정의된다. 이는 지속가능성의 개념과도 관련이 있다.[36] 평가는 대상자에게는 변화를 가하는 행위일 수 있고 일종의 교란일 수도 있다. 리질리언스는 그에 대한 복원과 회복을 말하는 것으로, 단 한 번이 아니라 여러 번의 평가를 경험하면서 복원력과 회복력이 길러진다. 평가라는 행위 경험도 학습이 되기 때문에 여러 평가를 거치면서 평가로부터 야기된 변화와 교란 등을 어떻게 복원하고 회복할지를 배우게 되는 것이다.

나심 니콜라스 탈레브 Nassim Nicholas Taleb 가 자세히 소개한 안티프래질은 '부서지기 쉬운'이란 뜻의 프래질 fragile 의 반대 의미로 충격을 받으면 더 단단해지는 것을 말한다. 안티프래질은 충격에 저항하면서 원상태로 돌아오는 회복력이나 강건함 이상의 뜻으로 받아들여지는데 불확실성, 무질서, 미지의 것, 가변성 등으로부터 오히려 이익을 얻는 것을 말한다.[37] 이익이란 적응력이나 능력 향상 등이 될 수 있다.

침대에서 한 달 내내 편안하게 누워만 지내면 근육이 약해지듯이 시스템의 불확실성, 무질서, 스트레스 등을 제거하면 더 나을 것 같지만 오히려 그 시스템에 피해를 줄 수 있다. 이처럼 우리 인간에게도 무작위적이고 불확실한 것들이 바로 눈앞에 펼쳐진다 해도 그것들이 우리를 더 단단하게 만들어 줄 수 있다. 평가를 처음 받은 사람은 혹평에 정신이 붕괴되어 버리기도 하지만, 여러 번 평가를 받아 본 사람은 비평에 나름의 수용 방식을 고안해 내서 혹평조차 자신의 발전에 밑거름이 되도록 한다. 정신이 붕괴되는 것이 아니라 오히려 강화되는 것이다.

따라서 맷집을 기르면서 서서히 호모 이밸루쿠스로서 성장한다는 것은, 결국 평가와 관련된 여러 활동이나 행위에 따른 리질리언스 역량이나 안티프래질의 속성을 공고히 갖춘 호모 이밸루쿠스가 된다는 것을 의미한다. 그런 점에서 맷집이 길러진다는 것은 호모 이밸루쿠스의 성장을 단순히 보여 주는 데서 나아가, 평가지배사회에서 리질리언스 역량을 잘 발휘하고 안티프래질의 속성을 잘 구현하는 일종의 생존자가 된다는 것을 말한다.

미주

1 김정현. 〈올해 서울 초등학교 예비소집 불참 1만 1,124명 … "소재 파악 착수"〉, 《뉴시스》, 2020. 1. 10.

2 막스 베버, 이상률 옮김(2018). 《관료제》, 문예출판사, pp.83~84.

3 이반 일리치, 박홍규 옮김(2009). 《학교 없는 사회》, 생각의나무.

4 선근형. 〈자녀 수능성적, 부모 학력·소득 비례 관계 입증〉, 《경향신문》, 2009. 4. 16.

5 이철호(2005). 〈입시, 불평등의 제도화〉, 《교육비평》 17, pp.8~56.

6 염세철학가, 차혜정 옮김(2019). 《당당한 염세주의자》, 나무의철학, p.29.

7 한병철, 김태환 옮김(2012). 《피로사회》, 문학과지성사.

8 염세철학가, 차혜정 옮김(2019). 《당당한 염세주의자》, 나무의철학, p.29.

9 SKY 캐슬 홈페이지(tv.jtbc.joins.com/skycastle).

10 토드 로즈·오기 오가스, 정미나 옮김(2019). 《다크호스》, 21세기북스, p.297.

11 김영화. 〈'각자도생' 청춘, 특성화고 졸업생들〉, 《시사IN》, 2019. 4. 30.

12 이철호(2005). 〈입시, 불평등의 제도화〉, 《교육비평》 17, p.10.

13 홍두승·구해근(2001). 《사회계층·계급론》, 다산출판사, p.39.

14 앤서니 기든스, 김미숙 외 옮김(1999). 《현대 사회학》, 을유문화사, p.251.

15 홍두승·구해근(2001). 《사회계층·계급론》, 다산출판사, p.39.

16 조호윤. 〈취업 준비 기간 '평균 13개월', 5번째 공채지원자 9% 달해〉, 《아시아경제》, 2016. 6. 26.

17 김지현. 〈자격증 3개 스펙에도… 첫 취업 11개월 걸린다〉, 《한국일보》, 2019. 7. 23., 12면.

18 이수일. 〈올해 구직자 평균 입사지원 횟수 10.3회… 블라인드 입사지원

35.3%〉,《아시아투데이》, 2019. 9. 23.

19 정유미.〈취준생 10명 중 8명 "부모가 곧 스펙이다"〉,《경향신문》, 2019. 9. 18., 1면.

20 박현석.〈2019 전국 대학 취준생 취업 준비 및 기업인식 조사 결과보고서 발표〉,《뉴스타운》, 2019. 8. 8.

21 Housman, Michael and Dylan Minor(2015). "Toxic Workers", Working Paper 16-057, Harvard Business School, Boston, pp.1~29.

22 막스 베버, 이상률 옮김(2018).《관료제》, 문예출판사, p.22.

23 신태현.〈중견기업 과장, 승진 못할 확률 제일 커〉,《뉴스토마토》, 2019. 1. 31.

24 이진용.〈"승진 때문에"…과외에 내몰리는 서울시 공무원들〉,《헤럴드경제》, 2019. 3. 25., 12면.

25 위의 글.

26 위정환.〈토익 700점 이하 승진 못해…SK, 과장급부터 적용〉,《매일경제》, 2001. 4. 16.

27 김민주(2017).《정부는 어떤 곳인가》, 대영문화사, p.186.

28 김민주(2019).《공공관리학》, 박영사, p.260.

29 황성욱·조윤용(2017).〈일반인의 평판, 어떻게 측정할 수 있는가?〉,《한국광고홍보학보》 19(4), pp.35~63.

30 한병철, 이재영 옮김(2016).《아름다움의 구원》, 문학과지성사.

31 김훈(2019).《연필로 쓰기》, 문학동네.

32 KBS2,《김승우의 승승장구》, 2010. 6. 15.

33 김미경.〈직장인 10명 중 9명, "평판 관리 필요해"〉,《이데일리》, 2011. 8. 17.

34 바버라 에런라이크, 전미영 옮김(2011).《긍정의 배신》, 부키, p.25.

35 에리히 프롬, 장혜경 옮김(2016). 《나는 왜 무기력을 되풀이하는가》, 도서출판 나무생각, p.8.

36 브라이언 워커·데이비드 솔트, 고려대학교 오정에코리질리언스연구원 옮김(2015). 《리질리언스 사고》, 지오북, p.23.

37 나심 니콜라스 탈레브, 안세민 옮김(2013). 《안티프래질》, 와이즈베리, pp.14~30.

3장

서로 닮아 가는 호모 이밸루쿠스

평가지표라는 가이드라인

평가를 하거나 받을 때, 우리는 어떻게 해야 할까? '어떻게'라는 말이 막연하게 들릴 정도로 평가와 관련한 우리의 대응도 막연할 수 있다. 선생님이 시험을 보겠다고 하면서 학생에게 시험에 대한 정보를 전혀 주지 않는다면 시험을 앞둔 학생은 상당히 막막해진다. 시험에 어떻게 대응해야 할지 아무런 단서가 없기 때문이다. 학생이 가장 어려워하는 시험은 단순히 시험 범위가 많다거나 시험을 볼 내용 자체가 어려운 시험이 아니라, 시험을 어떻게 시행하겠다는 가이드라인이 주어져 있지 않은 시험이다. 평가에 우리가 어떻게 대응해야 할지의 상황도 이와 비슷하다. 중요한 것은 평가를 하거나 받을 때 어떻게 평가가 이루어질 것인지에 대한 가이드라인을 제공하고 있느냐의 여부이다. 여기서 말하는 가이드라인은 평가와 관련된 전반적인 정보, 구체적으로 말하면 바로 평가지표이다.

평가지표는 평가를 위한 측정이 가능하도록 평가의 기준, 범위, 방향에 대한 한정적인 설정을 의미한다. 여기서 측정이란 관심 있는 대상의 속성이나 성질을 가시적이고 인지적으로 표현해 내는 과정을 말한다.[1] 따라서 평가지표는 평가를 위해 평가 대상의 속성이나 성질을 가시적이고 인지적으로 표현할 수 있도록 평가의 기준, 범위, 방향을 한정적으로 설정해 놓은 것을 의미한다. 평가를 어떻게 해야 할지에 대한 막막함은 평가지표를 보면 어느 정도 해결된다. 물론 완벽한 평가지표란 있을 수 없지만, 지표를 보면 해당 평가에 대한 이해를 높일 수 있다.

이런 점에서 평가지표는 일종의 가이드라인이 된다. 평가 자체를 위한 가이드라인이기도 하지만 평가를 받는 주체가 평가에 따르기 위해 평가지표대로 준비하고 행동한다면 평가지표가 평가 대상의 행동에 변화를 가하는 가이드라인이 되기도 한다. 실제로 의료기관이 환자에게 양질의 의료 서비스를 제공하도록 하기 위해 보건복지부가 평가를 거쳐 인증하는 제도 의료기관인증제 가 있는데, 평가를 받은 한 병원 관계자는 "평가를 계기로 병원 규정을 정비하는 계기가 됐는데, 의료기관평가 지침서가 병원 가이드라인이 됐을 정도"라는 말을 하기도 했다.[2] 평가 지침서의 평가지표가 단순히 평가만을 위한 가이드라인이 아니라 '병원의 가이드라인'이 되었다는 것이다.

행동의 방향을 제시하는 역할을 하는 평가지표는 거의 모든 평가에 존재한다. 만일 평가지표가 없는 평가라면 무책임하다는 소리를 듣는다. 평가지표도 마련하지 않은 상태에서 평가를 하겠다고 결정하는 것은 위험한 일이다. 평가를 하는 사람과 평가를 받는 사람 모두에게 불안감을 야기하기 때문이다. 평가지표가 없으면 그 평가는 나침반 없는 평가가 된다.

그렇다 보니 한편으로는 평가나 그 결과에 대한 논란은 평가지표에서 기인하는 경우가 많다. 가이드라인이 되는 평가지표 자체가 잘못되었다거나 불충분하다거나 공정하지 못하다거나 등의 논란이 그것이다. 평가에 대한 논란의 거의 대부분은 평가지표에 대한 논란으로 봐도 무방하다. 그래서 일반적으로 평가 목적에 대해서는 서로 동의하는 정도가 높은데, 그 평가를 어떤 지표에 따라 할 것인가에 대해서는 상충하는 경우가 많다.

평가지표와 관련한 논란의 예로 자율형 사립고등학교에 대한 평가를 들 수 있다. 정부교육청는 2019년에 자율형 사립고등학교의 운영성과에 대한 평가결과를 발표했는데, 결과를 두고 해당 평가지표가 논란의 중심이 되었다. '자사고 평가'로 줄여서 불리기도 한 자율형 사립고등학교 평가의 목적은 《2019학년도 자율형 사립고등학교 운영성과 평가 계획》에서 밝히고 있듯이 '자율형 사립고가 건학이념과 지정목적에 맞게 학교 및 교육과정을 운영하였는지에 대해 5년 단위로 평가해서 내실 있는 학교 운영을 유도하고, 평가결과 지정목적 달성이 불가능하다고 판단되는 학교에 대해서는 지정을 취소함으로써 자율형 사립고의 책무성을 제고'하기 위한 것이다. 이를 위해 6개의 평가영역에 12개의 평가항목, 그리고 32개 평가지표로 구성된 평가가 이루어졌다. 각 평가지표별 배점을 모두 더하면 총점은 100점이며 70점 미만을 받으면 자사고 지정이 취소된다.[3] [표 3-1]은 평가항목과 평가지표 등을 보여 주고 있다.

평가지표를 보면, 양적으로 평가가 가능한 것이 있는가 하면 질적으로 평가해서 양적인 점수로 부여되는 지표도 있다. 예컨대 '3-1. 학생충원율'은 일정한 산식에 따라 곧바로 산출되는 양적지표이다. '2-3. 전·편입학 업무 처리의 공정성'은 다분히 질적인 측면이 강하게 작용될 것으로 예상되는 평가지표이지만, 그 점수는 양적인 수치로 2.0점부터 0.4점까지 부여하도록 구성되어 있다. 이러한 평가지표는 아무렇게나 만든 것이 아니다. 그러나 평가에 대한 논란의 대부분이 바로 이 평가지표에서 비롯된다고 말했던 것처럼 비판은 항상 존재한다.

양적지표의 경우 질적으로 판단할 수 있는 부분을 간과한 채 단순히 산출식으로만 평가가 이루어진다는 비판이 대표적이다. 예컨대 학생충원율 지표를 보면, 흔히 학생충원율은 높으면 높을수록 좋다고

[표 3-1] 자율형 사립고등학교 운영성과 평가지표

영역	평가항목	평가지표(안)	배점				
			매우 우수 (S)	우수 (A)	보통 (B)	미흡 (C)	매우 미흡 (D)
I.학교 운영 (30점)	1. 중장기 학교 발전계획과 건학이념의 구현 노력 (8점)	1-1. 중장기 학교발전계획의 수립 및 이행 정도	4.0	3.2	2.4	1.6	0.8
		1-2. 건학이념과 지정취지를 반영한 특성화 교육프로그램 운영	4.0	3.2	2.4	1.6	0.8
	2. 학생 선발 과정의 공정성 및 충실성 (10점)	2-1. 입학전형 운영의 적절성	4.0	3.2	2.4	1.6	0.8
		2-2. 고교입학전형 영향 평가의 충실도	4.0	3.2	2.4	1.6	0.8
		2-3. 전·편입학 업무 처리의 공정성	2.0	1.6	1.2	0.8	0.4
	3. 학생 충원· 유지를 위한 노력(12점)	3-1. 학생충원율	4.0	3.2	2.4	1.6	0.8
		3-2. 학생 전출 및 중도 이탈 비율	4.0	3.2	2.4	1.6	0.8
		3-3. 사회통합전형 대상자 선발 노력	4.0	3.2	2.4	1.6	0.8
II.교육 과정 운영 (30점)	1. 교육과정의 다양성 확보 노력(8점)	1-1. 다양한 선택과목 편성·운영 정도	5.0	4.0	3.0	2.0	1.0
		1-2. 인성/진로 교육 등 다양한 교과 외 프로그램 편성·운영의 적절성	3.0	2.4	1.8	1.2	0.6
– 이하 생략 –							

자료: 서울특별시교육청(2018). 《2019학년도 자율형 사립고등학교 운영성과 평가 계획》, 서울특별시교육청, p. 4.

보는데 사정에 따라서는 낮은 것이 반드시 나쁘다고만 볼 수도 없다. 학생충원율을 높이기 위해 학교의 기본 교육이념에 부합하지 않거나 적응하기 힘든 학생까지 무리하게 수용하면, 오히려 해당 학생에게는 괴로움이 지속될 수 있고, 나머지 학생들과 선생님들에게도 좋지 않은 영향을 줄 가능성도 충분히 존재한다.

질적지표의 경우도 질적인 측면을 어떻게 수치나 등급화된 점수로 부여할 수 있느냐의 논란이 항상 존재한다. 전 · 편입학 업무 처리의 공정성 지표에서 '공정성'에 대한 평가는 평가하는 사람이나 평가받는 사람이 지니고 있는 가치관이나 규범의식에 따라 천차만별일 수 있다. 물론 평가지표마다 다시 각각 세부적인 평가 지침을 마련해 두고 있어 그에 따라 평가가 이루어지지만, 기본적으로 질적평가가 갖는 주관적 판단에 따른 평가결과의 편차는 존재할 수밖에 없다. 그래서 그 결과를 양적으로 수치화하는 것이 과연 적절한가에 대한 의문과 비판이 계속 제기된다.

양적지표이든 질적지표이든 지표의 포괄성 문제와 대표성 문제도 존재한다. 다시 말해, 평가지표가 평가 대상의 속성이나 특성, 즉 평가에 해당하는 측면을 모두 포괄할 수 있느냐의 문제이다. [표 3-1]의 평가지표가 과연 자사고 평가의 취지에 부합하는 모든 것을 평가할 수 있는가, 즉 평가지표의 포괄성이 문젯거리이다. 그리고 어느 평가에서든 평가지표의 대표성 또한 끊임없이 의문이 제기된다. 과연 해당 지표의 구성이 자사고 평가에서 평가하고자 하는 것들을 잘 대표하는가의 문제이다. 대표할 수 없는 지표이거나 무리하게 관련성이 낮은 지표를 추가하거나 기존의 지표가 갑자기 사라지거나 하는 등 ^{평가지표} _{변경 등}의 논란이 모두 여기에 해당한다.

실제로 자사고 평가결과에 따른 논란이 법적 다툼으로 이어지면서 자사고 측에서 "교육청이 자사고 재지정을 결정하는 운영성과 평가 기준을 대폭 변경하면서도 사전에 알리지 않아 새로운 평가 기준을 예측할 수 없었다."는 주장이 있었고, 또 "평가항목 중 일부는 산정 기준이 모호하고 자의적"이라는 의견도 있었다. 물론 이에 대해 평가를 주관한 교육청에서는 "처분 사전통지서에 항목별 세부적 점수를 공개했다."며 "모호하다고 말하는 항목 역시 전문가들이 세부적 평가 절차를 거쳐 심사숙고한 것"이라며 반박하기도 했다.[4] 중요한 것은 평가지표에 대한 논란이 평가에 대한 논란의 거의 대부분을 차지한다는 사실이다.

그 외에도 평가지표별 점수 배점 역시 논란이 되는데, 평가받는 사람은 자신에게 유리한 평가지표의 점수 배점이 높아지는 것을 당연히 선호하고 그 반대의 경우에는 강하게 반발한다. 실제로 자사고 평가결과 논란에서도 서울 지역 22개 자사고 모임인 서울자율형사립고학교장연합회는 2019년 초 기자회견을 열어 "학생·학부모 만족도나 다양한 진로·인성 프로그램 편성·운영 등 자사고에 유리한 항목은 배점이 낮아지고 사회통합전형을 통한 신입생 충원율 등 불리한 항목의 배점이 높아졌다."고 지적하기도 했다.[5]

평가지표는 거의 모든 평가에 존재하기 때문에 앞의 자사고 사례처럼 당사자 이외의 주체가 평가를 할 때는 물론이고, 자체평가를 할 때에도 활용된다. 스스로 평가하는 자체평가도 일정한 평가지표가 있어야 평가가 가능하다. 여기서 말하는 스스로 평가한다는 것은 기관이나 조직에서 수행한 일을 해당 기관이나 조직이 자체적으로 평가한다는 의미이다. 한 예로 정부영역에서 재정사업을 수행한 정부부처가 스스로 재정사업에 대해 평가하는 재정사업자율평가라는 것이 있다.[6] 이 평가의 결과는 다음 연도 예산에 반영하는 등 성과 기반의 재정운용에 중요한 역할을 한다. [표 3-2]는 재정사업자율평가의 평가지표를 나타낸 것이다. 자체평가를 하더라도 평가의 목적과 취지가 실현되면서 의도한 역할을 하도록 해 주는 것이 바로 평가지표이다.

두 평가지표 사례를 볼 때 평가지표는 막연하고 막막한 평가를 보다 구체적으로 밝혀 주는 역할을 한다는 것을 알 수 있다. "자율형 사립고등학교를 평가한다고 하는데 무엇을 평가한다는 거야?", "정부부처가 수행한 재정사업을 부처 스스로 평가한다고 하는데 무엇을 평가한다는 거야?"라는 물음에 대한 답은 평가지표를 보면 알 수 있다. 평가지표는 어디에 초점을 두고 무엇을 평가하겠다고 말하는 것이다. 평가 수행을 위한 가이드라인이나 다름없다.

[표 3-2] 재정사업자율평가의 평가지표

단계	평가 항목	평가지표	배점	
			일반 재정	정보화
계획 (20점)	사업 계획의 적정성 (10)	1-1. 사업목적이 명확하고 성과목표 달성에 부합하는가?	2.0	2.0
		1-2. 다른 사업과 불필요하게 유사·중복되지 않는가?	3.0	3.0
		1-3. 사업내용이 적정하고 추진방식이 효율적인가?	5.0	5.0
		소계	10.0	10.0
	성과 계획의 적정성 (10)	2-1. 성과지표가 사업목적과 명확한 연계성을 가지고 있는가?	5.0	5.0
		2-2. 성과지표의 목표치가 구체적이고 합리적으로 설정되어 있는가?	5.0	5.0
		소계	10.0	10.0
관리 (30점)	사업 관리의 적정성 (30)	3-1. 예산이 계획대로 집행되었는가?	15.0	12.0
		3-2. 사업추진상황을 정기적으로 모니터링하고 있는가?	5.0	4.0
		3-3. 사업추진 중 발생한 문제점을 해결하였는가?	10.0	8.0
		3-정보화①. 정보 시스템을 적정하게 운영 및 개선하고 있는가?	-	3.0
		3-정보화②. 정보 시스템에 대한 정보보호기반이 마련되어 있으며 관련 조치를 충실히 이행하였는가?	-	3.0
		소계	30.0	30.0
성과 /환류 (50점)	성과 달성 및 사업 평가 결과의 환류 (50)	4-1. 계획된 성과지표의 목표치를 달성하였는가?	30.0	30.0
		4-2. 사업이 효과적으로 수행되는지 점검하기 위한 사업평가를 실시하였는가?	10.0	10.0
		4-3. 평가결과 및 외부지적사항을 사업구조개선에 환류하였는가?	10.0	10.0
		소계	50.0	50.0
계		100		

자료: 김민주(2019). 《재무행정학》, 박영사, p.202.

평가지표의 역할은 여기에 머물지 않는다. 최근의 평가지표는 성과와 연계되는 경우가 많기 때문에 평가지표가 곧 성과를 나타내는 지표가 되어 그 결과가 의사결정의 중요한 근거로 작용하기도 한다. 특히 조직의 규모가 커지면서 복잡성이 증가하여 경영자가 판단과 결정에 어려움을 겪는 사례가 많아지고 있는데, 이때 간단한 숫자로 표시되는 성과평가의 지표가 유용하게 활용된다. 그렇다 보니 강박에 가까울 정도로 성과평가 지표에 의존하는 결과를 낳기도 한다.[7] 그렇게 되면 평가지표는 평가수행을 위한 가이드라인을 넘어 조직의 전반적인 의사결정의 가이드라인이 될 수도 있다.

평가지표와 조작적 정의

평가지표는 가이드라인이 되지만 그것은 결코 완벽하지 않다. 자율형 사립고등학교 평가를 두고 일었던 논란의 사례만 보더라도 쉽게 알 수 있다. 그래도 논란이 정리되면 어느 정도 평가의 윤곽이 드러나면서 평가의 수월성은 분명 높아진다. 하지만 평가지표에 대한 포괄성 문제와 대표성 문제 등에 따라 생기는 논란이 일단락되고 나름대로의 합의가 이루어져서 평가에 대한 막연한 생각이 조금 나아지더라도 새롭게 드는 의문이 있다. 평가지표에 표현되어 있는 내용 및 용어에 대한 정의를 어떻게 내릴 것인가의 문제이다. 이는 실제 평가에 앞서 평가지표 속의 내용 및 용어를 보다 정교하게 다듬을 때 발생한다.

예를 들면 [표 3-1]의 자율형 사립고등학교 운영성과 평가지표 중 하나는 '다양한 선택과목 편성·운영 정도'이다. 그렇다면 여기서 말하는 다양한 선택과목을 편성하고 운영한다는 의미는 정확히 무엇일까? 평가지표가 평가의 방향을 보다 구체적으로 보여 주는 것이기는 하지만, 어떤 것이 다양한 선택과목 편성·운영인가에 대해서는 사람마다 판단하는 정도가 다를 수 있다. 그러면 평가자에 따라 평가결과가 달라지므로 혼란을 야기할 수 있다. 따라서 평가지표가 '평가를 위한 측정이 가능하도록 평가의 기준, 범위, 방향에 대한 한정적인 설정'이라고 하면, 바로 그 '측정'을 할 때 혼란이 없어야 한다. 적어도 하나의 평가지표에 대해 서로 다르게 해석하고 이해하지 않도록 해야 한다.

이를 위해 필요한 작업이 주요 내용이나 용어에 대한 조작적 정의 operational definition 이다. 조작적 정의란 측정하고자 하는 대상이나 개념을 현실 세계에서 관찰이 가능하도록 수량화하기 위해 다시 정의하는 것을 말한다. 다시 말하면 개념의 수량적 재정의가 조작적 정의이다.[8] 예를 들면 학생들의 '학업능력'을 측정하고자 할 때, '학업능력'에 대한 개념이 사람마다 다를 수 있다. 따라서 공통된 이해를 위해 학업능력을 수량적으로 표현하는 재정의 작업이 필요하다. 작업의 한

[그림 3-1] 평가의 조작적 정의 예시

평가 영역	II. 교육과정 운영
평가 항목	II-1. 교육과정의 다양성 확보 노력 (8점)

평가지표	평가 내용
II-1-1. 다양한 선택과목 편성 · 운영 정도	□ **평가목적 및 주안점** ○ 학생들이 다양한 교과 교육활동을 경험할 수 있는 기회를 제공함으로써 만족도 제고 - 정규 교육과정에서 총 교과이수단위에 대한 **학생의 선택교과 이수단위 비율(총 편성 교과 대비 선택교과 이수단위)** [산출] ① '15~'19년 해당학년도의 3개 학년 교육과정 편성 기준 ② 전체교과 이수단위 중 학생 선택교과 이수단위 비율(%) = (학생 선택교과목 단위수 총합 / 전체교과이수단위 총합) × 100 □ **평가기준**

판단 기준		척도
· 연평균 학생 선택 이수단위 비율 30% 이상 편성·운영	S	5.0
· 연평균 학생 선택 이수단위 25% 이상 ~ 30% 미만 편성·운영	A	4.0
· 연평균 학생 선택 이수단위 20% 이상 ~ 25% 미만 편성·운영	B	3.0
· 연평균 학생 선택 이수단위 15% 이상 ~ 20% 미만 편성·운영	C	2.0
· 연평균 학생 선택 이수단위 15% 미만 편성·운영	D	1.0

□ **평가방법 및 자료**
○ 수강신청서, 시간표 등 학교 제출 자료 및 학교교육계획서 등

− 이하 생략 −

자료: 서울특별시교육청(2018). 《2019학년도 자율형 사립고등학교 운영성과 평가 계획》, 서울특별시교육청, p.15.

예가 학생들이 취득한 '학점'으로 나타내는 것이다. 학업능력의 조작적 정의가 학점이 된다면, 학업능력은 학점으로 측정이 가능해진다. 따라서 앞서 살펴본 '다양한 선택과목 편성 · 운영 정도'에 대해서도 조작적 정의가 필요한데, 그 사례가 [그림 3−1]에 나타나 있다.

평가지표인 '다양한 선택과목 편성 · 운영 정도'에 대한 평가내용의 설명을 보면, 평가목적 및 주안점은 '학생들이 다양한 교과 교육활동을 경험할 수 있는 기회를 제공함으로써 만족도를 제고'하는 것이

며, 이는 '정규 교육과정에서 총 교과이수단위에 대한 학생의 선택교과 이수단위 비율 총 편성 교과 대비 선택교과 이수단위'로 수량적 재정의가 되어 있다. 구체적으로는 그 아래에 '산출'이라고 적힌 박스 안에 조작적 정의를 하나의 공식으로 정리해 놓고 있다. 따라서 '다양한 선택과목 편성·운영 정도'를 어떻게 측정해서 평가할 것인지 알 수 있다. 사람마다 여러 측면에서 판단하고 이해할 수 있는 다양한 선택과목의 편성과 운영에 대해 동일한 시각과 방식으로 평가할 수 있도록 한 것이다. 그 역할을 하는 것이 조작적 정의이다.

평가지표가 평가를 보다 구체적이고 한정적으로 할 수 있게 설정해 주고, 평가지표는 다시 조작적 정의를 통해 일관성 있는 측정이 가능하도록 한다. 물론 조작적 정의를 통해 평가지표와 평가를 구체적으로 의미 규정을 지을 때 한계도 있다. 조작적 정의는 불가피하게 측정을 위해 설정하는 것이기 때문에 해당 평가지표나 평가의 모든 것을 다 담아내지는 못한다. 학생들의 학업능력을 학점으로만 판단하는 것이 충분하다고 할 수 없고, 마찬가지로 다양한 선택과목 편성과 운영 정도가 총 편성 교과 대비 선택교과 이수단위로만 나타나는 것도 아니다. 그럼에도 평가의 실제적 활동을 위해서는 평가지표 내용의 조작적 정의가 반드시 필요하다. 그래서 대부분의 평가에서는 조작적 정의에 대한 상세한 설명을 위해 '평가편람'을 함께 만든다.

편람便覽은 문자 그대로 보기에 편한 책을 의미한다. 일종의 핸드

북 같은 것으로 특정한 사항을 수월하게 이해할 수 있도록 설명해 놓은 책자이다. 따라서 평가편람이란 특정한 평가에 대한 이해를 돕기 위해 만든 책자를 말한다. 대개 평가편람을 보면 평가지표에 대한 설명이 주를 이룬다. 평가지표의 조작적 정의를 구체적으로 설명하고 있다는 의미이다. 평가에 대한 수월한 이해를 돕는 책이지만 그 내용의 대부분은 평가지표와 그 조작적 정의에 대한 설명으로 이루어져 있다. 평가의 목적과 취지 구현을 위해서도 중요하지만, 현실적으로 평가를 직접 실행하는 것은 평가지표를 통해서이기 때문에 그에 대한 설명이 구체적으로 되어 있는 평가편람은 평가를 하는 사람이나 평가를 받는 사람에게는 평가의 법전과도 같다.

평가를 잘하고 싶거나 평가를 잘 받고 싶을 때 가장 좋은 방법은 바로 평가편람대로 준비하는 것이다. 평가편람에 나와 있는 대로 평가하고, 편람에 제시되어 있고 설명하고 있는 평가지표만을 충실히 준비하면 된다. 현실적인 관점에서 볼 때 평가를 잘 받는 방법이 무엇이냐고 물어보면 그 대답은 "무조건 평가지표대로 평가에 임하라."이다. 평가편람은 평가에 대한 이론적 배경은 물론이고 실무차원의 의견을 반영해서 만든 것이기 때문에 설사 평가지표의 포괄성이나 대표성에 문제가 있더라도 일정한 합의를 거친 결과물이므로 평가의 기본은 모두 포함되어 있다. 그래서 평가편람을 벗어나는 평가는 허용되지 않는다. 평가편람에 철저하게 따르는 것이 공정한 잣대를 적용한 평가로 평가받는다. 평가를 잘하고 싶거나 잘 받고 싶으면 평가편람을 충분히 이해해서 평가지표대로 준비하면 된다. 특히 평가지표에 대한 조작적 정의에 충실히 따르면 된다. 단언컨대, 기관이나 사업 대상의 평가를 대비하는 최고의 방법은 이 이상 없다.

현역으로 왕성한 활동을 하는 원로배우 A는 한 인터뷰에서 이와 비슷한 맥락의 말을 한 적이 있다. "나는 주어진 대본을 매우 충실히 이해하려고 한다. 작가의 의도는 대본으로 전해지기 때문에 배우는 그것을 충실히 습득하고 이해하는 것이 가장 중요하다. 즉, 애드리브가 중요한 것이 아니라 주어진 대본을 충분히 소화해서 그것을 의도대로 잘 구현하는 것이 배우의 기본 자질이다."[9]

한편, 평가편람의 평가지표대로 준비하면 평가를 잘 받을 수 있기 때문에 평가편람을 신줏단지 모시듯 하는 경우가 생긴다. 물론 평가지표가 평가의 애초 목적과 취지 등이 구현된 매개물인 것은 맞지만, 무조건 평가지표만을 따르면 왜 평가를 하는지, 왜 평가를 받는지 등과 같은 근본적인 물음에 대한 답은 간과할 가능성이 높다. 주객이 전도되어 왜 평가를 하거나 받는 것이 중요한가가 아니라, 평가지표를 잘 따르는가가 중요하고 또 그것이 평가의 핵심이 되고 만다. 목표를 달성하기 위해 수단이 마련되어 있는 법인데, 수단에 집착한 나머지 수단을 목표로 삼게 되는 것이다. 주어진 일에 충실하기 위해 규정과 절차를 철저히 준수하지만, 철저히 준수하는 것에만 몰두하다 보면 역설적으로 왜 규정과 절차를 따르면서 일을 해야 하는가에 대한 근본적인 문제의식과 최종 목표를 잊어버리는 것과 같다. 평가를 잘 받기 위해 평가지표에 사용된 용어까지도 조작적 정의에 기초해서 철저히 이해하면서 평가를 대비하면 분명히 효과적이다. 지나치면 문제가 되는 것이다. 한 정책토론에서 당시 EBS 이사장은 다음과 같이 말했다.

> … 평가에 관여되는 많은 사람들이 평가의 본질을 생각하는 것
> 보다는 평가 시에 어떻게 하면 내가 좋은 평가결과를 받을 수 있을
> 것이냐를 생각하기 때문입니다. 즉, 평가지표에 사업을 맞추게 되
> 는 '평가를 위한 사업'을 하게 되는 것입니다. 결과적으로 누구에
> 게도 도움이 안 되는 결과를 낳게 되는 겁니다.[10]

평가지표에 맞춰 평가를 받아야 하니 평가를 위한 사업만을 하게 된다는 것인데, 이는 사업을 통해 구현하고자 하는 것을 중요하게 여기지 않는 상황을 우려하는 말이다. 평가지표에 도움이 되는 사업만 한다면, 정작 중요한 사업은 하지 못하게 될 수 있고, 그러면 진정으로 많은 사람들에게 도움이 되는 사업은 시행할 수 없을 것이다. 따라서 평가를 위해서는 평가지표 마련이 중요하고 또 평가지표에 대한 조작적 정의를 충분히 이해하는 것도 필요하지만, 자칫 그 행위에만 매몰되어서는 안 된다. 평가지표는 평가를 하기 위한 것일 뿐 그것이 평가의 모든 것은 아니기 때문이다.

표준화와 평균

평가지표에 매몰되어 마치 목표 대치 goal displacement 현상과 같은 일이 벌어진다고 해도, 평가를 잘하고 싶거나 잘 받고 싶을 때 가장 좋은 방법은 평가지표에 철저히 따르는 것이라는 점은 부정할 수 없다. 현실적으로 평가자는 평가지표에 철저히 따르는 것이 치우치지 않은 공정한 평가라고 여기고, 동시에 평가를 받는 사람은 평가지표에 철저히 따르면 특별한 이유가 있지 않는 한 평가점수가 그렇게 낮지 않을 것이다. 평가지표를 철저히 준수했는데 점수가 낮다는 것은, 평가지표에서 요구하는 정도를 보여 줄 수 있는 증빙할 수 있는 수준을 갖추지 못했거나, 평가지표에 대한 이해도가 떨어져 평가 준비를 잘못했거나, 아니면 평가지표 이외의 특정 변수 예, 정치적 요인 등 가 작용했을 가능성이 높다.

첫 번째 경우, 즉 평가지표를 철저히 따른다고 해도 평가지표에서 요구하는 수준을 맞출 만한 역량이 되지 않는다면 원하는 만큼의 평가결과가 나오지 않을 것이다. 그런데 그런 경우조차 평가지표에 최대한 충실히 따르는 것이 그나마 효과적인 결과를 낳는다. 비슷한 역량이라고 해도 평가지표에 따라 그 역량을 보여 주는 것과 그냥 자신의 역량을 그대로 드러내는 것 평가지표에 따르지 않고 그냥 드러내 보이는 것 은 분명 차이가 있다. 평가를 하는 사람 입장에서는 평가지표대로 평가해야 하기 때문에 부족한 역량을 지닌 평가 대상자 중에서 그래도 평가지표에 준해서 그 역량을 드러낸 사람을 상대적으로 더 좋게 평가할 수밖에 없다. 따라서 평가지표에 온 힘을 집중해서 그에 철저히 따르는 것이 정도의 차이는 있을지라도 효과적이고 만족스러운 평가를 위한 현실적이고 직접적인 전략이 된다. 말 그대로 전략이다.

그렇다 보니 평가를 하는 사람이든 받는 사람이든 평가지표에 행동이 맞춰진다. 평가활동의 가이드라인이 되는 평가지표는 공개되기 마련이고 또 흔히 합의와 조정에 따라 결정되기 때문에 평가와 관련된 사람이라면 당연히 준수해야 할 대상으로 여겨서, 평가지표에 맞춰진 평가활동은 공평한 평가라는 정당성도 부여된다. 그래서 평가지표는 평가활동이 이루어질 때 행동이나 행위 등에 대한 표준적 기준이다. 표준적 기준은 표준으로 설정된 수준에 이를 것이라는 기대를 지니고 있으므로, 평가지표에 따르는 것은 곧 평가에 따른 표준화 standardization 를 지향하는 것과 같다. 따라서 평가지표 준수는 평가의 표준화를 의미한다. 평가를 하는 사람과 받는 사람이 모두 평가지표를 준수해서 평가지표에 충분히 만족하는 수준의 평가가 이루어졌다면, 애초에 설정된 평가지표가 토대가 되는 표준적 결과가 나타난 것이 된다.

이 표준적 결과는 특수성에 기초한 것이라기보다는 유사성에 기초한 비슷한 수준을 말한다. 그래서 표준화에 따른 일반적 특성이 평가의 표준화에서도 나타난다. 표준화는 흔히 정해진 절차를 세워 놓고 고정된 투입물을 어떠한 편차나 변형 없이 동일한 결과물로 변환시키는 것을 말한다. 그래서 하나의 표준은 개별적 특수성을 모두 고려하는 것이 아니라 평균치에 가까운 포괄적 특성만을 드러내게 된다. 사람의 행위를 대상으로 하는 표준화에서는 개인별 차이가 무시된다.[11] 특수한 개별 차이는 표준이 될 수 없기 때문이다. 표준이라면 누구나 공유하는 공통적 속성에 더 가까운 것을 의미하는 것이지 낱낱의 맥락을 모두 고려해서 나타나는 것은 아니다. 그렇기 때문에 흔히 표준화의 목적은 효율성의 극대화에 있다. 특히 생산 시스템에서의 표준화가 더욱 그렇다. 비용절감으로 대량생산을 해서 효율성을 높이는 것은 특수한 개별 차이를 모두 고려해서가 아니라 하나의 표준에 기초한 생산에 의해서이다.

이러한 표준화가 유행하며 실용적인 목적에서 많이 활용되었던 시기는 산업화 물결이 일던 근대였다. 특히 표준화는 산업화의 선봉에 있던 기업에 도입되어 크게 성공을 거두었는데, 이에 따라 표준화가 다른 분야에서 적용될 때 단순한 벤치마킹을 넘어 하나의 정당성의 근거가 되기도 했다. 프레더릭 테일러 Frederick Taylor 가 공장의 근로자를 대상으로 적용한 과학적 관리 방식 scientific management 과 헨리 포드 Henry Ford 의 자동차 T형 포드 생산의 표준화 방식이 대표적인 예이다. 이들은 표준화된 매뉴얼을 통해 혁신에 가깝게 효율성을 높였다.

올더스 헉슬리 Aldous Huxley는 그의 소설 《멋진 신세계 Brave New World》에서 포드가 태어난 해인 1863년을 인류의 새로운 기원으로 삼아 일명 포드 기원으로 부르기도 했다.[12] 표준화된 작업시간과 방식 그리고 표준화된 도구 사용은 표준화된 작업 할당량에 기초한 평가로 이어지는 메커니즘을 형성하는 데 결정적인 기여를 했다. 그 결과 의도했던 효율성 향상이 가시적 성과로 나타났고, 표준화는 다양한 분야에 적용되었다.

교육 분야에 적용된 것도 그 일환이다. 기업 표준화의 성공은 교육 개혁가들이 학교와 학교 수업을 재설계할 때 핵심적인 참고자료가 되었다. 실제로 기업의 표준화가 성공을 거둔 20세기 초 미국 교육기관에서는 표준 커리큘럼, 표준 교재, 표준 성적, 표준 시험, 표준 학기, 표준 졸업증서 등이 등장했다. 특히 표준화 방식과 기준을 충족하면 누구나 성공할 수 있다는 능력 위주의 사회를 수립하는 데 영향을 주기도 했다. 표준화는 평등하고 공평해 보이기도 해서 더욱 큰 영향을 미쳤다. 표준화가 핵심이기 때문에 남들 모두에게 요구되는 것과 똑같은 일을 하되, 그 일을 동료들보다 더 잘 해내기만 속도, 양, 질적 우수성 등 하면 되는 것으로 여겨졌다. 개개인의 특수성보다는 주어진 표준이 우선이고 그 기준에서 더 뛰어나면 되는 것이었다.[13] 표준화 체제 하에서 평가는 바로 여기에 강조점이 놓여 있다. '표준에 맞춰라, 그리고 표준에서 최상이 되라'는 것이다.

하지만 효율성을 높이는 이 방식은 다른 한편으로는 모두가 비슷해지는 결과를 낳는다. 모두가 표준이 되면 모두가 비슷한 모습이 되는 것은 당연하다. 컨베이어벨트 시스템에서 생산되는 제품들처럼 되는 것이다.

여러 기관을 대상으로 통일된 하나의 평가지표로 평가를 하면, 기관들은 평가를 잘 받기 위해 제시된 평가지표를 충분히 숙지하고 따른다. 그렇게 하면 기관들은 평가지표가 구현하고자 하는 모습으로 변하고, 그 모습은 평가를 받는 모든 기관에서 나타날 수 있다. 통일된 평가지표가 하나의 표준이 되어 표준화를 이끄는 것이다. 쉽게 말해, 평가지표에 맞춰진 기관들은 비슷한 모습을 띠게 된다. 특히 일정한 자격 요건을 갖추었는지에 대한 '인증' accreditation 을 해 주는 평가에서 이런 현상이 더 두드러진다. 순위를 부여해서 차등을 두는 평가에서도 비슷한 모습을 띠게 만들지만, 일정한 요건이 충족되었다고 평가될 때 그에 합당한 자격을 부여하는 인증평가에서는 표준화의 양상이 더욱더 현저하다. 동일한 인증을 받았다는 것은 적어도 같은 표준을 따르고 준수했다는 것이므로, 비록 세부적인 차이는 있을 수 있지만 인증 여부만을 놓고 판단할 때는 동등한 수준으로 여겨진다.

현재 이루어지고 있는 기관 인증평가를 예로 들면, 이 평가는 인증을 받았는지의 여부에 따라 인증을 받은 기관과 그렇지 않은 기관으로 구분하는 결과를 낳는다. 물론 각 기관별로 차별화되는 특성이 분

명히 존재하겠지만 인증평가에서는 인증평가를 통한 인증 획득 여부
가 가장 중요하다. 인증을 받았다는 것은 일정한 표준을 따른 비슷한
수준의 동종 기관으로 분류될 수 있다는 말이다. 실제 사례로 현재 우
리나라에는 정부로부터 대학기관평가인증 시행기관으로 인정을 획
득한 한국대학교육협의회 부설 한국대학평가원이 각 대학교에 대한
기관평가인증을 수행하고 있다. 2011년부터 진행 중인데, 기관평가
인증의 의미를 아래와 같이 설명하고 있다.

> • 기관평가인증accreditation: 대학이 교육기관으로서 기본요건을 충족
> 하고 있는지 판정하고, 그 결과를 사회에 공표함으로써 사회적 신
> 뢰를 부여하는 제도
>   – 인증의 대상은 대학 일부분이나 프로그램에 국한된 것이 아니며
>   기관 운영 전반임
>   – 인증 기준을 충족하는 대학에 대해서는 그 결과를 공표함으로써
>   사회적 지위를 부여함[14]

여기서 눈여겨볼 사항은 인증이 '기본요건' 충족을 판단하는 역할
을 하면서 '사회적 신뢰를 부여'할 만큼의 영향력이 있는 제도라는 점
이다. 교육기관이라면 이 정도는 갖춰야 한다는 평균적인 기본요건을
판단하는데, 이는 사회적 신뢰를 줄 만큼의 공신력을 갖는다는 것이
다. 즉, 공신력이 있는 평균적 수준을 보장해 준다는 것이다.

그래서 이 기본요건인 평균수준을 맞추기 위해 각 대학들은 다양한 노력을 한다. 평균만을 갖추면 인증을 해 주고 또 인증을 받으면 그것은 곧 평균적인 수준의 대학이 되는 것이기에 평균 이하의 대학이 되지 않기 위해 노력하는 것이다. 덧붙여 놓은 설명에서도 알 수 있듯이 이는 기관 운영 '전반'에 대한 것으로 대학의 특정 영역이 아니라 전체적인 모습이 비슷해지도록 하는 역할을 한다. '사회적 지위'까지 부여한다고 하니 평균적인 수준이 되려고 노력하는 것은 당연하다. 이른바 명문대로 불리지 않는 대학들은 더욱 사활을 걸 수밖에 없다. 대학을 대상으로 하는 기관평가인증 이외에도 의료기관이나 어린이집 등에 대해서도 인증평가가 시행되고 있다.

여기서 알 수 있는 한 가지 사실은 표준화가 평균과 밀접한 관계를 맺고 있다는 점이다. 평가를 받으면서 비슷한 모습을 지니게 된 사람은 표준화된 모습이되, 동시에 평균적인 모습이 된다. 표준화가 평균과 밀접한 관계를 맺을 수밖에 없는 이유는, 표준이라는 것이 현실에 존재할 때 그 잣대가 되는 것이 주로 평균이기 때문이다. 표준은 이를 따를 것을 전제로 하다 보니 누구나 따를 수 있는 수준이 되어야 한다는 것이고, 그렇게 하기 위해서는 모두를 고려해서 구한 평균값이 그 기준이 된다. 모두를 고려한다는 점에서 평균은 특정한 사람에게 유리한 것이 아니라는 정당성도 획득한다. 여기서 모두를 고려한다는 것은 우리가 통상적으로 평균을 어떻게 구하는지 생각하면 쉽게 이해된다. 10명의 학생을 대상으로 평균 성적을 구하려면, 10명 모두의 성적을 더한 다음 그 학생들 모두를 고려한 10이라는 숫자로 나눈다.

평균으로 도출된 값은 모두에게 도달할 수 있는 하나의 기준으로 역할을 하는 데 나름의 근거를 가진다. 모두를 고려했으니 모두가 그 수준이 될 수 있다는 것이다. 그래서 평균은 표준 설정의 근거나 자료로 많이 활용된다. 평가에서도 평가지표가 표준적 기준으로 작용할 때 그 기준값을 평균으로 산출하는 경우가 많다. 따라서 평가를 하고 평가를 받으며 잘 대응하기 위한 하나의 전략으로 평가지표에 충실하면, 표준적인 수준에 이르는 비슷한 모습의 평균적인 사람이나 기관이 된다.

평균의 역설—닮은 모습을 한 것과 실제로 닮은 것은 다르다

표준적 기준인 평가지표를 충실히 잘 따라서 평균적으로 비슷한 모습이 되는 것에는 장단점이 있다. 예컨대 일정한 수준에 못 미치는 기관이 평가를 통해 이전보다 수준을 더 높일 수 있다면 좋은 일이다. 인센티브나 패널티가 있는 평가의 경우, 최소한 평균 수준에는 도달하도록 자극을 준다. 모든 의료기관을 대상으로 공통된 평가지표를 통해 의료기관평가를 받은 한 병원의 관계자는 "의료기관평가를 통해 병원경영상 다소 비중이 낮았던 감염관리 및 질관리 분야가 체계적으로 정비되는 기회가 됐다."고 했으며, 또 다른 병원의 관계자도 "문서 정리 시스템이 체계화됐고, 진료 시스템 형식이 정비됐다."고 했다.[15] 일정 기준 이상에 도달하는 데 평가와 그 지표가 좋은 영향을 준 것이다. 생명을 다루는 병원에서는 더욱 그렇다.

그러나 비슷한 모습은 개별적인 특징이 없다. 기관이든 사람이든 이 세상 모든 이들이 비슷해진다면 그것만큼 무미건조한 것도 없을 것이다. 그리고 비슷한 부류에 들어가지 않으면 정상으로 분류되지 않아서 이는 일종의 폭력이 되기도 한다. 구별 짓기를 통해 정상이 아니라는 점을 드러내고 차별을 가하는 폭력인 셈이다. 이는 모두 토드 로즈와 오기 오가스의 《다크호스》에서 말하는 개인성 individuality 의 부재에서 비롯된다. 토드 로즈는 그의 또 다른 책인 《평균의 종말 *The End of Average*》에서 개개인의 속성이 무시되는 평균적인 생활에 대해 아래와 같이 말하고 있다.

우리에게는 일평생 평균이라는 잣대가 졸졸 따라다닌다. 우리는 평균에 얼마나 근접한가, 또 평균을 얼마나 뛰어넘을 수 있는가에 따라 평가를 당하며 살아가고 있다. 학교에 다닐 때는 평균적인 학생의 성적과 비교돼 등수와 등급이 매겨지고, 대학에 지원하면 등급과 시험 성적이 지원자 평균치와 비교 당한다. 입사 지원 시에도 등급과 시험 성적만이 아니라 자질과 경력과 인성 점수까지 지원자 평균치와 비교된다. 취업이 되고 나서도 연계 평가로 해당 직무 수준에서의 직원 평균치와 대비돼 또 다시 비교당하기 십상이다. 재정적 기회조차 평균 점수에서의 이탈 여부에 따라 평가되는 신용 점수에 근거해 정해진다.[16]

그는 "평균적인 사람은 아무도 없다."는 주장을 펼치며 여러 사례를 통해 과연 표준으로 불리는 평균적인 수준 자체가 현실적인 것일까라는 의문을 제기하고 있다. 이를 위해 흥미로운 사례를 소개하는데, 그중 하나가 공군 조종사들의 이야기다. 1940년대 말 미 공군은 전투기 비행사고가 빈발하여 골머리를 앓고 있었다. 심할 때는 하루 사이에 17명의 조종사가 추락하기도 했다. 원인을 제대로 알 수 없었기 때문에 여러 시도를 하다가 조종석의 설계로 관심이 옮겨졌다. 당시 조종석은 1926년 남성 조종사 수백 명의 신체 치수를 잰 뒤 그 자료를 기준으로 조종석 규격을 표준화한 것이었다. 그래서 시대가 바뀐 만큼 조종석 설계를 다시 하는 것이 필요하다는 판단하에 1950년 오하이오주 소재의 라이트 공군기지에서 4,063명의 조종사들을 대상으로 엄지손가락 길이, 가랑이 높이, 조종사의 눈과 귀 사이의 간격 등 140가지 항목의 치수를 측정한 뒤 항목별 평균 치수를 산출해서 그에 맞게 조종석을 설계하기로 했다.

이 측정 업무를 맡은 사람 중 한 명이었던 길버트 대니얼스 Gilbert S. Daniels 중위는 '과연 평균치인 조종사들이 몇 명이나 될까?'라는 의문을 품고, 이를 해결하기 위해 조종석 설계에서 가장 연관성이 높은 10개 항목의 신체 치수 평균값을 계산해서 이 평균값에 해당하는 사람이 얼마나 되는지 조사했다. 조종사 개개인의 수치를 조종사의 평균적 수치와 일일이 대조하는 작업을 한 것이다. 그 결과 조종사 4,063명 중 10개 전 항목에서 평균치에 해당하는 사람은 단 한 명도 없었다.[17] 참으로 놀라운 결과이다. 이 결과 외에도 토드 로즈는 여러 사례를 들며 평균이라는 값이 보여 주는 비현실성을 비판하였다.

　　이런 식의 과학 이론과 방법에 따라 우리 학교들은 예나 지금이나 변함없이 학생 개개인을 평균적 학생에 비교해 평가하고 있으며 기업들은 입사 지원자와 직원 개개인을 평균적 지원자와 평균적 직원에 대조해 평가하고 있다. 하지만 평균적 신체나 평균적 뇌 같은 것은 없다.[18]

토드 로즈와 오기 오가스는 오히려 평균과는 거리가 멀지만 뛰어난 사람들인 다크호스를 그들의 책《다크호스》에서 소개한다. 다크호스는 표준적인 개념에 따른 승자와 거리가 있어서 주목받지 못했던 뜻밖의 승자를 의미한다. 이들은 오히려 현재의 자신에게 자부심을 가지고 자신이 하는 일에 깊이 몰입하고 보람찬 삶을 살면서 충족감fulfillment을 느끼며 생활한다. 평균값의 비현실성과 다크호스들을 생각하면, 표준이라 일컬으며 평균적 기준으로 실행되는 평가가 그 영향력에 걸맞은 현실성을 지니고 있다고 볼 수 없다. 어쩔 수 없이 평가지표를 따르는 것이 당연할 수밖에 없고, 또 평가지표만을 따르는 것이 평가를 하거나 받을 때 하나의 전략이 되지만, 당면과제로서 평가지표에 충실할 때와 평가지표에 따라 이루어지는 평가의 본질을 생각하는 것은 서로 다를 수밖에 없다.

그렇게 본다면 닮아 가는 모습이 사실은 현실적인 모습이라기보다는 현실적으로 만들려는 모습이라는 비판도 가능하다. 실제로 평가지표를 두고 항상 논란이 되는 것은 평가지표에 여러 상황과 맥락이 반영되지 않았다는 점이다. 예를 들면, 결과에 따라 대학의 정원을 감축해야 하는 대학구조조정평가를 할 때 소규모 대학과 대규모 대학, 그리고 지방에 위치한 대학과 수도권에 위치한 대학, 지방 중에서도 인구가 적은 곳과 그렇지 않은 지방에 위치한 대학, 사립대학과 국립대학, 종교재단이 설립한 대학과 그렇지 않은 대학 등 무수히 많은 변수들이 있는데 이에 대한 고려가 없는 경우가 그에 해당한다. 일률적인 평가지표로 평가한다면 평가 대상별 차이와는 전혀 상관없는 평가가 진행될 수 있어서, 이는 억지로 서로 닮게 만드는 결과를 낳게 될 뿐이다. 평가를 받는 대학들의 불만이 바로 이 점이다. 어쩔 수 없이 평가를 받지만 평가지표에 대한 문제제기와 불만이 사라지지 않는 것은 표준적 수준인 평균의 모습으로 설정된 평가지표가 개인성을 고려한다면 현실성이 그리 높지 않기 때문이다.

평가지표에 따른 평가는 닮아 가는 모습을 예상할 수 있게 한다. 평균에 따른 표준의 모습이 그려질 것으로 기대되며 또 실제 그렇게 비슷해지지만, 한편으로는 역설적이게도 정작 그 비슷한 모습이 현실에서 언제나 구현 가능한 것은 아닐 수도 있다. 현실에서 만들려는 비슷한 모습이 평가지표를 통해 제시되어도, 숨겨져 있는 고유성을 드러내 보이면 그것은 '닮은 모습을 하고 있는' 것이지 실제로 '닮은' 것은 아니다. 닮은 모습을 한 것과 실제로 닮은 것은 다르다.

동형화와 평가

동형화 이론 isomorphism 이라는 것이 있다. '무엇이 조직들을 서로 유사하게 만드는 것일까?'에 대한 답을 제시한 이론이다. 주위에 보면 처음 모습은 서로 다르다가 시간이 흘러 어느 순간에 보면 서로 비슷하게 닮아 있는 조직을 볼 수 있다. 폴 디마지오와 월터 파웰 Paul J. DiMaggio and Walter W. Powell 은 조직을 대상으로 이에 대해 연구했는데,[19] 다른 조직을 모방하거나 mimetic 강압에 의해 coercive 또는 규범적 normative 동기에 의해 서로 비슷해진다고 설명한다. 보고 배울 만한 조직이 있거나, 불확실성을 줄이고자 조금 앞선 조직을 따라 하는 이른바 벤치마킹을 하기도 하고, 생존과 발전을 위해 의존할 수밖에 없는 조직을 따라 함으로써 어쩔 수 없이 강압적으로 닮아 가기도 하고, 전문가의 방향 제시나 조언 등으로 더 옳고 바람직한 모습이 되기 위해 규범적 차원에서 비슷해지는 것도 있다. 조직이 비슷해져 가는 것이 반드시 효율성 차원이라고 보기 힘든 이유이다. 모방하고 강압에 의해 그리고 규범적으로 비슷해지는 것이 반드시 효율적이지는 않으며 오히려 비효율적일 수도 있다. 그럼에도 사회적 적절성과 정당성 차원에서 비슷해지는 경향을 초래하고 있는 것이다.

비록 조직을 대상으로 한 연구이지만 동형화 이론은 그 결과를 더 확장해서 적용할 수 있다. 평가도 마찬가지다. 표준으로 제시된 평가지표에 충실하다 보니 평가를 하거나 받는 대상들이 서로 비슷해지는데, 이 과정은 흡사 강압적 동형화의 모습일 수 있다. 평가를 좋아하는 이는 많지 않을 것이다. 설사 좋은 평가의 결과가 아주 대단한 인센티브를 담보한다고 해도 평가를 받는 것을 좋아하는 경우는 드물다. 그럼에도 평가를 받아야만 하는 의무나 강제 규정이 있다면 그 대상자는 평가를 받을 수밖에 없다. 그렇다면 평가지표에 충실해져 서로 모습이 비슷해질 가능성이 높아진다. 이는 강압에 의한 평가과정이라고 볼 수 있다.

피평가자를 인터뷰해 보면 이 점은 금방 이해할 수 있다. 실제로 공공기관 경영평가를 받는 한 직원의 말에 따르면, 평가보고서를 제출해야 하는 시기에는 숙소를 구해서 평가준비팀이 함께 숙식하며 평가를 준비한다고 했다. 경영평가가 아주 싫다고 말한 이 직원은 그래도 어쩔 수 없이 평가를 받을 수밖에 없어서 매년 해당 시기를 고통스럽게 보낸다고 했다. 따라서 평가는 강압적 동형화의 한 예가 된다.

스스로 염세철학가라고 부르는 한 교사는 강압적 동형화를 다음과 같이 비판했다.

> 오늘날 수많은 학교는 생산 공장으로 전락한 지 오래다. 마치 양돈장에서 돼지를 키우듯 모든 학생을 살이 통통하게 오른 고깃덩어리로 키우려고 한다. 돼지는 살이 많이 붙을수록 비싼 값에 팔 수 있으니 많은 양돈장에서 어떻게든 돼지를 살찌우기 위해 강제로 음식을 먹이듯이 말이다.[20]

학교교육 현장에 있기 때문에 그 예를 학교로 들고 있다. 학교를 규격화된 상품을 찍어 내는 생산 공장으로, 학생을 돼지로 비유하며 학교가 학생을 비싼 값에 팔리는 상품으로 만들고 있다고 비판한다. 일률적으로 이익을 많이 남기는 상품을 만드는 것이 중요하지 학생 개개인의 특성과 잠재력을 키우는 교육이 우선되지 않는 것이다.

닭 관련 유통업체에 일하는 한 지인이 했던 말도 그와 유사하다. 알에서 부화해서 생닭으로 출하하기까지는 정해진 기간 40여 일 이 있으며, 그 기간에 진열대와 같은 닭장에서 똑같이 주는 먹이를 먹고 똑같은 질 주로 무게 의 상품이 되어 나오게 한다는 것이다. 통닭을 좋아했던 그는 그 일을 하면서 통닭을 먹기가 꺼려졌다고 한다. 이는 개인적인 경험으로 하나의 사례로만 이해하면 된다.

그렇다고 해서 평가가 모방적 동형화와 규범적 동형화가 되지 않는 것은 아니다. 정도의 문제를 놓고 보면, 평가는 강압적 동형화에 가장 강한 속성을 보이지만, 평가를 통한 모방적 동형화와 규범적 동형화도 나타난다. 평가를 잘 받기 위해 으레 하는 일 중 하나가 평가를 잘 받았던 곳을 벤치마킹하는 것이다. 평가를 하고 나면 우수사례집과 같은 보고서를 발간하면서 평가를 잘 받은 대상을 소개한다. 평가를 잘 받고 싶으면 우수사례를 보고 배우기도 한다. 일종의 모방적 동형화이다. 많은 곳에서 우수사례를 따라 하다 보면 그 모든 곳이 비슷해진다.

그리고 평가를 잘 받기 위해 전문가로부터 컨설팅을 받는 경우도 흔한데 이는 규범적 동형화이다. 대학구조조정을 위한 평가를 할 때, 각 대학은 평가보고서를 작성한 후 전문가로 불리는 컨설팅 회사에게 자문을 받기도 한다. 또한 어떤 이는 때로 대학구조조정 평가지표를 만드는 데 참여했다는 이유 하나만으로 전문가로 대접받으며 거액을 받고 컨설팅을 하기도 한다. 이들이 여러 곳에서 자문에 응하고 조언을 하기 때문에 그 말을 따르는 대상들은 비슷한 모습을 띠게 된다. 질적 수준을 떠나 이는 규범적 동형화에 해당한다. 이처럼 닮아 가는 모습은 동형화 이론에서 말하는 일종의 동형화라고 볼 수도 있다.

앞서 언급한 닮은 모습의 비현실성을 다시 떠올려 보면 동형화가 되어 가는 모습이 분명 있기는 하지만 정말 닮은 것일까라는 의문은 여전히 남는다. 동형화는 분명 '닮은 모습'으로 만들지만 실제 '닮은' 것으로 만드는 것은 아니다. 하지만 현실에서는 닮은 모습을 한 얼굴 그 자체가 눈에 더 잘 띄다 보니 동형화 이론이 비교적 쉽게 설명되는 이론으로 여겨진다. 개인성이나 고유성은 개별적으로 드러내기 전에는 알 수 없다. 그래서 닮은 모습을 한 호모 이밸루쿠스는 그냥 닮은 호모 이밸루쿠스로 보여진다. 따라서 이 장의 제목인 '서로 닮아 가는 호모 이밸루쿠스'는 사실은 닮은 모습을 한 호모 이밸루쿠스라는 말이다. 이는 그들은 닮은 모습일 뿐 실제 닮은 것은 아닐 수도 있다는 여지를 남긴다. 이는 평가지표에 철저히 따르는 호모 이밸루쿠스의 전략이 말 그대로 전략으로만 존재하는 것일 수 있다는 의미이기도 하다.

미주

1   김민주(2015).《행정계량분석론》, 대영문화사, p.66.

2   의협신문 공동취재팀.〈의료기관평가가 병원 바꿨다 〈1〉〉,《의협신문》, 2007. 6. 12.

3   서울특별시교육청(2018).《2019학년도 자율형 사립고등학교 운영성과 평가 계획》, 서울특별시교육청, pp.1~2.

4   박형빈.〈자사고, 지정취소 결정 부당⋯교육청, 적법 절차 따랐다〉,《연합뉴스》, 2019. 11. 21.

5   최민지.〈자사고 논란은 이틀째 'ING'⋯"평가 지표 부당"〉,《머니투데이》, 2019. 7. 23.

6   김민주(2019).《재무행정학》, 박영사, p.199.

7   제리 멀러, 김윤경 옮김(2020).《성과지표의 배신》, 궁리출판.

8   김민주(2015).《행정계량분석론》, 대영문화사, p.66.

9   원로배우 A가 오래전에 TV 인터뷰에서 했던 말의 요점이다. 언제 어느 인터뷰였는가는 정확히 기억나지 않지만 당시 그 말은 인상적이었기 때문에 기억하고 있는 내용이다.

10 한치원.〈[정책토론] 교육평가제도와 정책, 무엇이 문제인가〉,《에듀인뉴스》, 2016. 9. 1.

11 토드 로즈 · 오기 오가스(2019). 정미나 옮김,《다크호스》, 21세기북스, p.47.

12 김민주(2019).《공공관리학》, 박영사, pp.93~97.

13 토드 로즈 · 오기 오가스, 정미나 옮김(2019).《다크호스》, 21세기북스, pp.51~54.

14 한국대학평가원 홈페이지(aims.kcue.or.kr), 2020년 6월 30일 확인.

15 의협신문 공동취재팀. 〈의료기관평가가 병원 바꿨다 〈1〉〉, 《의협신문》, 2007. 6. 12.

16 토드 로즈, 정미나 옮김(2018). 《평균의 종말》, 21세기북스, p.29.

17 위의 책, pp.17~21.

18 위의 책, p.47.

19 DiMaggio, Paul J. and Walter W. Powell(1983). "The Iron Cage Revisited: Institutional Isomorphism and Collective Rationality in Organizational Fields", *American Sociological Review*, 48(2), pp.147~160.

20 염세철학가, 차혜정 옮김(2019). 《당당한 염세주의자》, 나무의철학, p.28.

4장

권력을 마주한 호모 이밸루쿠스

homo evalucus

평가권력

평가를 받아본 사람이라면 평가를 하는 사람이 가진 영향력에 대해 한 번쯤 생각해 봤을 것이다. 예를 들어 학생이라면 선생님이 어떤 시험문제를 낼지 항상 궁금하고, 선생님이 출제한 문제로 시험을 치를 수밖에 없다는 것을 잘 알고 있다. 학생이 풀고 싶은 문제가 시험문제가 되는 것이 아니라 선생님이 출제하는 문제가 시험문제가 된다. 대학에서 논술형 시험을 치를 때도 교수님의 판단이 점수로 직결된다는 것을 잘 알고 있다. 여기서 판단은 곧 어느 정도 주관성을 내재할 수밖에 없다. 그럼에도 불구하고 교수님의 그 판단이 학생의 성적을 결정짓는다.

기관을 대상으로 하는 평가에서도 마찬가지다. 평가위원이 특정 기관에 평가하러 가면 해당 기관의 담당자들은 평가위원의 심기를 건드리지 않으려 조심한다. 평가위원도 인간인지라 혹시나 감정이 상하면 평가에 영향을 미치지 않을까 하는 걱정에서다. 지금은 많이 나아졌지만, 불과 몇 년 전만 해도 기관평가를 위해 해당 기관을 방문하면 기관 담당자들은 마치 죄를 지은 것처럼 극도로 낮은 자세로 응대하곤 했다. 일부 평가위원은 무슨 대단한 벼슬인 것처럼 권위적인 자세로 온갖 대우를 다 받을 자세를 취하는 경우도 꽤 있었다. 나도 평가위원으로 여러 번 평가 현장에 나간 적이 있고, 또 내가 근무하는 대학에서 평가를 받아보기도 했다. 이런 경험을 드물지 않게 하거나 또 옆에서 지켜봤다. 물론 지금은 그때와 같은 모습까지는 아니지만 여전히 평가를 하는 사람의 영향력을, 평가를 하는 사람 스스로나 평가를 받는 사람이 각각의 위치에서 체감하는 것이 사실이다. 그 정도가 불합리하거나 수준 이하의 태도 등으로 보이지 않도록 노력하고 있을 뿐이지 평가를 매개로 영향력을 발휘하거나 그 영향력에 순응하는 태도는 여전히 존재한다.

따라서 평가는 철저한 권력행위이다. 평가의 의미 자체에서 평가가 권력행위일 수밖에 없는 이유가 존재한다. 앞서 1장에서 평가란 '어떤 대상에 대해 가치판단을 해서 인지적 차별성을 부여하는 행위'라고 했다. 가치판단을 해서 인지가 가능한 차별성을 부여한다는 것은, 부여하는 행위자와 부여받는 행위자 간 영향력의 차이가 존재한다는 점을 전제한다. 이 영향력의 차이가 바로 권력이 작동하는 토대가 된다. 누군가가 나 자체 또는 내가 수행한 어떤 일에 가치판단을 해서 인지가 가능한 차별성을 부여한다면 영향력 면에서 내가 그 누군가보다 더 우위에 있다고 할 수 있을까? 특히 가치를 판단한다는 것은 다분히 주관에 기초할 수밖에 없으므로, 판단을 하는 주체의 의지나 의도가 개입될 여지가 분명히 그리고 충분히 존재한다면 나와 그 누군가 간의 영향력의 불균형은 비교적 명확히 드러난다. 따라서 평가가 권력행위라는 것은 평가의 의미에서나 우리의 경험을 통해 충분히 짐작할 수 있다.

그렇다면 구체적으로 권력이란 무엇인가? 권력의 의미는 다양하게 정의되고 있다. 막스 베버 Max Weber 는 권력을 "다른 사람들의 반대를 거슬러서라도 자신의 의지를 실현시킬 수 있는 가능성"이라고 정의했다. 로버트 달 Robert A. Dahl 은 "A와 B 사이에서 A가 시키지 않았더라면 B가 하지 않았을 행동을 A가 시켰기 때문에 B가 그에 따랐다면 이때 A가 갖는 것", 피터 블라우 Peter M. Blau 는 "관계 속에서 행사되는 모든 종류의 영향력"을 권력이라고 했다.[1] 다소 부정적 의미가 내포되어 있는, 주로 규범적 강제가 전제된 영향력 등이 권력의 의미로 규정되고 있다.

이에 대해 한병철은 그의 책 《권력이란 무엇인가》에서 다른 관점에서 권력을 해석하고 있다. 그는 규범적 강제와 같은 부정적인 면 이외에도 꼭 강제가 아니더라도 권력이 작동한다고 설명한다. 권력은 강압이나 강제 등이 수반된 명령을 통해 작용하는 것도 있지만 다른 한편으로는 자유와 자명성에 기반을 둔 권력도 있다는 것이다.[2] 즉, 권력행사자의 권력행위에 권력대상자가 자유롭게 자발적으로 따르는 경우도 있다. 이는 억압·강압·충돌·갈등에 의한 권력의 모습이 아니라 권력대상자의 선호나 기호를 만들어 내거나 조절하면서 작동하는 권력이다.[3] 다시 말해, 권력은 권력대상자의 특정 행동에 맞서려는 대신 그의 행동반경에 영향을 주거나 그것을 변화시킴으로써 부정적인 제재 없이도 권력대상자가 자발적으로 권력행사자의 의지에 따르는 결정을 하는 것까지 포함한다는 관점이다. 이는 폭력이나 강제·강압 없이 권력행사자가 권력대상자의 영혼 안에 자리 잡게 되는 권력의 모습이다. 따라서 권력의 부정적인 면 규범적 강제만 부각하면 현실의 권력을 완전히 설명할 수 없다.[4]

그런 점에서 볼 때 권력을 온전하게 이해하기 위해서는 권력의 두 면을 함께 보아야 한다. 기존의 학자들이 논의한 강제 명령 기반로서의 권력과 한병철의 논의인 자유 자명성 기반로서의 권력을 함께 봐야 한다. 이 둘은 현상에 따른 구별일 뿐 근본적으로 다른 것은 아니다. 권력의 기본적인 속성을 보면 그 이유를 알 수 있다.

기본적으로 권력은 지속성을 산출하기 위해 존재한다. 여기서 지속성이란 권력행사자의 자아 연속성을 말한다.[5] 다시 말해, 권력행사자를 '에고' ego, 권력대상자를 '타자' alter 라 했을 때, 권력은 에고에게 자신의 연속성을 마련해 주는 것이다. 즉, 에고가 타자 속에서 자신을 지속시키고 타자에게서 자신을 발견할 수 있게 하는 것이다. 그래서 권력 욕구는 에고의 자기 지속성의 감정에서 나온다.[6] 자아 연속성을 강제를 통해서 얻을 것인가 아니면 자유를 활용해서 얻을 것인가의 차이가 권력의 양면이다. 그래서 권력의 양면은 현상에 따른 구별일 뿐 기본 구조는 동일하다.[7]

권력의 의미는 한병철이 제시한 내용이 더 포괄적이고 이해도 더 잘 된다. 따라서 여기에 기초해서 권력의 기본 의미를 이해하고, 구체적인 논의를 위해 추가적으로 권력이 작동하는 기제를 살펴볼 필요가 있다. 다시 말해, 권력이 에고와 타자의 존재와 이들 간의 자아 연속성의 유지라는 의미를 이해하는 데서 나아가 자아 연속성을 위한 기제를 함께 고려해야 한다. 이는 곧 에고와 타자가 존재하고 에고의 자아 연속성으로 권력을 볼 때 권력 작동의 동력은 무엇인지 파악하는 것이다.

그 동력은 바로 에고와 타자 간의 '의존성'과 권력행위의 '의미성'이다. 에고와 타자가 서로 의존하는 정도와 권력행위가 얼마큼 의미를 가지는가가 권력 작동의 동력이나 가능성이 될 수 있다. 타자에게는 없지만 반드시 필요한 어떤 것을 에고가 가지고 있다면 타자는 에고에 강한 의존성이 생기고, 이는 에고의 자아가 타자를 통해 계속 드러날 수 있게 해 주는 요인이 된다.[8] 그리고 에고가 펼치려는 자아 연속적 의지 실행의 행위가 얼마나 의미 있게 받아들여지는가와 같은 의미 구성이나 의미 연관성도 영향을 미친다. 어찌 보면 의미가 곧 권력일 정도이다.[9] 따라서 어떤 현상에서 권력의 모습을 이해하기 위해서는 '에고', '타자', 그리고 이들 간 자아 연속성의 현상에서 나타나는 '의존성'과 권력행위의 '의미성'을 함께 살펴봐야 한다. 이는 권력 현상을 이해하기 위한 일종의 개념적 틀이다.[10]

이에 비추어 보면, 평가행위에서 권력은 평가를 하는 주체인 에고와 평가를 받는 대상인 타자가 존재하고 이들 간 의존성과 의미성에 따라 그 관계의 정도가 형성되면서 작동되는 구조이다. 즉, 평가권력은 에고와 타자의 존재와 이 둘의 관계에서 자아 연속성을 보여 주는 외형적 권력관계의 모습과 그 권력관계의 실제적인 작동의 정도는 에고와 타자 간 의미성과 의존성에 따라 결정된다는 것이다.

우선 권력관계의 외형적 모습을 살펴보면, 이미 언급했듯이 에고는 평가를 하는 주체이고 타자는 평가를 받는 대상이다. 따라서 평가활동에서 에고의 자아 연속성은 평가를 하는 주체가 평가를 받는 대상에게 나타나게 된다. 평가를 하는 주체는 자아 연속성이 평가를 받는 대상에게 구현되도록 하는데, 그것은 주로 평가 목적이 실현되도록 하는 것이다. 평가를 하는 주체는 평가를 통해 이루고자 하는 바를 평가를 하면서 또는 그 결과를 통해 평가를 받는 자에게 신호를 준다. 이 신호는 평가하는 사람이 평가 시 자신에게 부여된 역할을 충실히 수행하는 것으로, 자아^{평가하는 주체} 연속성^{평가자가 중요하다고 생각하는 평가 목적이 평가를 통해 평가 대상자에게 구현되는 것}이 구현되는 모습이다. 다시 말해, 평가행위에서 자아 연속성은 평가하는 주체^{에고}가 중요하다고 생각하는 평가의 목적이나 기대하는 바가 평가받는 대상자^{타자}를 평가함으로써 실제로 구현되는 것을 의미한다. 평가지표 등은 평가 주체가 중요하다고 여기는 평가 요소들이 반영된 것이고, 그 평가지표에 충실히 따르는 평가 대상자는 평가 주체가 중요하다고 여기는 것을 따르는 것이므로 에고인 평가 주체의 의지와 의도가 전달되는 형태를 띤다. 이것이 평가행위에서 에고의 자아 연속성이 이루어지는 모습이다. 평가 대상자가 평가를 잘 받을수록 평가 주체의 의도와 취지에 더 부합하는 것이므로 이때 자아 연속성이 더 잘 구현된다.

다음으로 평가라는 매개로 에고와 타자 간 자아 연속성이 형성되는 권력관계는 평가를 하는 행위자^{에고}와 평가를 받는 대상^{타자} 사이에 이루어지는 평가행위가 얼마나 의미 있는가 그리고 서로 얼마나 의존적인가에 따라 그 정도가 결정된다. 먼저 의미성을 살펴보면, 평가는 규범적 적절성을 차치하더라도 나름의 정당성을 가지고 이루어지거나 일정한 규정에 기반하는 경우가 많다. 특히 평가를 하는 행위의 근거로서 규정을 가지고 있기 마련인데, 그 규정에서 명시하고 있는 의미가 동시에 평가를 가능하게 하는 의미로서도 기능한다. 예를 들면, 「정부업무평가 기본법」 제2조 정의 제2호, 제4호에서는 다음과 같이 명시하고 있다.

"정부업무평가"라 함은 국정운영의 능률성·효과성 및 책임성을 확보하기 위하여 다음 각 목의 기관·법인 또는 단체가 행하는 정책 등을 평가하는 것을 말한다.
"특정평가"라 함은 국무총리가 중앙행정기관을 대상으로 국정을 통합적으로 관리하기 위하여 필요한 정책 등을 평가하는 것을 말한다.

정부업무평가는 중앙행정기관이나 지방자치단체 그리고 각 소속기관과 공공기관 등이 행한 정책을 평가하는 것을 말하고, 특정평가는 국무총리가 중앙행정기관의 정책 등을 평가하는 것이다. 그런데 평가에 대한 정의를 하면서 평가의 정당성을 보여 주는 의미를 함께 명시하고 있다. 정부업무평가에서는 '국정운영의 능률성·효과성 및 책임성을 확보하기 위하여', 특정평가에서는 '국정을 통합적으로 관리하기 위하여'라고 명시되어 있다.

정부업무평가는 기본적으로 정부영역에서 이루어지는 것으로 국민이 납부한 세금이 사용된 정책을 평가한다. 그렇기 때문에 '국정운영의 능률성·효과성 및 책임성을 확보하기 위하여'라는 목적은 그 의미를 지니기에 충분하다. 국민의 세금으로 조성된 정부 예산은 한정되어 있기 때문에 능률적이고 효과적이며 책임성 있게 사용하는 것이 당연하다. 특정평가 역시 중앙행정기관의 업무를 조정하고 통솔하는 국무총리의 역할에 비추어 보면 국정을 통합적으로 관리하기 위함이라는 목적도 충분히 의미가 있다.

「고등교육기관의 자체평가에 관한 규칙」 제3조 _{자체평가의 실시} 제1항에도 평가의 의미가 명시되어 있는데 그 내용은 다음과 같다.

> 학교의 장은 해당 학교의 교육 여건 개선 및 교육·연구 등의 질적 향상을 위하여 학칙으로 정하는 바에 따라 「교육관련기관의 정보공개에 관한 특례법」 제6조 제1항에 따른 공시정보와 학교의 장이 해당 기관의 교육·연구 등을 평가하기 위하여 필요하다고 인정하는 사항에 대하여 자체평가를 실시하여야 한다.

학교의 장이 자체평가를 실시하는 목적은 '해당 학교의 교육 여건 개선 및 교육·연구 등의 질적 향상'을 위해서이다. 학교에서 교육 여건 개선 및 교육·연구 등의 질적 향상은 중요하므로 의미 있게 받아들일 수 있는 내용에 해당한다. 학교의 장에게 평가 사항 등에 어느 정도 재량을 주는 자체평가임에도 불구하고, 평가가 지니는 의미는 그 재량과는 상관없이 명확히 명시되어 있다.

정부기관이나 학교 이외에 개인을 대상으로 하는 평가에서도 마

찬가지다. 「공무원 성과평가 등에 관한 규정」 제16조 ^{근무성적평가의 방}

법 제1항은 아래와 같이 명시하고 있다.

> 평가자는 확인자와 협의하여 평가 대상 기간 중 평가 대상 공무
> 원의 근무실적과 직무수행능력 등을 고려하여 평가 단위별로 평가
> 대상 공무원의 근무성적을 평가하되, 평가 대상 공무원의 성과목
> 표 달성 정도 등을 고려하여 평가하여야 하며, 업무상 비위 등 소속
> 장관이 정하는 요건에 해당하는 공무원에게 최하위등급을 부여할
> 수 있다.

여기서 성과목표 달성 정도를 고려해서 평가한다고 했는데, 이 규
정의 제3조 ^{정의} 제1호에 따르면 성과목표는 '근무성적평정 대상 기간
의 종료시점을 기준으로 공무원 개개인의 업무가 도달되어야 하는 바
람직한 상태'를 말한다. 따라서 공무원의 근무실적과 직무수행능력
을 평가할 때는 그들의 업무가 도달해야 할 '바람직한 상태'가 무엇인
지를 고려해서 평가해야 한다는 것이다. 개인의 업무가 바람직한 상
태에 도달하는 것은 '바람직한'이라는 규범적 내용에 부합하는 것만
큼이나 중요하다. 따라서 바람직한 상태를 고려하는 것이 의미를 가
질 수 있는 것은, 바람직한 상태가 중요하기 때문이다.

학생들에 대한 평가도 마찬가지다. 교육부의 「학교생활기록 작성
및 관리지침」 제15조 ^{교과학습발달상황} 제1항에 따르면 '교과학습발달

상황 평가 및 관리' 별표 9를 마련하고 있는데, 여기서는 평가의 목표 및 방침을 "교과학습의 평가는 학생의 교육 목표 도달도를 확인하고 교수·학습의 질을 개선하는 데 주안점을 둔다."고 명시하고 있다. 평가가 학생이 교육 목표에 도달했는지 확인하는 동시에 교수·학습의 질을 개선하는 데 활용된다는 점을 강조하고, 학생을 대상으로 이루어지는 평가가 갖는 의미를 설명하고 있다.

물론 평가가 갖는 의미를 규정에서만 찾을 수 있는 것은 아니다. 평가행위가 규정에 근거해야 권위를 갖고 실행할 수 있기 때문에 1차적으로 규정에 그 의미가 명시되어 있는 것일 뿐 특정한 규정에서만 평가의 의미가 드러나 있는 것은 아니다. 평가를 담당하는 기관의 설립목적이나 비전 그리고 경영목표 체계 등에도 그 의미가 드러나 있다.

우리나라 각급 학교의 교육과정과 교육평가 등에 관한 연구를 담당하는 정부출연 연구기관인 한국교육과정평가원의 설립 목적은 '고등학교 이하 각급 학교의 교육과정을 연구·개발하며 각종 교육평가를 연구·시행함으로써 학교 교육의 질적 향상 및 국가 교육 발전에 이바지함'이다. 비전은 '21세기 교육 혁신을 선도하는 교육과정·평가 연구기관'이며, 경영목표 체계의 추진과제 중 하나는 '미래 역량 강화를 위한 학생 평가 체제 기반 구축'이다.[11] 그 아래 세부 내용에서도 평가가 갖는 의미가 드러나 있다. '학교 교육의 질적 향상 및 국가 교육 발전에 이바지', '교육 혁신 선도', '미래 역량 강화' 등은 평가에 따른 것임을 전제하고 있다.

또한 서울특별시교육청의 서울교육중기발전계획에서는 '사학기관 자율운영기반 조성을 위한 평가 및 실태조사 강화', '학교의 자율적 혁신을 위한 학교자체평가'를 명시하고 있는데[12] 자율운영기반 조성과 자율적 혁신을 위한 평가라는 점을 강조하면서 평가가 갖는 의미를 함께 언급하고 있다. 모든 평가는 나름의 정당성에 해당하는 이유를 밝히고 있는데, 이는 대부분 해당 평가가 지니는 의미에 해당한다.

이처럼 평가를 하는 주체인 에고와 평가를 받는 대상인 타자 간에 평가가 지닌 의미에 대한 동의가 이루어지면 둘 사이에 권력 관계 형성은 보다 수월해진다. 이와 함께 둘 사이의 권력관계 형성에는 의존성도 영향을 준다. 의존성을 보여 주는 근거 역시 평가 규정에 명시되어 있는 경우가 많다. 예컨대, 「고등교육법」 제11조의2[평가 등] 제4항에서는 "정부가 대학에 행정적 또는 재정적 지원을 하려는 경우에는 제2항에 따른 평가 또는 인증 결과를 활용할 수 있다."고 명시하고 있다. 제2항은 "교육부장관으로부터 인정받은 기관은 학교의 신청에 따라 학교운영의 전반과 교육과정의 운영을 평가하거나 인증할 수 있다."는 규정이다.

우리나라와 같이 정부가 대학에 개입을 많이 하는 경우 대학 입장에서는 정부가 행하는 행정적·재정적 지원의 영향을 비교적 강하게 받는다. 정부가 대학의 등록금 인상에 상한선을 제시하고, 대학이 등록금을 인상하면 정부 재정지원사업에 불이익을 준다. 실질적으로 대학이 재정 확대를 위해 등록금을 인상할 수 없는 상태이다. 이런 상황에서 정부의 재정지원이 갖는 영향력은 상당하다. 특히 평가결과를 재정지원에 활용한다면, 대학 입장에서는 평가에 온 힘을 쏟게 된다. 학령인구 감소와 학생들의 수도권 진학 선호 현상에 따라 지방 사립대학은 더욱 열악한 환경이라서 이들은 정부가 실시하는 평가에 사활을 걸다시피 한다. 이런 상황은 평가를 받는 대상인 대학이 평가를 하는 주체인 정부교육부에게 의존하는 모습을 보여 주는 것이다.

공무원의 승진을 위한 평가에서도 평가를 하는 주체와 평가를 받는 공무원 간의 의존성을 볼 수 있는데, 이 역시 규정에 명시되어 있는 데서 비롯된다. 아래 「국가공무원법」 제40조승진 제1항에서는 승진 임용은 '능력의 실증'에 따른다고 명시하고 있다.

승진임용은 근무성적평정·경력평정, 그 밖에 능력의 실증에 따른다. 다만, 1급부터 3급까지의 공무원으로의 승진임용 및 고위공무원단 직위로의 승진임용의 경우에는 능력과 경력 등을 고려하여 임용하며, 5급 공무원으로의 승진임용의 경우에는 승진시험을 거치도록 하되, 필요하다고 인정하면 대통령령 등으로 정하는 바에 따라 승진심사위원회의 심사를 거쳐 임용할 수 있다.

능력의 실증이란 평가를 말하며, 근무성적평정과 경력평정 등이 이에 해당한다. 그리고 5급 공무원으로의 승진에는 승진시험이라는 평가를 거치도록 하고 있다. 평가를 받는 공무원 입장에서는 평가의 결과에 따라 승진 여부가 결정되기 때문에 평가를 하는 사람에게 의존적일 수밖에 없다. 주로 상급자에 의한 평가가 큰 비중을 차지하는 근무성적평정에서는 더욱 그렇다.

비단 승진에 국한되지 않고 공무원의 성과에 기초한 인사관리 전반에 대해서도 마찬가지다. 「공무원 성과평가 등에 관한 규정」 제22조 평가결과의 활용에서는 평가결과의 활용과 관련해서 아래와 같이 규정하고 있다.

소속 장관은 성과계약 등 평가 및 근무성적평가의 결과를 평가 대상 공무원에 대한 승진임용·교육훈련·보직관리·특별승급 및 성과상여금 지급 등 각종 인사관리에 반영하여야 한다.

승진임용·교육훈련·보직관리·특별승급 및 성과상여금 지급 등 각종 인사관리가 평가의 결과에 따라 영향을 받는 것으로 규정되어 있다. 이 역시 평가를 받는 공무원이 평가를 하는 주체에 의존적인 상황임을 보여 준다.

그 외에도 평가결과 활용에 따라 의존적 관계를 보여 주는 것이 많이 있다. 인센티브를 제공하는 것도 그중 하나이다. 평가하는 주체로부터 받을 수 있는 인센티브가 평가받는 대상에게 주는 영향력이 크다면 이 역시 의존성을 형성할 가능성을 높인다. 예를 들면, 서울특별시교육청의 서울교육중기발전계획에는 "사학기관 운영평가 우수법인 인센티브 지원 확대"[13]를 명시하고 있다. 여기서 말하는 인센티브의 영향력과 중요성이 어느 정도인가에 따라 운영평가를 할 때 평가주체와 피평가자 간의 의존성의 정도가 결정된다.

이처럼 평가권력의 작동은 에고와 타자 사이에 평가행위가 의미를 갖고 서로 의존관계가 형성될 때 에고가 타자를 통해 평가 목적 등을 자아 연속성의 형태로 실현시키면서 이루어진다. 그렇다면 이 과정은 강압적이고 타율적일까? 앞서 언급한 한병철의 주장대로 평가는 반드시 부정적인 형태로만 나타나는 것은 아니며, 자명성에 기반한 모습으로 나타나기도 한다. 즉 타율적으로 평가를 받는 것이 아니라 자율적으로 평가를 받으면서 권력관계를 형성할 수도 있다. 에고의 자아 연속성이 타자를 통해 나타나기 때문에, 타자 입장에서는 마냥 좋지는 않지만 스스로 그러한 평가를 기꺼이 받겠다는 것이다. 시험을 좋아하는 사람은 거의 없지만 기꺼이 시험을 보는 것과 같다.

자명성에 기초한 평가는 평가자의 요구나 강제가 없어도 평가받는 대상이 스스로 알아서 피평가자가 되기를 바라는 경우인데, 우리 주변을 살펴보면 이런 경우가 의외로 많다. 취업하고 싶은 취업준비생은 오로지 평가를 받기 위해 무척이나 애를 쓰는 사람이다. 스스로 평가받는 사람이 되어 평가를 하는 사람에게 평가를 해 달라고 애원하는 것이나 마찬가지다. 특정 기업에 취업하고 싶을 때 자기를 평가해 달라고 해당 기업에 취업지원서를 제출한다.

대학 졸업만 하면 쉽게 취업하던 시절이 있었다. 기업에서 졸업예정자들을 모셔가다시피 했다. 이때는 오히려 졸업예정자들이 기업을 평가해서 마음에 드는 곳을 골라 갔다. 그러나 지금은 취업이 워낙 어려운 시대라서 서류전형을 통과하기도 만만치 않아서 이런 말도 한다. "면접이라도 보게 해 달라." 평가를 받고 싶으니 평가를 해 달라는 말이다. 이런 모습이 피평가자가 원해서 평가권력이 작동되는 경우이다. 매년 정기적으로 공채를 하다가 특정 해에 공채 공고가 나지 않으면 취업준비생의 불만이 이만저만이 아닌 경우도 마찬가지다.

승진시험도 같은 맥락에서 볼 수 있다. 매슬로의 욕구단계 이론에서 알 수 있듯이 욕구를 지닌 사회인은 승진 욕구 역시 가지고 있다. 승진하기 위해서는 일정한 관문이 필요한데, 이 역시 평가이다. 그동안 근무성적에 대한 종합적인 평가든, 승진 소요기간이나 경력 등에 대한 평가든, 아니면 별도의 승진시험이든 일단 평가를 거쳐야 승진이 이루어지는 경우가 일반적이다. 승진하고 싶은 사람은 그 대상자가 되어 평가받기를 원하는 사람이다. 강제나 압력에 의한 평가가 아니다. 1장에서 살펴본 작전장교의 예도 마찬가지다. 평가받는 것을 기꺼이 환영한다. 평가를 해야 상도 받고 인정도 받을 수 있기 때문에 평가를 오히려 기회로 여기는 것이다. 평가자의 자아 연속성이 강제가 아니라 피평가자의 자의적 소망에 의해 이루어지는 것이다. 작전장교가 평가자의 의도에 부합하는 평가 준비에 만전을 가하는 것은 평가자의 자아 연속성을 스스로 기꺼이 실천하는 행동이다.

평가권력의 대행

혼자 모든 일을 다 할 수는 없다. 권력을 가진 에고도 자신의 권력으로부터 영향을 받는 모든 타자에게 언제나 권력을 행사할 수 있는 것은 아니다. 시간이 부족하기도 하고 모든 타자에게 권력 행사를 제대로 할 만큼 역량이 충분하지 않은 경우도 많다. 그래서 권력 행사의 일정 부분을 다른 주체에게 위임해서 위임받은 주체가 권력을 대신 행사하도록 하기도 한다. 일종의 계약에 의한 위탁이다. 여기서 말하는 계약contractualization이란 상호 간 거래를 위한 권위 기반의 공식적인 약속이다.[14] 따라서 권력 행사를 위탁한다는 것은 권력을 행사하는 에고가 제3자와 계약을 맺어서 타자에게 권력을 행사할 수 있는 권한을 위임하는 것이다. 이는 곧 권력 행사를 대행하는 또 다른 주체를 둔다는 의미이다. 또 다른 주체는 계약에 따라 일정한 대가를 받고 책임

있게 역할을 대행하리라 기대된다.

여기서 말하는 대가는 경제적 대가만을 의미하는 것은 아니다. 계약은 경제적 대가뿐만 아니라 비경제적 대가로도 이루어진다. 경제적 대가로 이루어지는 거래 계약은 업무를 수행함으로써 경제적 보상을 주고받는 형태로 나타나고, 비경제적 대가로 이루어지는 거래 계약은 업무 수행에 따른 존재가치 확인의 형태로 나타난다. 후자의 경우 업무를 수행하는 것이 해당 기관의 존립 근거와 이유가 되기 때문에, 계약에 따라 업무를 위탁받을 때 비록 경제적 대가가 없더라도 위탁받은 그 업무로 기관의 존재를 유지할 수 있는 혜택을 본다. 특정한 일을 특정 기관만 할 수 있다면 그 기관은 특정한 그 일 때문에 존재하는 것이나 다름없다. 이럴 경우 특정한 그 일을 맡게 되면 그것이 곧 존재가치를 인정받는 것이기에, 이는 비경제적 대가를 얻는 것이다.

한편, 오해하지 말아야 할 점은 계약을 통해 대행이 이루어진다고 해서 본원적 권리가 넘어가는 것은 아니라는 사실이다. 권력행사자가 지닌 권력 자체를 계약을 통해 넘기는 것이 아니라 권력을 행사할 수 있는 권한만을 넘겨서 그것을 이행하는 수준까지 허용하는 것이다. 권력 대행은 하나의 수단으로써 그 역할을 하는 것일 뿐, 기본적으로 에고와 타자 간 관계는 유지된다. 그 가운데 역할 대행자가 존재하는 것이다.

평가권력도 마찬가지다. 평가를 하는 주체로부터 제3자가 계약을 통해 피평가자를 평가할 수 있는 권한을 위임받은 것이다. 예를 들면,

교육부에서 대학구조개혁평가를 할 때 직접 하지 않고, 한국교육개발원을 평가 수행기관으로 지정해서 평가업무를 담당하도록 한다. 대학수학능력시험도 마찬가지다. 우리나라에서 학생을 대상으로 평가하는 가장 영향력이 큰 시험인 대학수학능력시험도 교육부가 직접 평가하는 것이 아니라 한국교육과정평가원에서 시험문제를 출제하고 있다. 물론, 한국교육개발원이나 한국교육과정평가원은 정부출연 연구기관이기 때문에 비록 권력 대행자로서 역할을 한다고 해도 정부영역에 가깝다. 정부영역 내에서 이루어지는 대행인 셈이다. 이와는 달리 민간영역에 가까우며 비영리활동을 하는 기관에서 정부의 평가업무를 대행하는 경우도 있다.

대표적인 예가 한국보건의료인국가시험원이다. 한국보건의료인국가시험원은 24개 직종의 보건의료인 국가시험에 대한 면허 및 자격시험을 시행하는 기관이다. 이는 기존에 정부가 주도하던 의사국가시험 업무를 민간평가기관에 이관할 때 국가시험 관리기관으로 지정된 곳으로 1992년 개원했다. 이후 1998년에 확대 개편되어 지금에 이르면서 현재 우리나라 보건의료인 자격 평가업무를 담당하고 있다. 최근에는 보조공학사와 장애인재활상담사 국가시험 업무위탁기관으로도 지정되는 등 그 영역이 더 확장되고 있다. 현재 이 기관은 2015년 특별법 제정에 따라 특수법인이 되어 보건복지부 산하 기타 공공기관으로 분류되지만 처음에는 민간기관으로서 평가업무를 대행했다.

변호사 자격등록과 개업신고 그리고 변호사 연수교육 등의 업무도 법무부가 직접 수행하는 것이 아니라 대한변호사협회에서 담당한다. 대한변호사협회에서 소개하는 내용을 보면, 변호사 자격이 있다고 해서 무작정 변호사법률사무소를 개설할 수 없고 대한변호사협회가 진행하는 평가에 해당하는 승인을 얻어야 한다. 그리고 변호사 전체를 대상으로 연수교육을 해서 일정한 평가에 기초한 수료를 하게하는 역할도 대한변호사협회가 하고 있다.

변호사의 자격이 있다고 하여 무조건 변호사법률사무소를 개설할 수는 없습니다. 변호사의 자격이 있는 자는 대한변호사협회변호사 자격등록을 하고 본인이 입회하고자 하는 지방변호사회에입회신청을 하여 승인을 얻은 후 개업신고를 하여야 합니다.
대한변호사협회는 매년 2회의 일반연수와 수회의 특별연수를전체 변호사를 상대로 실시하여 변호사가 그 업무를 수행하기 위하여 필요한 법학이론 및 실무지식, 변호사제도, 직업윤리, 정치, 경제 등 관련 과목, 기타 필요한 교양과목 등에 대하여 연수교육을수료하게 함으로써 꾸준히 그 자질을 향상시키고 연구하여 국민들에게 양질의 법적 서비스를 제공할 수 있도록 그 기반을 조성하고있습니다.[15]

대학기관평가인증도 마찬가지다. 「고등교육법」, 「교육관련기관의 정보공개에 관한 특례법」, 「고등교육기관의 평가·인증 등에 관한 규정」 등에 법적 근거를 둔 대학기관평가인증도 교육부가 직접 시행하는 것이 아니라 인증기관을 지정해서 해당 기관이 대학기관을 평가하고 있다. 현재는 한국대학교육협의회 부설 한국대학평가원이 교육부로부터 고등교육기관 평가·인증 인정기관으로 지정받아 평가를 시행하고 있다.

이와 같이 평가를 대신하는 주체는 정부영역에 속하는 기관일 수도, 그렇지 않을 수도 있다. 원래는 정부의 역할이지만 민간에서 평가를 대행하는 경우 규제정책 시행의 독특한 사례로 불리기도 한다. 평가의 속성에 따라 다르지만 평가결과가 일종의 진입 규제 역할을 해서 규제정책의 일환으로 작용하는 경우인데, 예컨대 대한변호사협회의 변호사 자격등록과 개업신고, 특수법인이 되기 전 한국보건의료인국가시험원의 보건의료인 자격 평가업무 등이다. 진입 규제는 어떤 행동이나 활동의 허용 여부를 규제하는 것이기 때문에 변호사의 자격이나 개업 그리고 보건의료인의 자격 부여 여부를 결정하는 평가는 진입 규제에 해당한다. 평가의 결과에 따라 결정되는 사항이라서 평가가 규제의 모습을 띠는 것이다. 그런데 여기서 규제정책 시행의 독특한 사례라고 말한 이유는 규제를 받는 대상, 즉 규제대상집단이 스스로 규제를 가하기 때문이다. 변호사 개업을 대한변호사협회에서 규제하는 것은 변호사들이 스스로 자신을 규제하는 모습이다.

이처럼 규제대상집단이 스스로 규제를 한다고 해서 이를 자율적 규제정책이라고도 한다. 정부가 전문성이 강한 영역을 규제할 필요가 있을 때 전문성을 지닌 규제대상집단에게 그 일을 직접 하도록 맡기는 것을 말한다. 이러한 자율적 규제정책은 평가를 하되 평가를 받는 대상집단이 스스로 평가를 한다는 점에서, 평가를 대행하는 것이 된다. 물론 평가를 받는 대상과 평가를 하는 대상이 완전히 일치하는 것은 아니다. 자율적 규제정책에서는 개별 대상을 두고 그 개념을 정의하는 것이 아니라 그 대상이 속한 '집단'을 두고 정의한다. 즉, 변호사 집단을 두고 평가를 하면서 동시에 평가를 받는 형태라는 것이지 개별 변호사를 놓고 동일인의 행태를 말하는 것은 아니다.

평가권력의 대행은 기본적으로 평가를 하는 대상이 직접 평가하는 것이 아니라 대행을 할 만한 주체에게 평가를 대신 맡기는 것이다. 평가를 받는 사람은 평가를 하는 대상으로부터 평가를 받는 것이지만, 실제로는 그 대행자가 평가한다는 것을 알고 임한다. 평가의 본원적 권리까지 대행자에게 위임되는 것이 아니기 때문에 평가받는 입장에서는 평가 대행자에게 평가를 받더라도 원래 평가를 하는 대상에게 평가받는 것이라고 생각한다.

그러나 한편으로는 이런 의문이 들 수도 있다. 평가권력의 대행이란, 평가를 받는 사람이 누군가에게 대신 평가를 받도록 평가받는 일을 맡기는 것이라고 볼 수는 없을까? 평가하는 것을 대신 맡기는 것이 아니라, 평가받는 것을 대신 맡기는 것이다. 평가하는 것을 대신 맡기는 가장 큰 이유는 전문성이다. 평가를 더 잘할 수 있을 것이라고 판단해서 위탁 형식 등으로 맡기는 것이다. 그렇다면 같은 맥락에서 평가를 더 잘 받을 것으로 판단되는 사람에게 평가를 맡길 수도 있는데, 이를 평가권력의 대행 측면으로 볼 수 있느냐는 것이다.

평가를 대신 받는 것은 평가권력의 대행에 해당하지 않는다. 평가권력의 작동은 평가를 받는 대상에게 인지적 차별성을 부여하는 것이기 때문에 평가결과는 평가를 받는 대상에게 직접적으로 나타난다. 즉, 평가권력의 작동은 평가결과에 초점을 두고 판단 타자에게 에고의 자아 연속성이 나타난 여부나 정도 되므로, 평가결과를 확인할 수 있는 평가받는 대상의 존재를 누군가가 대행하는 것은 허용되지 않는다. 기본적으로 인지적 차별이 드러나서 상대적 순위를 매기거나 차등을 두는 것이 평가이기 때문에 평가 대상이 달라지면 또 다른 평가가 이루어지는 셈이다.

절대적인 등급이 주어지는 평가도 마찬가지다. 평가는 평가받는 대상에 어떤 인지적 차별이 부여되는가가 핵심이기 때문에 평가받는 대상은 누군가의 대행 없이 자신의 역할에 대한 고유성이 유지되어야 한다. 따라서 평가를 더 잘할 수 있어서 평가를 대행한다는 것은 성립할 수 있어도, 평가를 더 잘 받을 수 있어서 평가받는 것을 대행시킨다는 것은 성립되지 않고 또 허용되지 않는다. 평가받는 대상은 평가를 더 잘 받기 위해 노력하고 준비해야지, 평가를 더 잘 받기 위해 평가받는 것을 대행시켜서는 안 된다. 만일 평가받는 것을 대행시킨다면 그것은 도덕적으로 옳지 못할 뿐만 아니라 법적으로도 문제가 된다.

그런데 현실에서는 이런 문제가 생긴다. 중학교와 고등학교에서 실시하는 과제형 수행평가를 그 예로 들 수 있다. 과제를 통해 수행평가를 하는 것인데, 문제는 과제는 집에서도 할 수 있어서 부모의 도움을 많이 받는다는 데 있다. 심지어 과제형 수행평가를 '부모 숙제'라고 부르기도 한다. 학생의 과제를 부모가 도와줄 수도 있다. 그러나 정도의 문제인데, 정도가 지나치면 학생이 받아야 하는 평가를 부모가 받는 셈이 되어 버린다. 실제로 부모가 무리해서까지 학생의 과제를 수행하는 사례가 적지 않았고, 부모 이외에 전문적으로 수행평가를 대신해 주는 사교육마저 존재하고 있을 정도였다. 이로 인해 부모의 여력과 능력이 되지 않아서 이른바 '부모 찬스'를 쓸 수 없는 환경에 놓인 학생들은 심리적 박탈감을 느끼기도 했다. 무엇보다도 부모 찬스로 나무랄 데 없이 번듯하게 과제를 한 학생과 그렇지 못한 학생들이 평가를 받아서 차등이 생기는 것을 정의롭다고 할 수 없다. 특히 우리나라와 같이 대학입시가 인생에서 아주 중요한 관문으로 작용하는 경우에는 더욱 그렇다.

교육부에서는 부모 숙제가 되어 부모가 대신 평가받는 결과를 낳는 과제형 수행평가에 대해 개선책을 내놓기도 했다. 과제형 수행평가를 부모가 대신해서 평가받는 일이 없도록 한 것이다. 개선책은 수행평가에 대한 지침 개정으로 이루어졌다. 2020년 4월 개정된 「학교생활기록 작성 및 관리지침」의 [별표 9]에 신설된 단서는 아래와 같다.

교과학습의 평가는 교과 수업 시간에 교사가 직접 관찰한 과정과 결과를 평가하고, 학교교육활동 이외에 교사가 관찰할 수 없는 영역은 평가하지 않도록 한다.

교사가 '수업 시간'에 '직접 관찰'해서 평가하고 관찰할 수 없는 영역은 평가하지 않는다는 것은 부모가 대신 작성해서 제출하는 과제에 기초해서 평가가 이루어지는 일이 없도록 한다는 의미이다. 평가받는 것을 대행하는 사례를 차단하기 위한 노력인 것이다.

대행자인 병丙을 통한 '정치'

평가권력의 대행을 간단히 갑甲, 을乙, 병丙의 관계로 정리해 보자. 기본적으로 갑이 을을 평가하는 권력관계라고 하면, 갑은 평가를 할 수 있는 주체로서 권력관계에서 에고에 해당하고, 을은 평가를 받는 타자에 해당한다. 평가라는 행위로 갑의 자아가 을에게 연속해서 나타나게 하려는 것이 평가권력의 기본 구조이다.

그런데 갑이 직접 평가할 여건 시간, 전문성 등의 이유 이 되지 않아서 병에게 대신 평가를 해 달라고 평가 권한을 위임하면 병은 평가할 수 있는 권력을 위임받은 대행자가 된다.[16] 기관이라면 위탁기관 등이 이에 해당한다. 이렇게 되면 평가를 통해 을에게 인지적 차별성을 부여하는 갑의 권력행위를 실제로는 병이 대행하는 셈이다. 을은 병이 평가를 대행하지만 갑이 평가를 하는 것이나 마찬가지라는 생각으로 평가에 임한다. 공식적인 권한 대행을 병이 하기 때문에 을은 비록 갑이 직접 평가하지 않더라도 좋은 평가결과를 받기 위해 최선을 다한다. 앞서 언급한 한국교육개발원, 한국교육과정평가원, 한국보건의료인국가시험원, 대한변호사협회 등이 평가권력 관계에서 일종의 병에 해당한다.

이처럼 평가권력 관계에서 대행자로서 역할을 하는 병은 전문성을 무기로 갑이 갖는 권한을 대행한다. 평가를 할 수 있는 권한이기 때문에 을에 대한 영향력 행사는 갑이 하는 것만큼, 또는 그 이상 이루어지기도 한다. 그 이상이란 전문성에서 비롯되는 영향력이다. 그런데 바로 이 점 때문에 의도치 않게 병을 통한 '정치'가 나타난다. 권력은 정치와 상당히 밀접하기 때문에 병을 통한 정치 행위는 자연스러운 것일 수도 있다. 일찍이 미국의 정치학자 로버트 달은 정치를 권력 등을 상당한 정도로 수반하는 인간관계의 패턴이라고 했고, 독일의 정치학자인 칼 뢰벤슈타인 Karl Loewenstein 도 정치는 권력 투쟁이라고 했다. 그래서 평가를 할 수 있는 권한으로 권력을 행사할 수 있는 병을 통한 정치가 사실 그리 놀라운 것은 아니다.

우리나라에서도 병을 통한 정치와 관련해서 크게 사회적 이슈가 되었던 사례가 있다. 동남권 신공항 건설의 타당성 평가이다. 동남권 신공항 건설은 대선 공약으로까지 거론되었던 국가 차원의 대규모 사업이었다. 두 번 추진되었고 두 번 모두 철회된 독특한 사업으로, 사회적 이슈로 부각된 것은 2003년 당시 노무현 대통령 당선인이 동남권 신공항 건설을 위한 적당한 위치를 찾겠다는 발언 때문이었다. 그에 따라 2006년 건설교통부에 공식적인 검토를 지시하였고, 2007년에는 타당성 있는 사업이라는 결과 발표가 있었다. 2009년 이명박 정부에서도 동남권 신공항 사업의 추진 속도가 높아졌는데, 사업 대상 후보지는 부산 가덕도와 경남 밀양이었다. 그런데 이때 타당성 조사에서 두 지역 모두 사업성이 떨어진다는 결과를 발표하면서 2011년 3월 사업을 철회하게 된다.

그러나 2012년 박근혜 대통령 후보와 문재인 대통령 후보가 대선 공약으로 다시 동남권 신공항 건설을 언급하면서 재추진하는 계기가 되었다. 그에 따라 2014년 국토교통부는 동남권 신공항이 필요하다는 발표를 하고, 2015년 6월 다시 타당성 조사를 진행한다. 이때 역시 후보지는 가덕도와 밀양이었다. 그러나 2016년 6월 기존의 김해공항 확장을 대안으로 제시하며 가덕도와 밀양에 대한 사업 계획을 재차 철회한다.[17] 그러다 2018년 6월 지방선거로 당선된 여당 소속 부산시장이 동남권 신공항 사업에 대해 총리실에 다시 검토해 줄 것을 요청하면서 또다시 재추진 가능성의 논란을 야기하고 있는 실정이다.

동남권 신공항 추진 사례는 평가권력의 관계에서 병을 통한 정치를 보여 준다. 평가권력을 대행하는 병이 갖는 영향력으로 인해 생기는 정치 사례인데, 이 사업이 대규모 정부사업이면서 대선 공약이었고 지역개발과도 관련되어 있기 때문이다. 그렇다 보니 지역을 기반으로 하는 여러 정치인들의 선거에 관계되었고 이는 중앙정치 무대까지 영향을 주는 수준이었다. 대규모 정부사업으로 정부가 사업의 타당성 여부를 평가해서 결정하는 것이었지만, 이미 정치적 관계가 견고히 형성되어 정부가 직접 타당성을 평가하고 결정하기에는 부담이 매우 컸다.

여기서 부담이란 이른바 PK 부산경남 와 TK 대구경북 간 지역 갈등과 관련이 있다. 부산 가덕도에 유치되면 PK 지역을 기반으로 하는 정치인들이 지역주민에게 정치적 지지를 받기 용이하고, 비록 밀양은 주소상 경남에 속하지만 부산 가덕도에 비해 상대적으로 대구경북에 더 가깝기 때문에 밀양에 유치되면 TK 지역을 기반으로 하는 정치인들이 지역주민의 정치적 지지를 받는 데 용이하다. 실제로 당시 여당 내에서도 PK와 TK 지역 간 정치인들의 미묘한 갈등이 있어서 동남권 신공항 사업은 리더 특히 당시 대통령 등 에게는 정치적으로 민감한 문제였다. 그래서 정부는 타당성 여부 평가를 할 수 있는 권한을 위임하여 대행자인 병을 두게 된다.

동남권 신공항 사업은 두 번의 사업 추진과정 모두 철회되었는데, 두 번 모두 평가 대행자인 병이 존재했다. 첫 번째는 이명박 정부에서 민간인을 위원으로 구성한 동남권신공항 입지평가위원회였다. 당시 국토해양부 장관으로부터 위임을 받은 이 위원회는 약 8개월에 걸쳐 국토연구원에서 실시한 동남권 신공항 타당성 및 입지조사 용역결과를 면밀히 검토한 후 사업대상 후보지의 타당성 평가를 최종 결정짓는 역할을 했다. 국토연구원의 타당성 결과를 다시 검토해서 최종 평가를 하는 역할을 맡아 동남권 신공항 건설 추진에 결정적인 영향력을 행사한 것이다.

평가결과는 두 후보지 모두 "불리한 지형조건으로 인해 환경 훼손과 사업비가 과다하고 경제성이 미흡하여 공항입지로는 적합하지 않다."였다. 이로써 사업이 철회되었다. 당시 위원장은 이런 말을 했다. "동남권 신공항이 필요한 것은 사실이며 지역 간 협의로 결정됐으면 좋았을 텐데 경쟁구도가 형성돼 있어 어렵게 됐다."[18] 동남권 신공항의 필요성을 인식하지만 동시에 지역 간 경쟁구도로 인한 실현의 어려움을 말하고 있는데, 여기에는 평가결과가 갖는 영향력을 전제하고 있다. 평가결과는 두 후보지 중 하나를 결정하는 것인데, 워낙 후보지 간 경쟁이 심해서 그렇게 하지 못한 현실을 말하고 있다. 특정한 후보지를 선택하는 평가결과가 가져올 후폭풍을 예상하고 있었던 것이다. 물론 두 지역 중 어느 지역도 선택하지 않은 결정도 평가결과일 수 있다. 이 평가결과 역시 그 영향력을 입증하듯이 정치권에서 수많은 의견과 여론이 들끓었다. 실제로 당시 다음과 같은 의견이 회자되었다.

이명박 정부 4년 차에 신공항을 백지화한 배경 가운데 하나는 1년 뒤 치를 2012년 4월 총선과 그해 12월 대선을 염두에 뒀기 때문이란 시각도 있다. 총선과 대선이란 전국 선거를 앞두고 전통적 지지층인 TK와 PK 간 갈등이 너무 커지자, 지지층 분열을 우려해 신공항 대지 선정을 백지화했다는 것이다.[19]

두 번째로 추진되고 다시 철회되었을 때도 비슷한 모습을 보였다. 당시는 박근혜 정부였고, 역시 대통령 후보 당시 공약 중 하나가 동남권 신공항 건설이었다. 두 후보지도 동일했다. 이명박 정부에서도 워낙 첨예했던 사회적 이슈였던 까닭에 당시 박근혜 정부는 사업의 타당성 평가를 외국기관에 의뢰한다. 국내의 누군가 어떤 기관 가 평가하여 그 결과로 결정한다면 또다시 큰 논란이 야기될 것으로 예상되어서, 공항 분야 최고 전문기업인 파리공항공단엔지니어링 ADPi 에 평가를 위탁한 것이다.

이번에도 역시 두 후보지 모두 선택받지 못했다. 대신 기존의 김해공항을 확장하는 안을 제시했다. PK와 TK 간 정치적 갈등에서 오는 정치적 부담이 여전히 컸던 것이다. 비록 외국기관이 평가 대행자로서 병의 역할을 했음에도, 당시 입지 선정 연구용역을 맡았던 프랑스 파리공항공단엔지니어링의 슈발리에 수석 엔지니어는 "정치적인 부분을 배제할 수 없었다."고 말했다.[20] 이 사례와 인천국제공항 건설 사례를 대상으로 외국기관 외국 지식인 집단이 우리나라 정책결정에 미친 정치적 영향력을 실증적으로 분석한 별도의 연구도 존재한다.[21]

결국 두 번의 추진과 철회 모두 평가 대행자로서 병이 평가권력을 행사했다. 정부가 갑의 위치였고 병은 국내 민간평가위원으로 구성된 위원회와 외국의 평가전문 민간기관이었다. 평가를 받는 을은 사업대상 후보지였는데, 이들은 비록 병이 평가했지만 갑인 정부가 평가하는 것으로 당연히 인식하고 있었다. 그렇다면 왜 동남권 신공항 사업 사례에서 병이 평가 대행 주체가 되었을까?

그것은 평가 대상과 결과가 첨예한 정치적 사안이었기 때문이다. 민감한 정치적 사안을 다룰 때 그 부담을 경감시키는 방법 중 하나는 제3자에게 맡기는 것이다. 결과에 대한 책임을 떠넘길 수 있는 여지를 마련하기 위해서이다. 평가에서도 마찬가지다. 제3자에 해당하는 평가 대행 주체인 병을 활용하면 된다. 내가 평가에 1차적인 책임이 있다고 하더라도 실제 평가는 내가 위임한 행위자가 했다면, 평가결과에 대한 불만을 일정 부분 그 행위자에게 돌릴 수 있다. 대응의 수월성을 확보하는 것이다. 병은 비록 평가 대행의 역할을 하지만 병의 평가

활동은 의도하든 그렇지 않든 정치적 선택을 하는 결과를 낳는다.

따라서 평가결과가 갖는 영향력이 정치영역에서 정치적 부담을 크게 야기시킬 때 흔히 평가 대행자를 선택하고 그 결과 평가 대행자에게 평가에 대한 책임을 전가해서 정치적 부담을 낮출 수 있다. 갑에게 병을 통한 정치는 충분히 효용성이 높아 종종 활용된다. 한편으로는 이렇게 볼 수도 있다. "병이 평가를 대행하는 것은 어쩌면 정치를 대행하는 것이기도 하다."

미시적 평가권력

칼 뢰벤슈타인은 권력을 인간 본성 안의 기본적인 충동이라고 했다.[22] 충동은 제어되기도 하지만 때로는 자연스럽게 발현되곤 한다. 권력행위를 중앙정치와 연결 지어 생각하면 거대해 보이지만, 인간 본성의 충동이라고 보면 권력 작용은 우리가 살아가는 생활 현장과 일상 곳곳에서도 존재한다. 거대권력 macropower 뿐만 아니라 미시권력 micropower 도 작동하고 있다. 평가권력도 마찬가지다. 각종 기관평가나 인증평가, 정부의 대규모 사업과 관련된 평가 이외에 우리의 일상생활 속의 작은 무대에서도 평가를 매개로 한 미시적 권력이 작동하고 있다.

강의실은 작은 무대 중 하나이다. 이 무대에서도 평가 기반의 권력이 작동한다. 강의실에서 평가를 하는 교수는 갑이고 평가를 받는 학생은 을이다. 심지어 시험이라는 평가와 그 결과인 학점 부여가 갖는 평가권력 관계는 시험과 직접적인 관계가 없는 경우에까지 영향을 미친다. 소규모 강의를 할 때 한 학생이 눈에 띄게 졸고 있어서 교수가 직접 깨웠다고 하자. 교수는 그 학생이 피곤해서 졸았다고 생각하면서 별로 심각하게 여기지 않고 깨운 것인데, 졸았던 학생은 강의가 끝난 뒤에도 '교수님이 나를 이상하게 여기지 않을까? 나를 어떻게 생각하실까?' 하는 생각이 머리를 떠나지 않는다. 학점은 물론이고 자신에 대한 평가가 부정적이지 않을까 하는 염려가 계속될 것이다. 이는 교수가 학점을 부여하는 평가권력을 지니고 있어서일 수도 있고, 꼭 학점이 아니더라도 교수가 제자에 대한 전반적인 인상을 평가하며 기억하는 위치에 있어서일 수도 있다. 중요한 것은 평가를 받는 학생은 평가를 하는 교수가 계속 신경 쓰인다는 점이다.

이런 상황은 평가를 매개로 한 미시적 권력 작동의 한 예가 되는데, 이는 더 나아가 자명성에 기초한 권력을 동시에 발생시키기도 한다. 좋지 않은 모습을 보였다고 생각하는 학생이 스스로 더 좋은 모습을 보이기 위해 교수의 의도에 부합하는 자발적 행동을 하는 경우이다. 특히 학점을 부여할 때 '수업 태도' 항목이 있다면 더욱 그렇다. 타자인 을_{학생}은 에고인 갑_{교수}의 의도에 부합된 행동_{진실이나 사실과는 상}

관없이 갑이 기대하리라고 생각되는 행동을 한다. 아주 사소해 보이지만 당사자인 을에게는 이 역시 권력으로 작동하면서 행동을 제약할 정도의 영향력을 미친다.

물론 강의실이라는 현장에서는 학점을 위한 평가만 있는 것은 아니라서 이 둘의 관계는 바뀌기도 한다. 강의평가가 그 예이다. 강의평가를 하는 사람은 학생이고 교수가 평가를 받는다. 교수는 혹시나 학생들이 과제가 많다는 불만으로 강의평가를 좋지 않게 할까 봐 과제를 거의 부과하지 않거나 아주 쉬운 과제만 조금 부과하기도 한다. 이는 교수에 대한 강의평가 권력을 지닌 학생이 원하는 행동에 교수가 자발적으로 부합하는 모습을 보이는 것으로, 자명성에 기초한 권력관계로 볼 수 있다.

직장에서도 직원 간 또는 직원과 고객 간에 평가권력이 작동한다. 사무실에서 직원들은 근무성적 평정의 권한이 누구에게 있는가에 따라 사소한 행동에서도 평가권력이 작동되는 경험을 한다. 상사가 나를 평가하고 내 성과급과 승진에 영향을 주는 사람이라면 굳이 상사에게 밉보일 필요는 없다. 잘 보이려고 상사의 의도에 맞는 행동을 자발적으로 하기도 한다. 앞서 2장에서도 언급했듯이 다면평가는 부하직원도 상사를 평가하는 제도라서, 다면평가를 적용하면 평가권력은 쌍방향으로 작동한다. 직원들 간 권력은 사무실 내에서만 머물지 않는다. 회식을 할 때도 평가를 하는 상사는 여전히 평가권력을 지니고 있는 사람이다. 회식자리라고 해서 부하직원을 평가하는 상사의 위치가 달라지는 것은 아니다. 직장인들은 이런 말을 종종한다. "밖에서 만나면 그냥 동네 아저씨에 불과한데, 직장에서는 나를 평가하는 사람이니 내가 참는다."

직원과 고객 간에도 이런 모습을 볼 수 있다. 고객중심관리가 한때 크게 유행했고 지금도 중요하게 여겨진다. 민간영역뿐만 아니라 정부와 같은 공공영역에서도 시민이나 국민을 고객으로 대하면서 친절과 감동을 강조한다. 그래서 고객의 평가를 받으면서 조직 전체가 얼마나 고객중심의 관리가 이루어졌는지를 확인하고, 한편으로는 고객을 응대한 직원이나 부서 평가점수에 고객 평가점수를 반영하기도 한다. 그러다 보니 직원은 고객과의 관계에서 을의 위치에 선다. 특히 고객이 직원을 평가할 때는 주로 만족도 평가를 하는데, 여기에는 평가자의 주관적 입장이 그대로 반영된다. 그래서 평가를 하는 고객과 평가를 받는 직원은 평가에 기초한 권력관계를 맺게 된다. 고객이 요구하거나 불편함을 제기한 것은 물론이고, 이를 미리 예상해서 고객만족을 넘어 고객감동이 될 수 있도록 대응하고 행동하는 것은 모두 평가권력의 모습들이다. 조그만 상품을 하나 살 때나 사소한 민원문제를 해결할 때도 이런 모습이 종종 목격된다. 모두 미시적 평가권력이 작동되는 경우이다.

이런 모습을 또 볼 수 있는 무대로는 다소 특수한 직장인 군대를 들 수 있다. 지금은 그렇지 않지만, 불합리한 것이 아무렇지 않게 여겨지던 시대에는 남편이 직업군인이면 그 부인까지도 남편의 계급이 그대로 적용되었다. 결혼한 직업군인들은 관사에서 생활하는 경우가 많은데, 이때 부대 내의 계급 관계가 관사 내에서도 그대로 적용되었다. 그렇다 보니 이웃집 모임은 곧 부대 내 군인들 모임처럼 그대로 이어졌고, 이때는 부인들도 대동하므로 자연스럽게 남편의 계급에 따라 부인들의 관계도 형성되었다. 진급을 바라는 하급자의 부인이 상급자 집에 가서 마치 상급자 부인의 가사도우미인양 집안의 대소사를 자의반 타의반 도와주는 것이 드라마 소재로 활용될 정도로 암암리에 이루어지곤 했다.

평가는 거창하지 않더라도 일상을 살아가는 개개인에게는 거대한 권력처럼 느껴진다. 취업을 위해 학점이 중요한 학생에게는 평가를 하는 교수와의 권력관계에서 타자에 위치해 있는 것이 무엇보다 큰 영향을 미치고, 승진이 절실한 하급자가 평가를 하는 상급자의 비위에 맞게 행동하는 것은 당사자에게는 아주 현실적인 대응이다. 상대적인 관점에서 보면 미시적 권력으로 분류되지만, 당사자에게는 미시적 권력관계에서 발생하는 권력 모습이 어쩌면 더 체감도가 높은 평가이자 강력한 영향을 주는 평가권력으로 다가올 수도 있다.

미주

1   Weber, Max(1948). *From Max Weber: Essays in Sociology*, London:
    Routledge, p.180; Dahl, Robert(1957). "The Concept of Power",
    Behavioral Science, 2, pp.202~203; Blau, Peter M.(1964). *Exchange and
    Power in Social Life*, New Brunswick, N.J: Transaction Publishers, p.119.
2   한병철, 김남시 옮김(2016).《권력이란 무엇인가》, 문학과지성사, pp.15~47.
3   Lukes, Steven(2005). *Power: A Radical View*, London: Palgrave
    Macmillan, p.29.
4   김민주(2017). 〈예산배분 권력의 역전〉, 《인문사회과학연구》 18(3),
    pp.146~147.
5   한병철, 김남시 옮김(2016).《권력이란 무엇인가》, 문학과지성사, pp.15~47.
6   위의 책, p.38.
7   김민주(2017). 〈예산배분 권력의 역전〉, 《인문사회과학연구》 18(3),
    pp.147~148.
8   Emerson, Richard M.(1962). "Power-Dependence Relations", *American
    Sociological Review, 27*(1), p.32.
9   한병철, 김남시 옮김(2016).《권력이란 무엇인가》, 문학과지성사, p.52.
10 김민주(2017). 〈예산배분 권력의 역전〉, 《인문사회과학연구》 18(3), p.148.
11 한국교육과정평가원 홈페이지(www.kice.re.kr)에서 2020년 1월 6일에 확
    인한 사항이다. 기관의 설립 목적은 쉽게 바뀌는 것은 아니지만, 비전과
    경영목표 체계의 내용은 기관장의 의지나 경영목표 점검 결과나 새로운
    경영혁신을 위해 종종 바뀐다. 따라서 이 책의 독자가 책을 읽는 시점에 따
    라 여기서 참고한 내용은 실제 한국교육과정평가원의 비전이나 경영목표
    체계와는 다소 다를 수 있다.

12 서울특별시교육청(2019). 《2019~2022 서울교육중기발전계획》, 서울특별시교육청, p.55, 99.

13 위의 책, p.55.

14 김민주(2019). 《공공관리학》, 박영사, p.137.

15 대한변호사협회 홈페이지(www.koreanbar.or.kr)

16 김민주(2016). 《평가지배사회》, 커뮤니케이션북스, p.18.

17 김민주(2019). 〈대규모 정부사업의 반복된 철회가 마을주민에게 미친 심적 영향 분석〉, 《지방행정연구》 33(4), p.260.

18 정학구. 〈박창호 입지평가위원장 "동남권 신공항 필요하다"〉, 《연합뉴스》, 2011. 3. 25.

19 구자홍. 〈청와대 '밀양' 낙점하고 신공항 밀어붙이나〉, 《주간동아》, 2016. 6. 15.

20 강광우. 〈선거 때마다 등장했던 '동남권 신공항'…이번에는?〉, 《서울경제》, 2019. 2. 16.

21 이서영(2016). 〈과학적 권위의 정치적 활용: 2016년 영남권신공항 입지 선정 시 프랑스 파리공항공단(ADPi) 개입에 대한 국민들의 인식〉, 《21세기 정치학회보》 26(4).

22 잭 고드윈, 신수열 옮김(2018). 《사무실의 정치학》, 이책, p.71.

평가시장,
호모 이밸루쿠스가 창조한 새로운 세계

homo evalucus

사교육을 포함한 평가시장의 규모

　자본주의 사회에서 시장은 화폐와 같은 약속된 매개물로 경제적 가치를 획득하기 위해 상호 경쟁을 하며 다양한 형태의 거래가 이루어지는 곳이다. 쉽게 말하면, 돈이 되는 것 모두 시장에서 거래된다고 할 수 있다. 돈은 사람들이 가장 쉽게 접하는 매개물이자 경제적 가치의 실체적 구현물로 존재한다. 따라서 어떤 대상과 관련된 시장이 존재하거나 형성되었다는 것은 그 대상이 돈이 될 만해서 돈으로 거래할 수 있게 되었다는 말이다. 그래서 한편으로는 마이클 샌델 Michael J. Sandel 이 비판하듯이 돈이 중심이 되어 돌아가는 사회가 되다 보니 재화에 대한 가치판단은 배제되어 버린 태도가 나타나 문제가 되기도 한다.[1] 신자유주의의 영향은 이를 더 강화시켰고 그에 따른 비판과 반성도 이어지고 있으나, 돈이라는 매개물로 이루어지는 시장의 기본 속성이 자본주의 시대에 강한 힘을 지니고 있음은 엄연한 현실이다.

사회를 지배할 정도로 여겨지는 평가 또한 자본주의 사회에서 돈이 되기 때문에 평가시장을 형성하고 있다. 평가와 관련해서 이루어지는 시장의 규모나 현황을 정확히 파악할 수는 없지만, 몇 가지 예를 살펴보면 어느 정도 짐작할 수는 있다. 평가 관련 거래에 대한 데이터 수집과 분석은 향후 우리 사회에서 중요한 역할을 할 것으로 기대되는 분야이므로 그에 대한 관심을 높일 필요가 있다.

평가시장은 주로 나름의 형식을 갖추어서 이루어지는 제도적 평가를 중심으로 대략적인 규모를 추정할 수 있다. 우리 일상생활에서 수시로 비형식적으로 이루어지는 일상적 평가를 추정하기란 상당히 어렵다. 시장 추정의 중요한 척도인 가격이 존재하는가에 따라 추정의 정도가 천차만별이기 때문이다. 그래서 제도적 평가를 중심으로 볼 때, 그중 하나가 사교육 시장이다. 사교육은 공식적인 권위와 일정한 형식을 갖춘 평가시험 등에 대비하기 위해 각 개인이 자신의 재산권을 자유롭게 행사하며 받는 교육이다. 시험과 같은 평가가 존재하지 않는다면 오늘날의 사교육은 사회적 문제가 될 정도는 아니었을 것이다. 개인적 만족과 역량 강화를 위해 사교육을 받는 경우도 분명 존재한다. 하지만 대부분의 사람들은 시험과 같은 평가에 따라 부여되는 인지적 차별에서 우위를 갖기 위해 사교육을 받는다. 따라서 사교육 시장을 보면 평가시장의 일부분을 이해할 수 있다.

우리나라 사교육 시장은 2015년에 이미 30조 원이 넘는 것으로 추정되고 있다.[2] 물가를 고려해도 그 수준이 계속 증가하고 있다는 추정이 가능하다. 학생 1인당 월평균 사교육비 추세도 점점 증가하고 있다. 2007년에 월평균 22.2만 원이었던 사교육비는 2019년에는 32.1만 원으로 증가했다. 학생 1인당 평균 수치이기 때문에 전체 학생 수에 이 수치를 곱하면 총 사교육비 규모를 산출할 수 있다. 사교육 참여율은 2018년에는 72.8%, 2019년에는 74.8%로 나타났다. 사교육비가 사교육 시장의 전체를 보여 주는 것은 아니지만 적어도 눈에 보이는 사교육의 직접적인 비용 규모가 어느 정도인지는 알 수 있다.

사교육비는 직접적인 비용^{학생 1인당 월평균 사교육비 등} 이외에도 부수적으로 다양한 측면에서 관련 비용을 함께 발생시킨다. 따라서 관련 비용으로 포함시킬 수 있는 현상을 통해서도 사교육 시장, 즉 사교육 분야 평가시장 규모의 일부를 알 수 있다. 사교육은 주로 학원을 통해 이루어지고, 학원들이 몰려 있는 학원가의 대체적인 상권이 평가시장의 한 모습을 보여 준다. 우리나라 대표적인 학원가는 서울 대치동이다. 서울만 해도 대치동 이외에 여러 학원가가 있고 지역별로도 유명 학원가가 있지만 일단 대치동 사례만을 놓고 볼 때, 이곳 학원가에 위치한 대입학원 수는 440곳 이상이며 여기에 월평균 1,400만여 명

[그림 5-1] 학생 1인당 월평균 사교육비

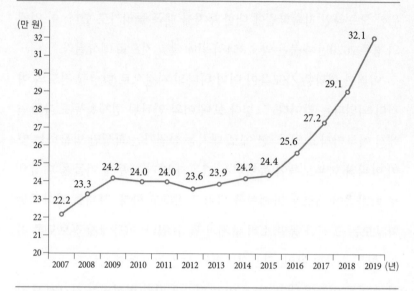

자료: 통계청

이 오가는 것으로 집계되었다. 일평균 유동인구는 약 48만 9,169명이다. 이 수치는 한 연구소가 2019년 10월을 기준으로 분석한 값이다. 대입학원 이외의 학원도 260여 곳이 있으므로 이를 합하면 대치동 학원가 상권 내에 있는 학원은 700곳이 넘는다. 상권 내 대입학원의 추정매출은 2019년 10월 기준 월평균 3,598만 원이다.[3]

기숙학원도 덩달아 그 규모를 확장하고 있다. 대입제도를 개편하면 그에 따라 학원과 같은 교육업체의 매출도 달라지기 마련이라서 학원들은 즉각적으로 반응한다. 실제로 정시 비중이 확대되는 대입제도 개편에 따라 한 대형 대입전문 교육업체는 2018년부터 재수생을 위한 오프라인 기숙학원에 대한 투자를 대폭 늘리기도 했다. 이 업체의 경우 2020년 매출은 약 4,854억 원에 달할 것으로 예상된다.[4]

　이러한 현황은 사교육이 이미 하나의 시장으로 형성될 정도의 여건이 되었다는 말이다. 그렇다 보니 이와 연관된 경제활동도 다방면에서 이루어지고 있다. 한 예로 대치동 학원가는 학생만 방문하는 것이 아니라 학부모들이 동행하는 경우가 많기 때문에 이들을 대상으로 백화점이 새로운 마케팅을 펼치고 있다고 한다. 자녀를 기다리는 학부모는 그 시간 동안 소비 주체가 될 수 있다. 이들에게 정보교류 기회, 학원 수강료 할인, 입시설명회와 같은 평가를 매개로 한 유인책으로 소비를 이끌어 내고 있다. 이는 평가에 따라 형성되는 직간접적 시장의 한 모습이고 시장 규모의 성장을 짐작하게 하는 한 예이다. 아래는 신문기사에 보도된 사례이다.

　서울 서초구 양재동에 사는 주부 김○○ 씨는 오늘도 백화점에 간다. 일주일에 세 번 대치동 학원에 아이를 데려다주고, 인근 백화점에서 시간을 보내는 것. 김 씨는 "예전에는 아이를 등원시키고 주차할 자리를 찾지 못해 동네를 뱅뱅 돌거나 커피숍에서 기다리곤 했는데, 이젠 백화점에 자동차를 주차하고 장을 보거나 또래 엄마들과 정보 교류하며 시간을 보낸다."라고 했다.

백화점 VIP 서비스가 진화하고 있다. 서울 강남구 대치동 학원 가에 위치한 △△백화점 강남점은 지난 7월 말부터 초·중·고등 학교 학부형을 대상으로 학부모 클럽을 운영한다. 자녀의 학원 수업 시간에 맞춰 백화점에서 시간을 보내는 학부모가 많은 점을 반영해 만든 지점 특화 서비스이다. △△백화점에 따르면 강남점의 평일 오후 시간대 5시 30분~8시 30분 매출은 전체 점포 평균과 비교해 9.6%가량 높은 것으로 알려진다.

학부모 클럽에 가입하면 평일 오후 4~10시, 주말 오후 5~10시에 백화점에 차량을 무료로 주차할 수 있고, 대치동 학원 수강료 할인과 스터디 카페 무료 이용권, 입시설명회 등의 혜택도 주어진다.[5]

이렇다 보니 시장에서 과열 경쟁이 이루어지기도 한다. 경쟁이 과열된다는 것은 시장의 규모가 상당히 커졌다는 의미이다. 파이를 나눌 수 있는 여지가 많으면 경쟁은 과열되지 않는다. 굳이 치열하게 경쟁하지 않아도 가질 수 있는 파이가 존재하기 때문이다. 경쟁이 심하다는 것은 그만큼 시장이 커질 대로 커졌고, 많은 이들이 시장이라는 링 위에 올라오면서 이제는 남은 파이가 얼마 없음을 의미한다. 자연스레 치열하게 경쟁할 수밖에 없다.

평가시장의 한 측면인 사교육 시장에서도 이런 모습이 보이는데, 주로 학원이나 강사가 시험과 같은 평가를 준비하는 학생들을 적극적으로 유치하려는 경쟁으로 나타난다. 한 기사에 따르면, 7년 만에 한 학원의 매출이 1,000배나 느는가 하면 반대로 소리 소문 없이 사라지는 학원도 많다고 한다. 또한 인터넷 카페, 커뮤니티, 댓글 등을 통해 경쟁 강사와 학원에 대해 좋지 않은 내용을 거짓으로 올리는 등의 행태로 경쟁을 하는 경우도 많아 명예훼손이나 공정거래와 관련된 법적 다툼으로 이어지는 사례도 있다고 한다.[6] 경쟁에서 살아남기 위해, 더 많은 이익을 위해 학원이 불법 영업까지도 서슴지 않아 결국 2009년부터 학원 불법운영 신고 포상금제 일명 학파라치제 가 시행되고 있다.

사교육비 이외에 평가시장에 포함시킬 수 있는 수치화된 데이터로는 시험 응시자 수, 시험 출제 비용 등이 있다. 평가와 관련한 종합적인 자료가 존재하지 않기 때문에 이 역시 단편적인 자료들이지만 평가시장의 규모를 추정하는 데 도움이 된다.

시험 응시자 수는 앞서 1장의 [그림 1-3]에서 살펴본 바와 같이 국가기술자격시험 응시자 수의 경우 2012년 이래로 대체로 증가하고 있으며 2018년 기준 필기시험 응시자 수는 200만 명, 실기시험 응시자 수는 150만 명에 육박한다. 인구 감소를 고려하면 이 수치 증가는 더 큰 의미를 갖는다.

국가기술자격시험뿐만 아니라 공무원 시험 응시자 수도 마찬가지다. 오랫동안 직업선호도 상위권에 위치하고 있는 공무원이 되기 위해 많은 사람들이 공무원 시험에 매진하고 있다. 공무원 시험은 국가직과 지방직 그리고 각 직렬·직급별로 매우 다양하지만, 2020년 국가

직 9급 공채시험만을 놓고 볼 때 4,985명 선발에 총 18만 5,203명이 지원해서 37.2대 1의 경쟁률을 보였다. 직군별 가장 높은 경쟁률을 나타낸 분야는 행정직군의 교육행정직 ^{일반}으로 52명 모집에 1만 1,641명이 지원해 223.9대 1을 기록했고, 기술직군에서는 방재안전직이 3명 모집에 476명이 지원해 158.7대 1이었다. 지방직 공무원 응시자와 7급 및 5급 시험 응시자 수까지 모두 합하면 그 수치는 더 높아진다. 일반 기업의 일자리 감소, 유지취업률 감소, 정부의 공무원 채용 증가 기조 등은 이 규모를 더 늘리는 데 일조하고 있다.

한편, 공무원이 되기 위해서는 한국사능력검정시험을 별도로 치러야 한다. 이는 공무원 시험과 관련된 또 다른 평가시장이 있다는 것이고, 동시에 공무원 시험의 평가시장 규모를 다른 측면 ^{잠재적 응시자}에서도 짐작할 수 있게 해 준다. 한국사능력검정시험 시행 첫해인 2006년에는 1만 5,395명이 시험에 응시했지만 2019년에는 51만 5,592명이 응시해 13년 만에 약 33배가 늘었다.[7]

시험 출제 비용은 단적으로 출제위원에게 지급하는 수당과 같은 제반 비용을 고려할 수 있다. 2019학년도 대학수학능력시험을 예로 들면 출제비용은 245억 원이었다. 전년도의 156억 원보다 89억 원이 증가했는데 이는 수능을 앞두고 발생한 포항 지진에 따른 영향이라고 한다. 시험 출제위원은 합숙을 하고 합숙 기간에 따라 수당을 받는데, 포항 지진으로 합숙 기간이 더 늘어났기 때문이다. 출제에 직접 관여하는 인력은 300명 가량이고, 검토인력과 보안요원, 음식·세탁 등을 담당하는 지원인력, 의료진, 시험지 인쇄 담당자 등을 합하면 약 700명 규모가 된다.[8] 1회 시험임을 감안하면 결코 작지 않은 시장 규모이다. 이 외에 공무원 시험 출제도 합숙을 통해 이루어지고 각종 국가자격시험도 마찬가지이므로 모두를 고려하면 시험 출제와 관련된 시장 규모도 결코 작지 않다는 것을 알 수 있다.

평가는 정치권에서도 이루어지기 때문에 여기서도 평가시장의 규모를 가늠할 수 있다. 정치에 대한 다양한 형태의 평가가 이루어지는데 그중 하나가 여론조사이다. 특히 선거철이면 여론조사가 쉴 새 없이 이루어진다. 각 정당별로 후보자 선출을 위해 여론조사를 하기도 하고, 지역별 후보자에 대한 여론조사도 실시한다. 총선이나 지방선거 시기가 되면 후보자가 워낙 많기 때문에 여론조사도 상당히 많이 진행된다. 일종의 후보자에 대한 평가인 여론조사를 담당하는 기관_{여론조사기관}들은 이때 가장 왕성하게 활동한다. 후보자를 평가하는 시장이 활발하게 형성되는 것이다.

통계청에 따르면 국내 조사산업 사업체 수는 2008년 270개에서 2013년에는 이미 411개에 달했다고 한다. 한국리서치, RNR, 갤럽, TNS, AC닐슨 등이 대표적인 리서치 기업으로 알려져 있다. 산업 규모는 한국조사협회의 회원사 조사 결과에 따르면 2001년 2,265억 원에서 평균 10.6%p씩 성장해 2014년에는 7,703억 원의 매출을 올렸다고 한다. 이 중에서 정치여론조사의 매출 비중이 약 18.0%로 가장 크며 매출 기준으로는 약 1,400억 원이라고 한다. 물론 이 수치는 어떻게 범위를 설정하느냐에 따라 다르게 추정될 수 있다.[9] 실제로 2016년 한 언론매체에서 인터뷰한 여론조사기관 관계자에 따르면, 선거와 관련된 국내 리서치 시장의 총 매출액은 약 5,500억 원 수준이라고 한다.[10] 그 규모를 정확히 파악할 수는 없어도 매출액이 결코 적지 않다는 사실만은 분명하다.

우리가 평가로 잃고 있는 기회비용

평가시장의 규모를 추정하고 짐작하는 것이 쉽지 않지만, 앞에서 살펴본 사교육비, 시험 응시자 수, 시험 출제 비용 등은 평가시장이 어느 정도인가를 대략적으로 이해할 수 있게 해 준다. 그런데 여기서 한 가지 더 고려해야 할 점이 있다. 기회비용 opportunity cost 이다. 기회비용은 어떤 것을 선택함에 따라 포기하게 되는 기회의 대가를 말하는데, 주로 포기하는 것 중 가장 큰 가치를 갖는 기회에서 발생되는 비용을 말한다. 시험이라는 평가를 선택하면 시험 준비를 하는 동안 다른 것을 할 수 있는 기회를 포기해야 한다. 포기하는 그 기회의 대가가 기회비용이라서 평가도 기회비용을 발생시킨다.

평가시장의 규모를 비용으로 살펴본다면, 평가를 준비하면서 직접적으로 발생하는 비용 이외에도 기회비용을 고려할 필요가 있다. 각 시험과 상황에 따라 다양한 기회비용이 발생하기 때문에 비용 측면에서 평가시장의 규모를 파악할 때 기회비용을 빠뜨릴 수 없다. 평가를 준비하면서 발생하는 기회비용의 규모가 어느 정도인가에 따라 평가시장의 규모를 더 정교하게 추정할 수 있다. 국가적으로 관심을 받는 공무원 시험 준비에 따른 기회비용이 어느 정도인지 살펴보자. 한국경제연구원에서 분석한 자료를 살펴보면 다음과 같다.

공무원 시험을 준비하면서 발생하는 경제적 순기회비용은 역기능적 기회비용과 순기능적 지출의 차로 추정할 수 있다. 즉, '경제적 순기회비용 = 역기능적 기회비용 − 순기능적 지출'로 구할 수 있다. 공무원 수험생의 지출은 순기능적 소비 측면도 존재하기 때문에 이를 고려해야 한다. 공무원 수험생이 시험 준비과정에서 지출하는 교육비와 생활비 등의 개인 소비가 순기능적 지출에 해당한다. 이러한 순기능적 지출은 공무원 수험생 1인당 평균 소비 지출 비용으로 추정할 수 있다. 역기능적 기회비용은 공무원 수험생이 경제활동에 참여하지 않고 시험을 준비함으로써 발생하는 생산과 소비 측면에서의 기회비용을 의미하는 것으로, 생산 기회비용은 취업자 1인당 부가가치 생산액을 사용하고 소비 기회비용은 1인당 소비 지출액 자료를 활용해서 추정한다.

[표 5-1] 공무원 시험의 경제적 순기회비용

구분	비용 및 지출액 (억 원)	추정방식
경제적 순기회비용	171,430	역기능적 기회비용 – 순기능적 지출
역기능적 기회비용	217,690	생산 및 소비 기회비용
– 생산 기회비용	154,441	공무원 수험생 수× 취업자 1인당 부가가치 생산액
– 소비 기회비용	63,249	공무원 수험생 수×1인당 소비 지출액
순기능적 지출	46,260	공무원 수험생 소비 지출
– 소비	46,260	공무원 수험생 수× 공무원 수험생 1인당 평균 비용

자료: 현대경제연구원(2017). 〈공시의 경제적 영향 분석과 시사점〉, 현대경제연구원, p.6.

2015년과 2016년도 통계 자료를 바탕으로 기회비용을 추정한 결과에 따르면, 역기능적 기회비용 생산 기회비용 + 소비 기회비용 은 21조 7,690억 원이고 순기능적 지출은 4조 6,260억 원이다. 따라서 공무원 시험의 경제적 순기회비용은 이 두 값의 차인 17조 1,430억 원이다.[11] 이는 공무원 시험과 관련된 평가시장의 규모를 살펴볼 때 기회비용까지 고려한다면 17조 1,430억 원을 추가해야 한다는 의미이다. 공무원 시험에 한정된 기회비용이지만, 여러 평가 관련 기회비용을 고려한다면 평가시장의 규모가 단순히 눈에 보이는 규모 이상일 수 있다는 점을 알 수 있다. 물론 기회비용을 추정하는 데는 한계가 있다. 경제적 분석을 위한 기본 전제 또는 가정의 현실성 문제인데, 예를 들면 현재 공무원 수험생이 모두 취업이 가능하다는 전제나 취업자의 나이와 상관없이 1인당 부가가치 생산액이 동일하다는 가정 등이다.[12]

가격과 평가시장

평가'시장'으로 표현한다는 점에서 평가 역시 시장의 기본 속성을 지닌다. 일반적으로 시장의 작동에는 크게 네 가지 기본 속성이 존재한다. 가격, 경쟁, 자유, 계약이 그것이다.

시장에서 가격은 신호 signal 역할을 한다. 사람들 간 행동은 약속된 신호에 반응하면서 이루어지는데 시장에서는 그 신호가 바로 가격이다. 가격에 따라 생산자와 소비자가 반응하면서 행동 거래 하는 곳이 시장이다. 반응의 형태는 주로 사고파는 의사결정으로 나타난다.[13] 물론 가격이 항상 신호 역할을 하는 것은 아니고 가격 이외에 신호 역할을 하는 다른 요소 개인의 선호, 취향, 관습 등 도 있으나, 기본적으로 시장이 작동하는 데 많은 영향을 미치는 것은 가격이다. 시장에서는 언제나 가격이 존재한다. 마이클 샌델의 말처럼 돈으로 살 수 없는 것도 돈으로 살 수 있게 가격을 매긴 곳이 시장이다.[14]

평가할 때는 평가와 관련된 비용이 들고 이 비용이 가격으로 형성되어 평가하는 사람과 평가받는 사람의 반응을 이끌어 낸다. 평가하는 사람은 일정한 대가 및 보상을 받으며 평가를 한다. 그 대가 및 보상은 가격으로 형성되어 평가자에게는 수입이 된다. 평가를 할 만한 위치에 있는 사람은 평가에 대한 전문성 제공 대가와 시간 사용에 대한 보상의 성격으로 사전에 형성되어 있는 가격만큼 돈을 받는다. 단적으로 감정평가사를 생각해 보면 이해가 쉽다. 감정평가사는 평가를 할 수 있을 정도의 전문성을 쌓았던 과거 노력과 투자 시간, 그리고 평가를 하면서 직접적으로 소요되는 전문지식과 시간에 대해 돈을 받는다. 어떤 평가자가 일정한 대가를 받아야 평가를 해 줄 수 있다고 말한다면, 그 사람은 스스로 자신의 전문성과 시간 투자에 대한 가격을 정해 놓은 것이다. 감정평가사 외에도 면접위원으로 참여하는 사람이나 기관, 정책 평가를 하는 평가자 등이 모두 여기에 해당한다.

이런 예도 있다. 중요한 평가를 앞둔 어떤 기관이 그 평가를 최초 설계할 때 참여했던 사람에게 비공식적으로 사전 평가를 의뢰한 적이 있었다. 여기서 사전 평가는 일종의 컨설팅을 말한다. 그 사람은 일정 정도의 사전 평가를 해 주는 대가로 특정 가격대를 제시했다. 자신의 전문성과 시간 사용을 가격으로 제시한 것이다. 흥미로운 점은 그 사람이 사전 평가를 해 준 효과는 거의 없었다고 한다. 실제 평가에서는 별로 도움이 되지 않았다. 이는 평가시장에서 형성되는 가격이 고전 경제학에서 말하는 것처럼 언제나 다수의 공급자와 수요자 간 보이지 않는 손에 의해 형성되는 가격이 아니라는 점, 또 평가자 스스로의 판단에 따라 가격을 제시하기 때문에 그 가격이 반드시 적절하거나 합리적이라고 할 수는 없다는 점을 보여 준다.

평가자의 임의적 가격 결정과는 달리 고정적 가격도 있다. 평가하는 업무를 담당하는 사람은 그 사람이 받는 봉급이나 수당 속에 평가를 하는 가격이 책정되어 있는 것이나 마찬가지다. 학생을 교육하고 평가하는 사람이 이에 해당한다. 교사는 행정업무도 하지만 기본적으로 학생을 교육하고 평가하는 일을 하면서 경제활동을 한다. 평가를 주요 업무로 다루는 평가 관련 공공기관의 직원도 마찬가지다.

그런데 평가를 하고 일정한 돈을 받는 것은 제도적 평가에 해당하는 것일 뿐 일상적인 평가에서는 그 반대의 현상이 나타나기도 한다. 평가를 하는 사람에게 오히려 비용이 발생하는 것이다. 비록 가시적이고 구체적인 가격으로 비용이 인식되는 것은 아니지만, 제도적 평가를 하는 주체와 달리 일상적 평가에서는 평가자가 평가를 할 때 비용이 발생한다.

남자친구나 여자친구의 머리 스타일을 평가하는 것에 가격이 형성되어 있지는 않지만, 평가를 할 때 일정 부분 비용이 발생한다. 평가하는 찰나의 순간이라고 해도 에너지와 시간이 소모된다. 신경을 쓰는 것과 같은 인지적 소비가 일어나는 것이다. 일상적 평가는 그 정도가 크지 않거나 일상의 하나로 여겨져서 비용으로 인식되지 않고 또 잘 보이지 않을 뿐이다.

비용이 든다고 해서 모두 가시적인 가격으로 나타나는 것도 아니고, 그 정도는 감안할 수 있거나 아니면 비용으로 인식하지 못할 정도의 상황에서 나타나는 경우가 많다. 술자리나 일반 모임에서 별로 유용하지 않고 시시콜콜하게 정치 등에 대한 평가만 늘어놓으면 그 자리에 앉아 있는 시간이 지루하다. 지루하다는 것은 생산적 시간이 아니므로 비용이 될 수 있는데, 그렇다고 얼마의 손해를 보았다고 말하지는 않는다. 하지만 공통된 약속으로서 공유된 신호는 아니더라도 비용은 언제든지 가격으로 책정할 수 있다. 기회비용 개념을 활용하면 충분히 가능하다. 다만 그렇게 하지 않을 뿐이다. 따라서 평가를 하는 주체는 평가를 하면서 경제적 이득을 획득할 수도 있고, 반대로 비용을 치르는 경우도 존재한다. 이 모두 공식·비공식 또는 암묵적 형태의 가격이라는 신호를 통해 이루어진다.

경쟁과 평가시장

경쟁도 시장 작동을 위한 기본이 된다. 경쟁이란 우위 확보 노력을 의미한다. 상대방과의 관계에서 우위를 확보함으로써 생기는 효용 utility을 극대화하기 위한 노력이 경쟁이다. 쉽게 말해 다른 사람보다 더 앞서 가기 위해 하는 제반 행위로써 상대를 전제한 상태에서 상대보다 더 낫기 위한 노력의 일환이다.[15] 그래서 상대가 없다면 경쟁이 성립할 수 없다. 시장에서는 많은 사람들이 경제적 가치 획득을 위해 노력하는데, 한정된 자원에서 경제적 가치를 획득할 수밖에 없어서 불가피하게 경쟁이 발생한다. 물론 협력해서 한정된 자원을 이용할 수도 있다. 그러나 오해하지 말아야 할 점은 경쟁한다는 것이 협력하지 않는다는 말은 아니라는 사실이다. 오히려 상대와 경쟁하는 과정에서 또 다른 상대와 협력하는 것이 유리한 경우에는 적극적으로 협력을 하기도 하고, 또 상대와의 협력이 개인의 경쟁력 향상에 더 도움이 된다고 판단되면 더 나은 경쟁을 위한 기회 확대, 경쟁력 제고, 역량 강화 등 전략적으로 협력을 하기도 한다. 따라서 경쟁은 한정된 자원을 두고 경제적 가치 획득을 하려는 많은 사람들이 모여 있는 시장에서 필연적으로 나타나는 현상이다.

평가시장에서도 경쟁이 나타난다. 다른 사람보다 평가를 더 잘 받기 위한 우위 확보 노력을 자주 볼 수 있다. 평가를 받는 사람은 더 좋은 평가를 받기 위한 우위 확보 노력으로 조금 비싸더라도 경쟁적으로 평가에 유리한 수단과 방법을 찾는다. 수단과 방법은 비용이 들기 마련인데, 더 좋은 평가를 위해서는 기꺼이 감수한다. 승진에 중요한 영향을 주면서 그 결과가 퇴직으로까지 이어지는 평가라면 많은 사람들이 적극적으로 평가 경쟁에 가담할 것이다. 기본적으로 평가의 결과가 인지적 차별성을 부여하는 것이기 때문에 그 차별성이 상대적

순위나 등급으로 나타난다면 평가를 받는 사람들 간 경쟁은 피할 수 없다.

지금은 많이 나아졌지만 과거 기관평가를 예로 들면, 기관평가가 매우 중요할 경우 평가를 받는 기관에서는 평가위원을 찾아내 경쟁적으로 접근했다. 즉, 다른 기관보다 먼저 평가를 하는 사람이 누구인지 알아내고, 알게 되면 그 사람에게 가장 먼저 접근해서 유리하게 평가받을 수 있도록 다양한 행위를 하는 것이다. 특히 금전을 포함한 다양한 형태의 뇌물이 오가는 경우도 있었다. 불과 15년 전만 해도 이런 경우가 꽤 있었다. 상대평가로 이루어지는 기관평가를 앞둔 어떤 기관이 평가위원을 미리 알아내서 다른 기관보다 더 좋은 평가를 받기 위해 위법 소지가 있는 거래를 해당 평가위원에게 제안한 적이 있다. 또 정부의 심의를 거친 후 순위에 따라 정부지원금을 받는 경우에도 심의위원을 미리 포섭하여 상대적으로 더 좋은 심의^{평가}를 받아서 경쟁하는 다른 기관보다 더 많은 지원을 받으려고도 했다.

우리의 일상생활에서도 평가시장에서 나타나는 경쟁 사례를 쉽게 찾을 수 있다. 초·중·고 학생이 이용하는 학원도 그렇지만, 특히 미래와 꿈 그리고 직업과 직접 관련되어 있는 공무원 시험을 준비하는 학원에서 더 많이 나타난다. 공무원 시험은 상대적인 점수^{매년 결정되는 커트라인}에 따라 당락이 결정되기 때문에 무조건 좋은 점수를 받아야 한다. 공무원 필기시험 합격자를 대상으로 면접시험을 진행하는

데, 구조적으로 필기시험을 잘 본 사람이 유리하다. 그래서 수험생은 필기시험에 사활을 건다. 수험생은 공무원 시험에 가장 도움이 되는 학원이 어디인지 그리고 어떤 강사가 좋은지 찾아야 한다. 학원과 강사를 선택했다면 원하는 시간대에 수업을 들어야 하기 때문에 수강신청부터 경쟁이 시작되는데, 더 치열한 것은 강의 시간에 좋은 자리를 선점하는 일이다. 학원이 문을 열기도 전에 줄을 서서 기다리는 풍경은 평가를 대비하기 위한 치열한 자리 경쟁을 보여 준다.

내신이나 입시 등 시험을 준비하는 대부분의 초·중·고 학생도 다양한 형태의 경쟁을 하는데, 공무원 수험생과는 조금 다른 모습을 보인다. 부모가 경쟁에 참여하는 것이다. 부모가 직접 좋은 학원을 알아보고 좋은 강사를 고른다. 필요하다면 아주 유능한 과외 교사를 선점해서 내신과 입시를 포함한 자식의 평가를 준비시킨다. 이 과정 역시 경쟁적으로 이루어진다. 자신의 자식이 더 좋은 평가를 받기 원하는 마음에서 모든 정보를 공유하지는 않는다. 학부모 모임에서 눈치를 보면서 적극적으로 정보를 획득하기도 하고 다른 집 자식이 어떤 방법으로 공부하는지 귀 기울이기도 한다. 아닌 척, 괜찮은 척하면서도 자신의 자식이 우위를 확보할 수 있도록 적극적인 노력을 하는 것이다. 그렇게 하지 않으면 불안하고, 때로는 자식에게 죄책감을 느끼는 부모도 있다고 한다. 이는 내가 내 자식을 위해 남들 못지않게 얼마나 노력을 보였는가를 경쟁하는, 이른바 부모의 '노력 경쟁'이다.

한국교육개발원이 2019년도에 실시한 여론조사 결과에 따르면, 자녀에게 사교육을 시키는 가장 큰 이유는 '남들보다 앞서 나가게 하려고'가 24.6%로 가장 많았고, '남들이 하니까 심리적으로 불안하기 때문에'가 23.3%로 그 뒤를 이었다.[16]

자유와 평가시장

시장은 자유로운 개인들의 경제활동으로 이루어진다. 시장에서 활동하는 행위자들은 자유로운 주체로 가정된다. 강제나 강압에 의한 것이 아니라 스스로 자유롭게 시장에서 판단하고 선택한다. 자유에 기초한 인간의 행동이 자유로운 경제활동으로 구현되는 곳이 시장이다.[17] 평가시장도 그렇다. 평가 자체는 권력행위로 인해 타율적일 수도 있다. 4장에서 살펴봤듯이 자명성에 기반한 권력행위는 오히려 자율적으로 타자가 평가를 받는 것이지만, 강제나 강압에 의한 평가권력의 작동도 여전히 존재한다.

여기서는 평가시장에 초점을 두기 때문에 평가와 평가시장을 구분해야 한다. 평가는 권력적이어서 자명성에 기초하든 강압적이든 모두 가능하지만, 평가를 중심으로 평가하고 평가받는 등의 행위는 기본적으로 자유롭다. 자유를 기반으로 하는 사회라면 설사 맡은 업무가 평가하는 일이라서 일의 책무가 강제적 성격을 지녔다고 해도 그 일을 선택한 것은 직업 선택의 자유에 의한 것이다. 따라서 평가시장에서 평가를 둘러싸고 이루어지는 평가 관련 행위는 시장의 행위자들처럼 자유롭게 이루어진다.

사교육 문제를 해결하기 어려운 이유 중 하나가 평가를 준비하는 사람에게 주어진 자유 때문이다. 자유로운 재산권 행사가 보장되고 자유롭게 경제활동을 하는 사회에서 개인의 소비활동을 직접 통제하는 것은 쉬운 일이 아니다. 평가를 잘 받기 위해 자신의 돈을 합법적으로 쓰겠다는 데 문제될 것은 없다. 물론 사교육 비용에 대한 거래 제한이나 생산 제한 등 _{학원 운영 시간 제한 등} 으로 간접 통제는 가능하지만, 직접 개인이 자신의 주머니에서 돈을 꺼내서 소비하는 활동을 막기는 어렵다. 위법이 아닌 이상 어떻게든 원하는 것을 쟁취하기 위해 돈을 쓸 수 있다. 얼마큼의 돈을 쓰는가는 개인의 자유이다. 그렇다 보니 정규 교육 이외에 소비하는 사교육 비용이 만만치 않게 된 것이다.

실제로 한국교육개발원이 2019년도에 실시한 여론조사 결과에서 자녀의 사교육 비용이 가계에 얼마나 부담이 되는지 묻는 질문에 초·중·고 학부모 833명 중 94.5%가 부담된다 _{매우 부담된다＋다소 부담된다} 고 응답했다.[18] 더 좋은 평가결과를 위해 개인이 자유롭게 평가 준비를 하기 때문에 평가에 따라 상대적인 비교를 하면 할수록 사교육비 부담은 더 늘어날 수 있다.

평가를 받는 사람 입장에서 평가를 더 잘 받기 위해 자유롭게 행동하는 것 이외에도 평가를 받을 것인가 말 것인가 결정하는 자유도 존재한다. 물론 업무의 일환으로 평가를 받아야만 하는 경우는 해당하지 않는다. 이 역시 앞서 언급한 것처럼 일의 특성상 평가를 해야만 하는 업무를 맡은 사람의 경우와 같이 평가를 받아야만 하는 업무를 맡고 있는 사람 역시 직업 선택의 자유에 따른 것이다. 즉, 어쩔 수 없이 평가를 받을 수밖에 없는 사람 역시 스스로 선택한 일의 일환이므로 여기서 말하는 평가를 받을지 말지 결정하는 자유와는 다르다. 다만 평가지배사회로 불리는 현대 사회에서는 각종 기회, 인정, 인증, 자격 등의 선행요건으로 평가라는 장치가 존재하는 것이 현실이다. 기회를 얻기 위해, 인정을 받기 위해, 인증을 획득하기 위해, 자격을 취득하기 위해 평가를 받을 것인지의 여부를 결정한다. 평가를 받기 싫으면 받지 않으면 된다. 다만 그렇게 하면 기회를 얻지 못하고, 인정을 받지 못하고, 인증을 획득하지 못하고, 자격을 취득하지 못할 뿐이다. 기본은 자유이다. 평가를 전제_{선행조건}로 하는 각종 인센티브가 매력적이어서 다소 반강제적으로 또는 거의 강제적인 느낌으로 평가를 받는 것이지, 그 평가가 강제적인 것은 아니다.

예를 들면 대학구조개혁과 연계한 정부의 재정지원이 그렇다. 학령인구 감소가 심각해지기 시작한 이래로 정부는 대학교 입학 정원을 줄이기 위해 다방면으로 노력하고 있다. 처음에는 각 대학을 일률적으로 평가해서 그 결과를 토대로 정원 감축을 시행했다. 그러나 대학들의 반발이 심해져서 다른 방법과 병행하기로 수정하게 된다. 정부가 재정지원을 하는 사업에 참여하면 재정지원을 받는 대신 일정 정도의 정원을 감축하도록 하는 것이다. 재정지원사업 계획서를 제출하면 평가위원들이 사업의 타당성 등을 평가해서 재정지원 여부를 결정하면서 동시에 정원 감축을 연계하는 것이다. 대학은 선택해야 한다. 정부로부터 재정지원을 받고 싶으면 평가를 받는 것이고, 평가받기를 원하지 않으면 재정지원을 받지 않으면 된다. 자유롭게 선택할 수 있다. 정부의 재정지원이 필요 없을 정도로 충분한 재정이 확충되어 있는 대학은 굳이 평가를 받을 필요가 없다. 우리나라 등록금 최상위 그룹에 속하는 A대학의 한 교수는 사적인 모임에서 이런 말을 했다. "정부의 재정지원이 없어도 우리 대학은 별로 상관없기 때문에 가능하면 우리는 대학구조개혁평가나 재정지원사업을 위한 평가를 안 받으려고 합니다."

평가를 하는 행위도 자유롭게 이루어진다. 직업 선택의 자유가 전제된 업무상 평가를 하는 행위 이외에도, 평가를 할 것인지 말 것인지는 당사자가 결정한다. 제도적 평가의 경우 전문가로 불리는 평가위원에 의해 평가가 이루어진다. 그렇다면 평가위원은 어떻게 구성될까? 우선 평가위원은 개인의 자유로운 선택에 따라 이른바 평가위원 인력풀 人力pool 에 포함된다. 평가를 하겠다는 의지에 따라 인력풀에 평가위원으로 등록하면 평가 수요가 있을 때 평가위원의 의사를 묻고 평가할 수 있는 자격을 부여한다. 평가하기 싫은데 평가를 하게 하는 것이 아니라, 스스로 자유롭게 선택해서 평가를 하는 것이다.

일상적 평가는 더 자유롭다. 가볍게 타인을 평가할 때는 아는 사람이든 모르는 사람이든 자유롭게 평가한다. 남을 헐뜯는 행위인 뒷담화도 다른 사람을 평가하면서 주로 이루어지는데, 이 역시 자유롭게 한다. 뒷담화를 하지 말라고 충고할 수는 있어도 억지로 말릴 수는 없다. 누군가 내 앞에서 다른 사람의 인성, 태도, 외모 등을 평가한다면 그는 또 다른 사람에게 나에 대해 똑같이 평가할 것이므로 그런 사람은 피하는 것이 상책이라는 말도 결국 평가_{뒷담화}하는 사람의 자유를 말하는 것이다. 내가 조심할 뿐이지 그 사람이 뒷담화하는 자유를 꺾을 수는 없다. 음식을 맛보며 평가하는 것도, 영화를 본 후 평가하는 것도 모두 자유이다. 싸움이 생길 수 있고 갈등이 생길 수 있어서 서로 조심하고 예의를 지키며 말하는 것일 뿐 기본적으로 일상적 평가는 자유롭게 이루어진다.

그렇다면 이런 경우는 어떨까? 과제로 평가받는 과목을 선택한 학생에게 어떤 것에 대해 평가하라는 과제가 주어진다면? 예를 들어, '한국의 공무원 임용 제도에 대해 평가하시오.'라는 과제가 있다고 하자. 여기서는 평가를 받는 사람과 평가를 하는 사람이 동일인이다. 과제를 수행하는 것은 평가를 받는 것인데, 평가를 받는 방법은 다른 것에 대한 평가를 통해서이다. 이때도 평가를 하는 사람의 입장에서는 자유롭다. 공무원 임용 제도에 대해 평가하기 싫으면 하지 않아도 된다. 다만 낮은 학점을 받을 뿐이다. 선택과 책임의 문제이므로 자유롭게 결정하면 된다. 이런 자유 기반의 결정은 가치관의 문제와 맞물려 있기도 하다.

계약과 평가시장

시장은 사람들 간 관계 맺음으로 이루어지는 곳이므로 서로 약속이 오간다. 약속은 신뢰를 기반으로 미래를 공유하는 행위이다. 시장에서는 흥정과 타협으로 순간에 종결되는 거래가 있는가 하면 약속을 통해 비교적 긴 기간 서로 믿으며 미래를 공유하기도 한다. 돈은 지금 지불하지만 지금 당장 물건을 인도하는 것이 아니라 시간이 흐른 뒤 인도하는 것이다. 이런 행위를 계약이라고 한다. 계약은 일종의 약속으로, 사람들이 이전에 존재하지 않았던 의무를 약속에 따라 스스로 부과한 결과에 해당한다. 물론 모든 약속이 계약은 아니지만, 일반적으로 계약의 형태를 지닌 약속에는 구속력이 존재한다. 단순히 친구들끼리 하는 약속과는 조금 다르다.[19]

평가시장에서 평가도 계약을 통해 이루어진다. 주로 제도적 평가가 그렇다. 평가를 하는 사람과 평가를 받는 사람은 구속력을 지닌 약속인 계약을 맺은 후 평가를 실행한다. 어떤 기관이 평가를 하는 업무를 맡고 있을 때, 평가위원은 자체적으로 내부에서 선정하기도 하지만 전문성과 객관성을 높이기 위해 오늘날 거의 대부분의 경우 외부에서 평가위원을 초빙한다. 제도적 평가로서 업무평가나 기관평가 그리고 면접시험과 같은 채용을 위한 평가에서도 외부 평가위원을 초빙한다. 외부 평가위원은 평가 주관기관과 일종의 계약을 맺는다. 평가를 하는 대가로 지급받는 금액으로 계약을 맺어서 평가를 담당하게 된다. 어떤 조직에서는 혁신과 개혁을 위해 외부 평가전문가 집단에게 조직 진단과 평가를 맡기기도 하는데, 이때도 일종의 용역 계약을 한다. 최근에는 기업뿐만 아니라 공공조직 등에서도 CS customer satisfaction 를 강조하면서 직원의 친절도 평가를 외부 평가전문가에게 많이 맡기고 있다. 이때도 역시 용역 계약 형태로 진행된다.

주로 제도적 평가에서는 입찰 방식을 통해 계약을 맺는다. 정부 영역에서 필요한 조달을 할 때를 예로 들면, 계약은 일반경쟁에 부쳐 진행된다. 불특정 다수의 입찰희망자가 경쟁입찰에 참가하도록 해서 가장 유리한 조건을 제시한 사람과 계약을 체결하는 것이 일반경쟁이다. 이와는 약간 다르게 참가자의 자격을 제한하거나 지명해서 경쟁에 부치기도 한다. 제한경쟁과 지명경쟁이다.[20] 경쟁에 기초한 이러한 방식과는 달리 경쟁입찰에 부치지 않고 특정 상대를 선정해서 그 사람과 계약을 체결하는 수의계약 방식도 있다. 기본적으로 계약은 경쟁입찰을 통하고, 수의계약은 주로 특수한 목적을 위해 예외적으로 인정한다.[21] 이처럼 방식은 다소 다를 수 있지만, 평가시장에서 여러 평가는 계약을 통해 이루어진다.

평가시장의 기술혁신과 자동화 시스템

시장은 효율성을 중요한 가치로 삼는다. 투입 대비 산출의 비율이 높은 효율성은 시장의 경제적 가치를 극대화하기 위한 하나의 지침이 되기도 한다. 자원은 유한하고 희소하다는 기본 전제에 따라 효율성을 높이는 것은 사회 전체적인 경제적 부를 높이는 데 기여하기 때문에 비교적 쉽게 정당성을 얻는다. 따라서 사람들은 다양한 방법으로 효율성을 높이기 위한 노력을 해 오고 있는데, 기술 활용은 그 대표적인 예이다.

특히 첨단기술은 효율성을 높이는 데 상당히 기여하고 있기 때문에 효율성 향상의 중요한 수단이 되고 있다. 그래서 첨단기술이 발전하면서 시장은 효율성 측면에서 더욱더 적극적으로 여러 기술을 도입하기 시작했다. 조지프 슘페터 Joseph Schumpeter 가 자본주의 사회에서 새로운 부를 창조하는 요인으로 든 창조적 파괴 creative destruction 와 그

창조적 파괴를 이끄는 것이 기술혁신이라고 말한 것도 같은 맥락이다. 새로운 부를 창조하는 것은 경제 질서의 파괴와 재편 등의 창조적 파괴로 가능한데, 이때 중요한 것은 기술혁신 technological innovation 이다. 기술발달에 따라 이루어지는 새로운 시장 개척이나 상품 공급방식 변화 등을 이끄는 모든 계기가 일종의 기술혁신이다. 오늘날에는 첨단 기술이 동력이 되어 이러한 기술혁신이 다방면에서 일어나고 있다.

자동화는 오랜 역사를 지닌 기술혁신의 하나에 해당한다. 조직관리 역사에서 고전에 해당하는 100여 년 전 프레더릭 테일러 Frederick Taylor 의 과학적 관리법 scientific management 도 기술혁신의 하나인 자동화를 주요 원리로 해서 효율성 가치를 중시한 결과였고, 최근 활발한 연구와 논의가 이루어지고 있는 인공지능도 시장의 효율성 향상을 위해 고차원적인 자동화 등에 활용할 수 있어서 각광받고 있다. 그래서 과거부터 오늘날까지 시장에서 자동화 시스템은 도입 당시의 비용은 적지 않지만 도입 후 절감되는 비용이 더 크다는 점에서 효율성 향상의 핵심 장치로 다양한 분야에서 활용되고 있다.

평가시장에서도 비용절감과 같은 효율성을 높이기 위해 자동화 시스템이 도입되어 있다. 우리가 가장 쉽게 접할 수 있는 사례가 자동응답을 통한 만족도 평가이다. 예를 들면, 은행에 전화로 상담을 하고 나면 얼마 지나지 않아 ^{빠른 곳은 약 10여 분 이내} 곧바로 다시 전화가 걸려온다. 그리고 이러한 기계음이 들린다. "보다 나은 서비스를 위해 실시간 고객 평가를 받고 있습니다."라며 조금 전에 상담한 상담원과 그 내용에 대해 만족도 평가를 해 달라고 한다. 자동차 서비스센터에서 서비스를 받은 후에도 비슷한 자동응답 만족도 평가 전화가 걸려 온다. 기업이나 업체 입장에서 이 평가결과는 피드백을 통해 더 나은 고객 만족과 서비스 개선을 하는 데 중요한 정보가 되어 궁극적으로는 이윤 향상에 기여할 것으로 기대된다. 이를 만일 직원이 일일이 한다면 해당 직원에 대한 보수 등 비용이 적지 않을 것이다. 반면에 자동응답 서비스는 이러한 비용을 상당히 절약해 주고, 평가결과도 전산 시스템으로 자동 집계되므로 훨씬 수월하다.

여기에 더해 고객과 했던 상담 내용을 분석해서 상담 품질을 향상시키는 데 기여할 것으로 기대되는 '상담 품질 자동평가 시스템'도 있다. 우리나라의 한 은행에서 서비스 수준 향상과 직원 역량 강화를 위해 도입한 시스템으로, 매일 4만 건 이상 발생하는 고객 전화상담 내용을 평가하고 있다. 이 시스템 구축 이전에는 은행의 자체평가팀에서 녹취한 상담 내용을 샘플링해서 상담 품질을 평가했다. 이 은행은 이 시스템을 통해 상담 품질을 측정하는 16개 주요 항목에 대해 상담 직후 신속하게 품질을 평가하고 모니터링할 수 있게 되었다고 한다.[22]

자동화 기반의 평가 시스템은 평가업무에 활용되며 경제적 이윤 창출에 기여하지만, 한편으로는 이러한 시스템을 만드는 업체는 나름대로 경제적 이윤을 창출한다. 평가시장의 부수적 시장이 되는 것이다. 실제로 은행의 상담 품질 자동평가 시스템 이외에도 교육 분야에서도 이러한 평가 시스템을 개발하는 업체들이 등장하고 있다. 영어 문장의 문법과 어휘 응집성 등을 측정하는 '영어 작문 자동평가 시스템'도 있고,[23] 학습자가 주어진 문제를 해결하는 알고리즘을 작성한 후 그것이 정확한지, 그리고 시간적으로 효율적인지를 확인할 수 있는 '알고리즘 자동평가 시스템'도 있다.[24] 영어 작문 자동평가 시스템의 경우 수동평가와 유사한 정도의 신뢰성을 보이는 것으로 나타났고, 알고리즘 자동평가 시스템의 경우 전통적인 교수·학습 방법에 비해 프로그래밍 학습에 더 효과적인 것으로 나타났다. 또한 대학에서 과제를 자동으로 평가해 주는 시스템도 등장하고 있고, 논문 표절 방지를 위한 '논문 유사도 평가 시스템'도 이미 널리 활용 중이다.

정부영역에서도 자동화 평가 시스템을 도입하고 있다. 예산절감은 물론이고 부정에 따른 예산낭비를 방지하기 위한 목적이다. 한 예로, 1970년대 미국 뉴욕주는 복지수급자 적격 여부를 평가하는 디지털 도구인 복지관리 시스템을 만들어 적용했는데, 그 비용은 당시 돈으로 8,450만 달러였다. 이 시스템은 뉴욕주가 일렉트로닉 데이터 시스템즈Electronic Data Systems와 계약을 맺어 만든 것으로, 목적은 부적격 수급자, 복지행정의 부실 관리와 사기 등을 줄이기 위함이었다. 실제로 이를 통해 부정수급자 수는 상당히 줄어들었다.[25] 이와 유사한 형태의 컴퓨터 기반 자동화 시스템은 1970년대 이래로 미국의 여러 주에서 도입되었다. 물론 이에 대해서는 부정수급 방지를 통한 비용 절감 효과와는 달리 비판적 의견도 존재한다. 자동화되고 알고리즘적인 접근법이 가난한 이들에 대한 부정적 인식을 전제로 하고 있다는 점과 자동화 시스템을 활용하기 위한 지나친 정보 수집과 그에 따른 감시와 처벌 중심의 부작용 등이 발생한다는 점이다. 이러한 비판은 충분히 가능하지만 시스템을 개발하는 업체들에게는 기술 시스템이 생산되고 거래되는 하나의 시장으로 존재하고 있는 것이 사실이다.

이 외에 정부의 각종 심사나 평가 및 심의도 민간업체가 개발한 기술 시스템 등을 적극 활용하고 있다. 그래서 과거에는 여러 평가업무에서 평가위원이 종이 심사지에 평가를 하곤 했는데, 최근에는 전산 시스템에 곧바로 입력하도록 하는 경우가 대부분이다. 공인영어시험도 과거 종이시험에서 이제는 전산 시스템을 통해 치러지고 있다. 전산 시스템을 통해 고객의 구매 패턴을 평가해서 고객 맞춤형 상품소개를 하는 쇼핑 업체도 많다. 이렇게 평가 분야에서 첨단기술을 활용한 평가 시스템을 도입하는 것은 비용절감 효과도 있고 공정성도 높이며 점수 산정 시 시간 절약 등의 효과도 있어서 그 정당성을 인정받아 널리 활용되고 있다. 그래서 이러한 시스템을 만드는 업체들에게는 이미 하나의 시장이 형성되어 있다.

자동화 기반의 평가 시스템은 평가시장에서 데이터 흐름과 활용도를 높인다는 점에서 중요한 역할을 한다. 평가는 평가항목별로 이루어지는데, 이때 각 항목별 점수 부여는 항목별 해당 실적에 대한 근거자료를 바탕으로 이루어진다. 쉽게 말하면 증빙자료가 있어야 점수 획득이 가능하다. 어떤 기관의 고객만족도 향상을 평가한다고 할 때, 그 기관이 작년보다 고객이 만족하는 정도가 높아졌다고 말로만 하기보다는 실제 고객만족도 조사를 한 결과를 증빙자료로 제시한다. 그 증빙자료를 보고 평가를 진행하는 것이다. 정부가 몇몇 마을에 공동체를 활성화하는 데 사용할 수 있는 재정을 지원하는 사업의 경우도 마찬가지다. 지원에 응모한 마을을 대상으로 공동체를 활성화할 수 있는 역량을 평가해서 지원 대상을 결정하는데, 이때 그 역량을 보여줄 수 있는 실적이나 관련 증빙자료가 있어야 한다.

결국 평가를 한다는 것은 평가항목에 대한 점수 획득을 위한 관련자료가 필요하다는 말이고, 이는 곧 관련 실적 데이터가 필요하다는 뜻이다. 평가와 관련된 기술 시스템은 바로 이 데이터의 흐름과 활용도를 높이는 데 기여한다. 평가와 관련된 것에 국한되지 않고, 일반적으로 시장이 제 기능을 발휘하려면 데이터가 막힘없이 유통되어야 하고 그 데이터를 이용해서 의사결정을 내릴 수 있도록 해야 한다.[26] 평가 시스템은 바로 이러한 점에서 평가에 필요한 데이터의 흐름과 활용도를 높여 줌으로써 비용절감은 물론이고 접근성 향상 등을 통해 평가시장이 원활히 작동하는 데 기여한다.

평가시장에서 기술혁신은 다양한 측면에서 계속 이루어지고 있다. 평가시장에서 효율성을 높이는 차원에서 새로운 시스템을 도입하거나 지속적으로 업그레이드하면서 경제적 가치 창출을 높이고 있고, 이러한 시스템을 생산하는 업체는 시스템을 상품으로 하는 시장을 형성하고 있다. 그리고 평가의 기술 시스템은 데이터의 활용도를 높여 시장의 기능을 더 원활히 하도록 돕고 있다.

미주
IIIIIIIIIIIIII

1 마이클 샌델, 안기순 옮김(2012).《돈으로 살 수 없는 것들》, 와이즈베리.

2 오수호. 〈고액 입시 학원 고강도 세무조사〉,《KBS 뉴스》, 2015. 10. 13.

3 이미연. 〈정시 확대 방침에 학원가 북적…대치동 대입학원만 445곳〉,《매일경제》, 2019. 12. 5.

4 김기만. 〈정시확대·실적개선…메가스터디교육 고공행진〉,《한국경제》, 2020. 1. 23., A22면.

5 김은영. 〈대치동 학원비 할인도 챙긴다…백화점 VIP 쟁탈전〉,《조선일보》, 2019. 9. 17.

6 박상욱. 〈운명 달린 '입소문'? 학원끼리 '댓글 비방전'도…손 놓은 당국〉,《JTBC 뉴스룸》, 2019. 1. 16.

7 이재영. 〈'공무원 열풍'에 한국사능력검정시험 응시자 13년 만에 33배↑〉,《연합뉴스》, 2019. 12. 17.

8 이강은. 〈2019 수능 출제비용 '245억 원'… 수능 도입 이래 역대 최대〉,《세계일보》, 2018. 11. 15.

9 김성휘·진상현·김태은·지영호. 〈여론조사의 정치학〉,《머니투데이》, 2016. 1. 15.

10 이오성·이상원. 〈'아님 말고'식 여론조사 주범은 선거용 '떴다방'〉,《시사IN》, 2016. 5. 11.

11 현대경제연구원(2017). 〈공시의 경제적 영향 분석과 시사점〉, 현대경제연구원.

12 위의 글.

13 김민주(2019).《공공관리학》, 박영사, p.127.

14 마이클 샌델, 안기순 옮김(2012).《돈으로 살 수 없는 것들》, 와이즈베리.

15 김민주(2019).《공공관리학》, 박영사, p.129.

16 한국교육개발원(2019).《한국교육개발원 교육여론조사(KEDI POLL 2019)》, 한국교육개발원.

17 김민주(2019).《공공관리학》, 박영사, p.131.

18 한국교육개발원(2019).《한국교육개발원 교육여론조사(KEDI POLL 2019)》, 한국교육개발원.

19 김민주(2019).《공공관리학》, 박영사, p.133.

20 김민주(2019).《재무행정학》, 박영사, p.307.

21 위의 책, p.309.

22 정상연.〈콜센터 상담 품질 자동평가 은행권 최초로 시스템 구축〉,《동아일보》, 2019. 10. 28.

23 김동성·김상철·채희락(2008).〈문법성과 어휘 응집성 기반의 영어 작문 평가 시스템〉,《인지과학》19(3).

24 장원영·김성식(2014).〈알고리즘 자동평가 시스템의 개발 및 적용: 프로그래밍 학습 효과 분석〉,《컴퓨터교육학회논문지》17(4).

25 버지니아 유뱅크스, 김영선 옮김(2018).《자동화된 불평등》, 북트리거, p.64.

26 빅토어 마이어 쇤베르거·토마스 람게, 홍경탁 옮김(2018).《데이터자본주의》, 21세기북스, p.25.

6장

호모 이밸루쿠스의 운수 좋은 날

homo evalucus

운, 다시 생각해 보기

"난 정말 운이 좋았어." 평가에서 좋은 결과를 얻은 사람이 이런 말을 하는 경우가 있다. 겸손의 표현일 수도 있지만 정말 운이 좋았을 수도 있다. 흔히 사람들은 '운'을 비과학적인 어떤 결과나 미신 정도로 여긴다. 운은 주로 우연히 일어난다고 믿기 때문에 결과에 대해 설득력 있거나 납득될 만한 설명을 하기가 어렵다. 어쩌다 보니 그렇게 되었다는 의미라서 받아들이고 싶으면 받아들이고 그렇지 않으면 그냥 무시한다.

그럼에도 운이 갖는 영향력은 결코 간과할 수 없다. 일찍이 아리스토텔레스는 의사결정을 할 때는 충분한 숙고가 필요한데, 이때 '운'과 같은 무작위 요인에 대해서도 생각하라고 했다. 운과 대비되는 실력이나 노력으로 모든 것이 설명되지 않기 때문이다. 아래의 글은 성공을 실력, 재능, 노력 등의 결과로만 여기고 운의 역할은 과소평가하는 경향이 있음을 지적하고 있는데, 수치와 논증 등을 중요시하는 통계학과 경제학을 전공한 학자 로버트 프랭크 Robert H. Frank 의 글이라서 더욱 인상 깊다.

시장에서의 경제적 성공이 어느 정도 운에 달려 있다는 가능성에 대해서는 많은 사람이 불편한 기색을 드러낸다. … 성공이란 전적으로 재능과 노력의 결과라고 주장하는 사람이 대부분이었다. 물론 재능과 노력이라는 요소는 정말 중요하다. 하지만 가장 커다란 보상을 차지하기 위한 사회적 경쟁이 너무나 격렬한 우리 시대에 재능과 노력만으로 승리를 보장할 수 있는 경우는 드물다. 오히려 거의 모든 경우에 상당한 행운이 뒤따라야 한다.[1]

운의 영향력을 절대 무시할 수 없다는 말이다. 설명하기 어려운 그 어떤 우연이 내가 이룬 결과에 영향을 주었다는 점은 우리의 경험으로도 이해할 수 있다. 분명 내가 주체가 되어 이룬 것이긴 하지만 전적으로 내가 이룬 것이라고 당당하게 말할 수 있는 것이 얼마나 될까? 누구나 부러워하는 직장에 합격했을 때 그것이 전적으로 나의 실력, 재능, 노력의 결과라고 말할 수는 없다. 실력과 노력이 비슷해도 면접에서 면접위원이 어떤 질문을 하는가 또는 면접위원이 면접대상자의 태도 중 어떤 면을 중요시하는가에 따라 당락은 달라진다. 아주 뛰어난 사람이지만 하필 면접 보러 가는 길에 차 사고를 당해 면접에 불참할 수도 있다. 이런 경우 우리는 '참 운이 없는 사람이네.'라고 생각한다.

실제 이런 사례도 있다. 호주에서는 2016년에 'Do a Bradbury'라는 신조어가 생겼는데 이는 '우연히 이루어 내다'라는 뜻이다. 브래드버리 Bradbury 는 2002년 동계올림픽 쇼트트랙에서 금메달을 딴 선수 이름이다. 그런데 단어의 의미에서 알 수 있듯이 뜻밖에 금메달을 땄다. 이 선수는 애초에 금메달 후보로 전혀 언급되지 않았다. 오히려 당시에 부상을 당해 성적이 부진한 상태였다. 그런데도 금메달을 획득하게 된 과정을 보면 운이 크게 작용했다고 볼 수밖에 없다.

당시 경기 종목은 남자 1,000m였다. 준준결승전에서 2위 이내에 들어야 준결승전에 진출할 수 있는데, 브래드버리는 3위로 들어왔다. 하지만 2위로 들어온 선수가 반칙으로 실격되어 준결승전에 진출한다. 준결승전쯤 되면 세계적인 기록과 수상 경력을 가진 뛰어난 선수들만 남는다. 그런데 준결승전에서 브래드버리는 같은 조의 우수한 선수들이 넘어지는 바람에 2위로 들어와 결승전까지 진출했다. 기량이 더욱 뛰어난 선수들이 결승전에 진출해 있었다. 그렇다 보니 결승전에서 브래드버리는 마지막 바퀴까지 꼴찌였다. 그런데 결승선을 바로 눈앞에 두고 꼴찌였던 브래드버리 앞에 있던 4명의 선수가 모두 넘어지는 바람에 그는 1위로 들어온다. 홀로 결승선을 통과하며 금메달을 획득한 것이다. 이 메달은 동계올림픽에서 호주의 첫 금메달이자 남반구 첫 금메달이라고 한다. 준준결승전부터 준결승전 그리고 결승전까지의 결과는 운으로 밖에 볼 수 없다고 해도 과언이 아니다.

이런 사례도 있다. 한 달 사이에 거액의 복권에 3번 연속 당첨된 경우이다. 미국 버지니아주의 한 부부가 2014년 3월 12일에 당첨확률 500만 분의 1에 해당하는 파워볼이라는 복권에 당첨되어 100만 달러를 받았고, 같은 달 26일에는 픽포라는 복권에 당첨되어 5만 달러를, 그다음 날인 27일에는 즉석복권에 당첨되어 또 100만 달러를 받았다.[2]

이처럼 운이라는 게 설명하기는 어렵지만 엄연한 현실로 존재한다면, 그 영향력을 인지하는 것이 도움이 된다. 운은 설명할 필요 없이 현상 자체를 이해하면 되는 것이다. 영향력이 있음을 인지하는 것이 그 영향력을 이해하는 것이다. 그러나 절대 운에 기대려고만 해서는 안 된다. 그렇게 하면 운에 갇혀 버리는 사람이 되기 때문이다. 때로는 우리 통제가 미치지 않는 현상은 이해하는 것으로 충분하다. 이해하면 하나의 맥락으로 적절히 이용할 수 있다. 따라서 운의 영향력을 인정하면 우리가 하는 행위, 즉 평가와 그 결과를 포함한 여러 행위에 대한 이해를 높일 수 있다. 이와 더불어 운을 인정하고 이해하면 흔히 실패라고 불리는 것에 대해 조금 더 편안하고 너그럽게 생각할 수 있다.[3]

우연에 의한 것은 우리의 인위적 통제를 넘어서기 때문에 어떻게 할수 없는 일이다. 신년이 되면 으레 알아보는 운세와 같은 이미지화된 운이 아니라, 현실에 존재하는 하나의 영향력으로서 운을 다시 생각해 볼 필요가 있다. 평가와 그 결과를 바라보는 관점에서도 그렇다.

운수 좋은 날의 평가

평가에도 운이 영향을 미친다. 시험 공부를 전혀 하지 않아서 객관식 시험지를 받자마자 '찍어서' 답을 적었다고 하자. 그런데 모두 정답이었다면 이것은 분명 실력이 아니다. 시험에서 운이 작용한다는 점에 대해 확률적인 관점에서 접근해 보면 이렇다.

80점을 받아야 합격하는 시험이 있다고 하자. 예상문제는 100개인데 어떤 학생은 이 중 특정한 80개의 문제는 실수 없이 무조건 맞출 수 있게 준비했다. 이럴 경우 선생님이 문제당 1점으로 100문제를 모두 시험문제로 출제하면 그 학생은 80점으로 합격한다. 그러나 만일 선생님이 100문제 중에서 20문제를 무작위로 선택해서 각 문제당 5점으로 출제한다면 상황은 달라진다. 이때는 운이 작용하는데, 학생이 정확히 익힌 80문제 중 몇 문제가 선생님이 출제하는 20문제에 포함되느냐가 중요하다. 통계에 따르면, 이 학생이 75~85점을 받을 확률은 약 67%이고, 90점 이상이거나 70점 이하를 받을 확률은 약 30%이다.[4] 이런 경우 80문제를 정확히 익혔다고 해도 어떤 문제가 출제되느냐에 따라 합격 여부가 달라진다. 정말 운이 좋으면 20문제 모두 학생이 정확히 익힌 80문제 중에서 출제될 수도 있고, 정말 운이 나쁘면 한 문제도 포함되지 않을 수도 있다. 확률값이 보여 주는 대로 운의 가능성이 존재한다.

실제 옆에서 지켜본 사례도 있다. 한 명을 선발하는 시험에서 최종 선발을 앞두고 1, 2, 3순위가 정해졌는데 1순위인 사람이 최종 선발 시험장에 나타나지 않아서 2순위인 사람이 최종 선발된 경우가 있었다. 애초에 이 시험에서 1순위 이외에 2, 3순위는 고려 대상이 아니었다. 그럼에도 불구하고 어쩔 수 없이 2순위인 사람이 운 좋게 선발되었다. 우리가 생각하는 것보다 운에 의한 결과로 말할 수 있는 평가결과가 많다.

평가결과가 운의 영향을 받을 수 있다는 사실은 실험을 통해서도 알 수 있다. 해양학 교수로 일하다 은퇴 후 캘리포니아에서 포도농장을 운영하던 밥 호슨 Bob Hodgson 은 자신의 와인이 어떤 와인 경진대회에서는 금메달을 획득하고 또 다른 경진대회에서는 예선 탈락을 하는 등의 결과를 보고 궁금증이 생겼다. 그래서 와인 감정사가 되어 직접 감정을 해 보았는데 자신 역시 일관성 있는 평가를 내리지 않는다는 것을 깨닫고 감정사를 그만둔다. 이후에 실험을 하나 하는데, 이는 와인 평가가 일관성 없이 이루어진다는 것을 확인하기 위함이었다.

전문가라고 불리는 감정사들에게 동일한 와인을 세 번 제공하고 어떻게 평가하는지를 보았다. 결과는 일관성 없는 평가로 나타났다. 즉, 동일한 와인에 대해 처음에는 높은 점수를 주었다가 나중에 다시 감정했을 때는 아주 낮은 점수를 주는 등 평가의 일관성이 없었던 것이다. 전문가인 그들조차 같은 와인을 감정할 때마다 다르게 평가했다. 4년에 걸쳐 이어진 호슨의 실험에서 일관성 있게 평가한 전문가는 전체의 18%에 불과했다. 이들은 처음에 높은 점수를 준 와인은 다시 감정할 때도 높게 평가했고, 반대로 처음에 낮은 점수를 준 와인은 계속 낮게 평가했다. 그런데 이 일관성을 지닌 18%는 특정한 한 해에 한정되었고, 그 전년도와 그 후년도의 평가에서는 역시 일관성이 사라졌다. 결국 호슨은 와인 경진대회 수상 여부는 운에 달린 것이라는 결론을 내렸다.[5]

음악 경연대회를 대상으로 한 사례분석에서도 평가결과에 운이 작용한다는 점을 증명한다. 클래식 음악 경연대회로 유명한 퀸 엘리자베스 국제 음악 경연대회가 그 사례이다. 이 대회는 평가의 공정성을 위해 여러 규칙을 마련하고 있다. 대회에 참가하는 연주자들은 기존에 전혀 알려지지 않은, 즉 대회를 위해 특별히 작곡된 똑같은 협주곡을 연주한다. 연주 순서는 무작위로 정하고 날짜 배정도 임의로 정한다. 그리고 심사위원은 한 번 점수를 부여하면 수정할 수 없다. 이

대회의 약 40년의 기록 1952~1991년 을 분석한 결과 재미있는 사실이 드러났다. 총 11명의 우승자 가운데 첫째 날에 연주한 사람은 없었고, 둘째 날 연주하고 우승한 사람은 두 명, 마지막 날인 여덟째 날 연주하고 우승한 사람은 한 명, 나머지 여덟 명의 우승자 중 절반은 경연 다섯째 날 연주한 것으로 나타났다.

이러한 결과는 대회의 공정성을 위해 마련한 규칙에서 비롯된 운의 영향 때문이었다. 심사위원들은 한 번도 들어 보지 못한 협주곡을 듣고 평가한다. 그래서 심사를 진행하는 동안 연주자들의 협주곡을 여러 번 들으면서 곡을 이해해 나간다. 심사위원들은 첫째 날 연주하는 사람들보다 그 이후에 연주하는 사람들의 곡을 더 익숙하게 듣게 되고 연주자가 어떻게 표현하는지 등에 대해서도 잘 이해하게 된다. 첫째 날 심사위원들은 곡 해석은 물론이고 곡 자체가 매우 생소하게 들려서 연주자들에게 높은 점수를 주지 않는다. 대회가 진행되면서 심사위원들의 귀도 트이고 평가하는 역량도 높아지면서 점수를 부여하는 모습도 달라진다. 결국 첫째 날 연주하는 사람들에게 불리한 것이다. 설사 첫째 날 어떤 연주자가 정말 잘했다고 해도 혹시 뒤에 연주할 사람들이 더 잘하게 될 경우 점수를 수정할 수 없기 때문에 일단 초반에는 그리 높게 평가하지 않을 가능성도 있다. 또한 대회 후반부에 연주할수록 더 인상적으로 남을 가능성도 높다.

유럽에서 오랜 역사를 자랑하는 유명한 대중음악 경연대회인 유로비전 송 콘테스트 Eurovision Song Contest 도 대회 후반부에 등장한 가수일수록 트로피를 가져갈 확률이 높다고 한다. 그야말로 배정받는 순서에 따른 운이 중요하다는 점을 말해 준다.[6]

어떤 평가자를 만나느냐에 따라 평가결과가 달라지는 경험은 누구나 해 봤을 것이다. 실제로 이탈리아 축구 리그에서 심판들이 경기 후 각 선수에게 부여한 등급에 대해 별도의 전문가들이 분석한 적이 있다. 그 결과를 보면, 한 심판이 높은 등급을 매긴 선수에게 다른 심판들은 형편없는 평가를 내린 경우가 20%나 되었다. 심층 분석을 해 보니 심판들은 대부분의 선수들이 어떤 기량을 발휘했는지 전혀 감을 잡지 못했다.[7] 어떤 심판을 만나느냐가 중요하다면 이는 운이다.

세계적인 피겨 선수인 김연아 선수가 2014년 소치 동계올림픽에서 편파 판정으로 불릴 정도의 평가를 받은 것은 유명한 사례이다. 해당 경기에서 김연아 선수는 실수 없이 월등한 기량을 보인 반면 금메달을 딴 러시아 선수는 김연아 선수와 실력 차이가 확연했다. 그런데 하필 '러시아'에서 열린 올림픽 경기에서, 금메달을 딴 '러시아' 선수 소트니코바가 경기가 끝나고 심사에 참여했던 '러시아' 심판에게 달려가 안긴 장면은 어떤 심판을 만나느냐가 중요함을 새삼 깨닫게 해 주었다. 미국의 피겨 전문 칼럼니스트는 이런 말을 했다. "소트니코바가 피겨 역사상 가장 큰 의문으로 남게 될 심판진의 결정 덕분에 러시아에 최초의 피겨 여자 싱글 금메달을 선사했다." 이 사건 이후 5년이

지난 뒤 당시와 같은 운을 차단하고자 국제빙상경기연맹은 올림픽 등 국제대회에서 상위 5위 안에 드는 선수와 관련된 사람들은 해당 경기에 기술 패널이나 심판으로 참여할 수 없도록 규정을 개정했다.

평가가 운에 좌우될 수 있다는 점은 이론으로도 존재한다. 평가결과는 등수나 순위를 결정하고 그 결정에 따라 수상 여부가 결정된다. 그래서 평가는 의사결정과도 관련이 깊다. 의사결정 과정에 관한 모형 중 쓰레기통 모형 garbage can model은 운의 영향을 설명해 준다. 쓰레기통 모형에서 말하는 의사결정이란 순차적이고 논리적인 의사결정이 아니라 임의적·우연적·무작위적 결정을 말한다. 우리의 의사결정이 마치 쓰레기통의 쓰레기가 이리저리 뒤엉켜 있는 것과 같이 우연에 의해 결정되고, 또 쓰레기통이 일시에 전체가 비워지는 것처럼 의사결정도 지지부진하게 끌어오다가 어느 순간에 우연하게 일시에 해결되어 버리는 경우가 많다는 것이다. 의사결정이 거창하게 대단한 절차나 원칙을 가지고 논리적인 형태로만 이루어지는 것이 아니라는 점을 강조한다.

의사결정자 중에는 의사결정을 할 의제를 정확히 이해하지 못한 사람이 있을 수도 있다. 당연히 그 사람은 논리적인 판단에 따라 의사결정을 하지 못할 가능성이 높다. 또 의사결정을 위해 세 차례 회의를 하는 경우 유독 독특한 의견을 제시하며 다수와 다른 의견을 내곤 했던 어떤 사람이 하필 회의 마지막 날에 참석하지 않았는데 그날 공식적인 결정이 이루어지기도 한다. 반대로 그동안 참석하지 않았던 사람이 마지막 날에 참석해서 그 사람의 의견이 반영된 결정이 이루어지기도 한다. 의사결정이 언제나 논리적이지는 않으며 이처럼 우연하게 결정되는 경우가 많다는 것이 쓰레기통 모형이다. 주로 느슨한 조직에서 이런 경우를 종종 볼 수 있다.[8]

채용을 위한 면접시험에서도 면접위원의 성향에 따라 면접대상자에게 부여되는 평가결과가 다를 수 있다. 그리고 면접위원 중에는 면접위원으로서 책임감 있는 면접을 하는 사람이 있는 반면 채용하는 직무에 대한 정확한 이해 없이 단순한 평가를 하는 경우도 있다. 또 면접위원 중에는 유독 자신의 의견을 강하게 말하며 나머지 면접위원들이 자신의 결정에 따르기를 바라는 사람이 있는가 하면, 그런 사람의 의견을 의심 없이 그대로 따르는 면접위원도 있다.

먼저 제시한 사람의 의견이 일종의 기준이 되는 경우도 종종 있다. 실제로 장비를 평가할 때 여러 평가자 중에서 가장 먼저 발언하는 사람의 평가가 중요하게 작용한 경우가 있었다. 미국 식품의약국 FDA 의 의료 장비 허가를 위한 평가에서 심사위원 중 가장 먼저 발언하는 사람이 핵심적인 질문의 틀을 짜는 역할을 해 버린 사례가 그렇다. 이렇게 되면 나중에 발언하는 사람은 새로운 문제를 효과적으로 제기할 수 없다. 처음 발언한 사람이 제기한 내용이 평가를 위한 토론의 양상을 결정해 버리는 것이다.[9] 먼저 말한 사람의 기준에 따라 나머지 평가위원들이 평가점수를 제시한다는 것인데, 이는 곧 면접대상자들은 어떤 면접위원을 만나느냐가 중요하다는 말이다. 이것도 일종의 운이다.

　그럼에도 불구하고 사람들은 운을 실력으로 여겨 좋게 평가받은 대상에 대한 인식은 완전히 달라진다. 심지어 실력이 부족하더라도 일단 운으로 좋은 평가를 받고 나면 그에 따른 후속 대우는 크게 달라진다. 초반의 차이 좋은 평가를 받은 사람과 그렇지 못한 사람의 차이 는 평가 후 시간이 지날수록 증폭된다. 좋은 평가를 받으면 합격 그 사람은 승승장구하지만, 거의 똑같은 실력을 지녔음에도 운이 좋지 않아 좋은 평가를 받지 못한 불합격 사람은 잊혀진다. 초기 조건에 따라 부익부 빈익빈 현상이 나타난다는 매튜 효과 Matthew effect 나 더 많은 사람이 쓸수록 제품이나 서비스의 가치가 향상된다는 네트워크 효과 등이 이러한 현상을 설명해 준다. 슈퍼스타가 그와 실력 차이가 그리 크지 않은 다른 스타보다 수입이 엄청나게 많다는 슈퍼스타의 경제학 The Economics of Superstars 도 운이 좋아서 좋은 평가를 받은 결과가 이후의 증폭된 차이를 발생시킨다는 점을 말해 준다.[10]

　그런데 증폭된 차이가 무색하리만큼 평가결과가 주는 후속 대우로 생기는 차이가 실제 실력의 차이로 이어지는 것은 아니다. 실제로 미국의 한 연구에 따르면 자산 규모 250위 기업의 CEO 자리에 자산 규모 1위 기업의 CEO를 앉혀도 해당 기업의 시장가치는 거의 0에 가까운 0.0016% 증가에 그쳤다고 한다.[11] 물론 이 경우에는 다양한 변수를 고려해야 하지만, 유능하고 탁월한 CEO로 평가받으며 최고의 대우를 받는 사람이라고 해서 그의 실제 실력도 그 명성에 부합할 정도로 아주 뛰어나다고 장담하기란 쉽지 않다는 점을 알 수 있다. 진정한 실력자라면 자산 규모 250위 기업의 CEO로 간 뒤에도 그 명성을 이어갈 실력을 발휘한 결과를 보여 줬어야 하지 않을까?

운의 영향력 측정

평가에서 운이 작용한다는 사실을 이해하더라도 그 정도를 나타내기는 쉽지 않다. 가시적 수치로 나타내기 위해서는 측정이 필요한데 측정하기가 어렵다. 하지만 완전히 불가능한 것은 아니다. 완벽하지는 않더라도 운의 영향력을 측정하는 방법이 있다. 예를 들면, 농구팀의 경우 어떤 팀이 상대적으로 더 훌륭하다거나 우수한 성적을 보인다는 것은 경기에서 얼마나 이겼는지를 기준으로 판단하는데, 이때 그 농구팀의 우수성 평가에서 운이 어느 정도의 영향을 미쳤는지 운의 비중 측정할 수 있다. 운동 경기에서 경기 결과의 분산은 실력의 분산과 운의 분산으로 이루어져 있다는 점을 이용하는 것이다. 즉, '결과의 분산＝실력의 분산＋운의 분산'이라는 방정식을 계산한다.[12] 어떤 '결과'는 '실력'과 '운'으로 나타난다는 가정을 통해서 보는 것이다. 어떤 팀이 더 우수하다, 그렇지 못하다 등의 평가는 결과에 기초한 것이므로, 만일 이 결과에 운이 작용한다면 평가에 운이 영향을 미쳤다고 할 수 있다.

이 방정식을 이용해서 운의 비중을 계산하려면 우선 농구팀이 경기를 치른 결과 데이터를 수집해야 한다. 그다음 승률을 구하고, 승률의 표준편차를 산출한다. 경기 성적이 오로지 운에 좌우될 경우의 표준편차도 구한다. 이는 경기의 승부를 동전 던지기로 결정할 때의 표준편차로 구할 수 있다.

만일 지역별 농구팀 평가를 한다고 할 때, 특정 지역에 소속된 팀을 대상으로 운의 영향력을 구해 보자. 여기서 지역별 평가라는 상황은 마이클 모부신 Michael Mauboussin 의 책에 실린 사례에서 상황 설정을 조금 다르게 한 것이다. 먼저, 경기를 치른 결과 데이터를 수집해서 각 팀의 승률을 구하고, 승률의 표준편차를 구한다. 2018~2019년 시즌의 표준편차가 0.161이라고 하자. 분산은 표준편차를 제곱한 값이므로 0.026이 된다. 이는 경기 결과의 분산이다. 그리고 오로지 운에 따라 승부가 결정되는 동전 던지기의 표준편차를 구하면 그 값은 0.0552이고 이를 제곱한 분산은 0.003이 된다. 따라서 실력의 분산은 결과의 분산에서 운의 분산을 뺀 0.023이 된다. 운에 의한 분산인 0.003을 결과의 분산인 0.026으로 나누면 운이 결과에 미치는 영향을 알 수 있다. 그 값은 0.115이므로 이 지역의 농구팀 성적에 미치는 운의 영향력은 약 12%가 된다.[13] 단순하게 살펴본 예이지만 평가에 작용하는 운의 영향력 측정 방법을 이해하는 데 도움이 된다.

　운의 영향력을 이처럼 수치로 정확히 측정하기란 대단히 어렵다. 수치를 활용한 이런 계산도 통제상황 등이 설정되어 있는 경우가 많다. 위에서 언급한, 오로지 운에 따라 결정되는 동전 던지기를 한다는 것도 현실적으로 실험실과 같은 상황을 가정하고 계산하는 것이다. 운의 영향력을 측정해서 그 정도를 확인하는 것은 충분히 의미 있고 또 흥미롭지만, 사실 운의 영향력은 직접 평가를 하는 사람의 인지에 의한 주관적 판단으로 '인정'하는 것이 더 현실적이다. 그 방법은 해당 평가에서 평가자의 위치에 있는 사람이 평가를 하면서 스스로 피평가자가 특정 영역이나 부분에서는 운의 영향을 받을 수밖에 없다는 점을 확인해 주는 것이다. 실제로 미국 대학교의 입학사정관들은 대학에서 요구하는 SAT 논리시험 reasoning test 등 표준 시험 성적 standardized test score 도 운에 영향을 받는다는 점을 '인정'한 적이 있다. 운이 조금만 영향을 미쳐도 진정한 실력을 측정하기가 매우 어렵다고 인정한 것이다.[14]

　평가에서 운이 영향을 미친다는 사실을 평가자들이 인정하기란 쉽지 않다. 무엇보다도 스스로 존재 가치를 낮추고 그들이 수행한 평가결과에 대한 의구심을 높이는 일이기 때문이다. 그래도 평가자들이 운의 영향을 인정하면 평가결과가 지나친 불평등을 야기하는 것을 완화할 수 있다. 스스로 평가를 잘 받은 사람은 평가결과가 일종의 보증수표가 되어 허용될 수 있는 수준 이상의 혜택을 누리는 경우가 많다. 아주 어려운 시험에 통과했다고 해서 오로지 그것으로만 사회적 대우를 지나치게 많이 받는 것은 자칫 사회적 불평등을 심화하고 고착화하는 결과를 낳을 수 있다. 일부에서는 이처럼 많은 혜택을 누리는 것이 더 열심히 할 수 있는 본보기나 유인이 된다고 말하지만, 그건 이미 사회적 대우를 지나치게 많이 받는 이들이 기존의 사회 구조를 정당화하려는 속임수일 수도 있다. 무조건 열심히 한다고 되는 것은 없다. 몸과 마음만 소진될 뿐이다. 한병철이 '피로사회'라는 말로 성과 중심의 사회 현상을 비판한 것도 같은 맥락이다.[15]

삶과 생활에서 여유가 생기면 회복탄력성이 높아진다. 평가자들이 운을 인정하면 평가의 빡빡함에 여유를 줄 수 있다. 어차피 모순 없는 완벽한 일은 없으므로 평가자들이 평가하면서 스스로 경험한 운의 영향력을 말해 주고 인정하면, 평가에서 낮은 결과를 얻은 사람은 덜 실망하고 평가결과가 좋은 사람은 조금 겸손해질 수 있지 않을까? 그렇게 되면 해당 평가에서는 낮은 수준의 평가를 받더라도 다른 분야에서는 매우 뛰어나게 잘할 수 있는 잠재력을 지닌 사람이 많이 등장할 수 있다. 토드 로즈와 오기 오가스가 말하는 '다크호스'가 많아지는 것이다.[16]

운, 어떻게 할 것인가?

운은 운이기 때문에 좀처럼 극복하기 힘들다. 중요한 시험을 보러 가는데 하필 자동차 타이어에 못이 박혀서 시험장에 늦게 도착해 입실하지 못하는 낭패를 어떻게 극복한단 말인가? 운은 알 수 없는 상황에서 벌어지기 때문에 이를 극복한다는 것은 사실 불가능하다. 그렇다고 해서 평가에 영향을 미치는 운을 그대로 두는 것도 불안하다. 평가에서 운을 통제하거나 극복하기는 어려워도, 운이 영향을 미칠 수 있다는 점을 사전에 인지하고 그에 대응하는 차원에서 어느 정도의 행동을 하는 것은 가능하다. 어느 정도의 행동이라고 말하는 것은 그것이 반드시 운에 영향을 미치리라고 확신할 수 없기 때문이다.

운은 좋거나 나쁜 영향을 미칠 수 있다. 운을 어떻게 할 것인가의 문제는 가급적이면 나쁜 방향으로 작용하는 운은 줄이고 좋은 방향으로 작용하도록 하는 것이다. 이를 위해서는 크게 세 가지 사항을 고려할 필요가 있다.

첫 번째는 우리 사회에 공공투자를 늘리는 것이다. 갑자기 공공투자 이야기가 등장한 것은, 공공투자가 우리가 생활하는 데 영향을 미치는 나쁜 운을 어느 정도 통제하거나 좋은 운을 높이는 역할을 하기 때문이다. 여기에 대해서는 로버트 프랭크가 그의 책에서 인용한 내용을 보면 이해하기 쉽다. 그것은 2012년 매사추세츠주 상원의원 엘리자베스 워런이 유권자들에게 고도로 발달한 법 제도와 교육 시스템, 기타 사회적 인프라를 자랑하는 미국에서 태어났으니 운이 좋은 사람들이라고 일깨우면서 한 말이다.

> 여러분이 저 밖에 공장 하나를 지었다고 칩시다. … 그러면 여기 우리가 낸 세금으로 건설한 도로를 통해 시장으로 상품을 운반할 것입니다. 역시 우리가 낸 세금으로 가르친 직원들을 고용하겠죠. 여러분의 공장은 안전할 것입니다. 왜냐하면 우리가 세금으로 유지하는 경찰과 소방관들이 있기 때문입니다.[17]

이 말을 살펴보면, 세금으로 건설한 도로와 정부의 무상교육 정책의 혜택을 받은 인적자원인 직원, 그리고 우리 안전을 지켜 주는 경찰과 소방관은 모두 공공투자의 결과이다. 공공투자는 우리가 나쁜 운을 겪을 상황을 줄여 준다. 도로가 건설되어 있지 않으면 공장에서 만든 상품을 산길로 운반하다가 도적떼를 만날 수도 있고, 비가 오면 진흙탕 물이 상품에 묻을 수도 있다. 도적떼를 만나거나 진흙탕 물에 상품이 젖는 나쁜 운은 공공투자에 의한 도로 건설로 줄일 수 있다. 도로 안전을 수시로 관리하는 것도 공공투자에 의한 것이라는 점에서, 앞서 언급한 자동차 타이어에 못이 박히는 나쁜 운도 줄일 수 있다. 역량 미달 직원을 고용해서 그 직원에 의한 손해를 보는 것도 교육에 대한 공공투자로 줄일 수 있고, 공공예산으로 운영되는 경찰과 소방관에 의해서도 우리가 겪을 수 있는 불운의 안전사고 위험을 줄일 수 있다. 적어도 어느 정도까지는 나쁜 일을 겪을 수 있는 운을 줄여 주는 것이 바로 공공투자이다.

이와 함께 개천에서 용이 나기 위한 기회 제공의 공공투자도 필요하다. 산골에 살아서 능력이 출중함에도 시험 정보를 몰라 시험 응시를 하지 못해 제대로 된 역량 평가를 받지 못한다면 그것은 그 자신은 물론이고 국가적 차원의 손실이다. 산골에 살더라도 능력 평가가 제대로 이루어지고 그것을 펼칠 수 있도록 도로를 건설하고 무료로 인터넷을 설치해 주는 등의 활동도 공공투자에 의한 것이다. 육지와 떨어진 섬에서 태어난 사람에게 능력을 시험할 수 있고, 남들에게 잠재력을 제대로 평가받을 수 있는 기회를 제공해 주는 것 또한 공공투자에 의해서이다. 육지와 연결된 교량 건설이나 무료 정보화 교육과 같은 공공투자 지원 정책이 있어야 섬사람의 능력이 단지 운이 나빠서 사장되어 버리는 일을 막을 수 있다. 공정과 정의가 중요한 화두인 우리 사회에서 평가에서 운이 좋고 나쁜 것에 따라 동등한 기회마저 갖지 못하는 것은 바람직하지 않다. 공공투자는 적어도 운 때문에 공정한 평가를 받지 못하는 상황을 개선해 주고, 동시에 동등한 평가 기회를 제공하는 데 기여한다. 이처럼 공공투자는 평가에서 운의 영향을 피할 수는 없어도, 운에 어느 정도 대응할 수 있게 해 준다.

두 번째는 평가 분야별로 실력과 운의 영향을 고려해서 실력이 더 크게 미치는 곳에 집중하는 것이다. 평가에서 운이 영향을 미친다는 것은 알지만, 분야별로 그 정도는 다르다.[18] 어떤 평가는 상당한 정도로 운이 영향을 미치는 반면 그 반대도 있다. 그래서 운의 영향에 따라 평가에 투입하는 에너지와 우선순위 조절이 가능하다. 운이 지나치게 많이 작용하는 분야라면 굳이 애쓰지 말고, 상대적으로 애쓴 노력이 영향을 미치는 분야에 집중하는 것이 더 낫다는 것이다. 그렇다면 어떻게 그 분야를 알 수 있는지가 문제인데, 이는 자신의 실력에 대한 판단을 통해 알 수 있다.

본평가 전에 자신의 실력을 판단하는 방법에는 크게 두 가지가 있다. 해당 평가에 대한 식견이 있고 자신의 실력을 객관적으로 말해 줄 수 있는 사람에게 물어보거나, 아니면 본평가를 위해 사전평가에 해당하는 모의평가를 하는 것이다. 전자의 경우 가급적이면 여러 명에게 물어봐야 한다. 그리고 모의평가도 한 번으로 자신의 실력을 판단하기보다는 여러 번 해 보는 것이 좋다. 그러면 스스로 해당 평가에 어느 정도의 실력이 있는지 대략적인 판단을 할 수 있다. 그 후 본인의 실력이 상대적으로 더 강하게 발휘될 것으로 판단되는 분야를 골라 거기에 집중하면 된다.

분야별로 실력과 운이 미치는 영향이 다르지만 본인의 실력이 더 중요하다고 생각하는 곳이 운보다는 실력이 더 영향을 미칠 수 있기 때문이다. 운이 영향을 미치더라도 내가 상대적으로 더 실력을 발휘할 수 있는 곳이라면, 어쩌면 이미 그 자체가 운보다는 실력이 더 영향을 미치는 곳이라는 의미이기도 하다. 운이 평가에 큰 영향을 미치는 곳이라고 판단되면 실력 발휘도 잘되지 않을 것이기 때문이다.

세 번째는 평가의 운을 개인의 전체 운과 등치等値시키지 않는 것이다. 평가에 운이 작용한다면 이는 그 평가에 작용하는 운이지 개인의 전체 운은 아니다. 물론 개인의 인생에 큰 영향을 주는 평가라면 그 운을 개인의 전체 운으로 여길 수 있다. 그러나 기본적으로 운은 일시적이라고 여기는 것이 더 바람직하다. 심리학자인 줄리안 로터Julian Rotter는 통제소재의 법칙을 제시했는데, 이는 통제력을 자신의 내부자신와 외부타인이나 외부 환경 중 어디에 둘 것인지 결정하는 것이다. 내적 통제소재란 '자기가 이루어 낸 행위의 발전이나 결과가 그들 자신의 행위 또는 개인적 특징에 따라 결정된다고 기대하는 것'이고, 외적 통제소재는 '자기가 이루어 낸 행위의 발전이나 결과가 운 또는 외부의 강력한 다른 무언가에 의해 통제되거나 아예 예측이 불가능하다고 인식하는 것'이다.[19] 어느 쪽의 성향을 더 가지고 있는가에 따라 개인에 대한 판단이 가능한데, 어느 한쪽이 규범적으로 더 바람직하다고 할 수는 없다. 나름대로의 장단점이 각각 존재한다. 다만 지나치게 강한 내적 통제소재자가 되면 모든 책임을 본인에게 돌려 스스로가 괴롭다. 외적 통제소재자는 모든 것을 운으로 돌려서 책임 회피가 나타날 수 있다.

평가에서 운의 영향이 작용한다면 평가를 대하는 우리는 외적 통제소재자의 모습도 분명 필요하다. 이때 한 가지 고려할 점은 운의 지속성에 관한 것인데, 외적 통제소재자는 다시 둘로 나뉜다. 하나는 운을 지속적이고 안정적으로 보는 부류이고 다른 하나는 일시적인 현상으로 보는 부류이다.[20] 평가에서 작용하는 운을 개인의 전체 운이 아니라고 인식하는 것은 운을 일시적인 현상으로 여기는 것이다. 따라서 평가를 대할 때는 외적 통제소재자로서 운을 일시적으로 여기는 태도가 필요하다. 다시 말해 평가의 운을 자신의 삶 전체 운이 아니라 평가에 한정된 운이라고 생각하고, 이는 그 평가가 끝나면 함께 끝난다고 여기는 것이 필요하다.

미주

1 로버트 프랭크, 정태영 옮김(2018).《실력과 노력으로 성공했다는 당신에게》, 글항아리, p.26.

2 온라인뉴스팀.〈한 달에 3번 복권 당첨된 부부, 상금 21억…'인생은 로또?'〉,《헤럴드경제》, 2014. 4. 3.

3 플로리안 아이그너, 서유리 옮김(2018).《우연은 얼마나 내 삶을 지배하는가》, 동양북스, p.26.

4 마이클 모부신, 이건 외 옮김(2019).《마이클 모부신 운과 실력의 성공 방정식》, 에프엔미디어, p.36.

5 앨버트 라슬로 바라바시, 홍지수 옮김(2019).《성공의 공식 포뮬러》, 한국경제신문, pp.111~112, 118.

6 위의 책, pp.124~128.

7 위의 책, pp.80~81.

8 김민주(2017).《정부는 어떤 곳인가》, 대영문화사, p.286.

9 앨버트 라슬로 바라바시, 홍지수 옮김(2019).《성공의 공식 포뮬러》, 한국경제신문, p.131.

10 마이클 모부신, 이건 외 옮김(2019).《마이클 모부신 운과 실력의 성공 방정식》, 에프엔미디어, pp.167~174.

11 위의 책, p.176.

12 위의 책, p.115.

13 위의 책, pp.115~117.

14 위의 책, p.37.

15 한병철, 김태환 옮김(2012).《피로사회》, 문학과지성사.

16 토드 로즈·오기 오가스, 정미나 옮김(2019).《다크호스》, 21세기북스.

17 로버트 프랭크, 정태영 옮김(2018). 《실력과 노력으로 성공했다는 당신에게》, 글항아리, p.41.

18 마이클 모부신, 이건 외 옮김(2019). 《마이클 모부신 운과 실력의 성공 방정식》, 에프엔미디어.

19 피터 홀린스, 김현수 옮김(2018). 《운을 기획하라》, 카시오페아, pp.32~33.

20 위의 책, p.37.

7장

진화하는 호모 이밸루쿠스

평가의 세 가지 진화 방향

호모 이밸루쿠스는 평가지배사회를 살아가는 시험 인간이라는 점에서 이미 평가지배사회에 걸맞게 적응한 인간의 모습이라고 할 수 있다. 인간은 생존을 위해 경쟁하고 혁신하며 환경에 적응해 가면서 진화한다. 호모 이밸루쿠스라는 말도 인간이 평가지배사회에서 진화한 결과 얻게 된 별칭이다. 이러한 진화는 여전히 계속되고 있다. 이유는 분명하다. 평가지배사회에서 이루어지는 평가가 환경에 적응해 가며 계속 진화하고 있는 상황에서 호모 이밸루쿠스도 그에 맞추어 진화할 수밖에 없기 때문이다.

평가의 진화는 평가의 종류, 방법, 수준 등을 수정 · 보완, 개선하면서 이루어진다. 여기서 개선이란 기존의 문제점 등을 조정했다는 것이지, 반드시 규범적으로 올바른 방법으로 나아졌다는 것은 아니다. 문제점과 문제점 해결이란 어떻게 정의하느냐에 따라 다양하기 때문이다. 그래서 개선이라는 말이 반드시 규범적 차원의 옳은 방향만을 의미하지는 않는다. 그런 점에서 본다면 호모 이밸루쿠스의 진화도 좋은 방향으로의 진화만을 의미하기보다는, 평가와 관련된 여러 사항의 변화에 부합하는 방향으로 변해 간다는 의미이다. 따라서 호모 이밸루쿠스의 진화를 이해하려면 평가가 어떻게 진화해 왔는지를 살펴보아야 한다.

평가는 어떻게 진화해 왔을까? 평가의 범위나 종류가 다양하기 때문에 모든 평가 사례를 하나하나 살펴볼 수는 없다. 다만 모든 평가 사례에서 공통적으로 진화해 온 부분이 있기 때문에 이를 통해 진화의 한 측면을 볼 수 있다. 그에 해당하는 것에는 세 가지가 있다. 첫째, 평가는 꾸준히 공정성 확보를 위한 방향으로 진화해 왔다. 둘째, 평가는 민주성 확보를 위한 방향으로 발전했다. 셋째, 평가는 영역을 확장하며 나아갔다. 공정성, 민주성, 영역 확장성은 오늘에 이르기까지 평가가 진화해 온 모습을 보여 주는 대표적인 특성이다.

공정성의 진화

평가는 언제나 공정성과 씨름해 왔다. 평가가 공정한가 그렇지 않은가의 문제는 늘 논란거리이고, 공정하지 않은 평가는 존재할 이유가 없다고 여긴다. 따라서 평가는 공정성을 확보하기 위한 방향으로 진화해 왔다. 이에 해당하는 예로는 평가 보안 향상, 실시간 평가 반영, 평가위원 제척제도와 자동 선정 방식 등이 있다.

평가 보안은 평가의 공정성을 높이는 핵심 요인이다. 평가 보안은 평가 관계자들에게 보안 서약서를 작성하게 하고 처벌조항을 강화하는 등 과거에 비해 점점 엄격하고 정교해진 것이 특징이다. 특히 공정한 평가를 위해 평가위원들에게 보안 서약서에 반드시 자필로 서명하게 하고 보안을 위한 교육도 의무적으로 받도록 하고 있다. 또 정부사업에 대한 평가의 경우 평가위원이 평가를 위해 현장에 갔을 때 자신의 신분을 드러내지 않도록 명함 교환마저 금지하는 사례도 있다. 평가위원을 어떻게 불러야 하는지 호칭도 미리 정해 준다. 예를 들면, 교수가 평가위원으로 선정되었을 경우 평가를 받는 사람에게 신분을 밝히지 않아 '교수님'이 아니라 '평가위원님'으로 부르도록 한다. 공정한 평가를 위해서 평가를 받는 사람과 해당 교수 사이에 학연에 따른 불공정성이 생길 것을 사전에 방지하기 위함이다.

평가위원과 관련된 평가 보안의 가장 극적인 조치는 격리이다. 수능 출제위원이나 공무원 시험 출제위원으로 선정되면 일정한 기간 철저히 격리된다. 공무원 시험 출제를 주관하는 인사혁신처는 출제위원들이 합숙할 수 있는 국가고시센터를 마련해 두고 있다. 수능이나 그 외 국가기관이 주관하는 시험도 호텔이나 리조트 등을 통째로 빌려서 출제위원들이 외부와 격리된 상태에서 합숙하며 출제한다. 물론 출제위원뿐만 아니라 행정적인 실무를 담당하는 관계 기관의 직원들까지 함께 격리된다.

과거에는 공무원 시험 출제를 할 때 교수들이 연구실에서 문제를 출제하고 우편으로 시험문제를 시험 출제기관에 보내기도 했는데, 이제는 거의 대부분의 시험에서 우편을 이용한 전달 방식은 지양하고 대신 격리의 방법을 적극 활용하고 있다. 공공기관 중에는 직원을 선발하는 시험문제도 출제위원들을 외부와 격리시켜 출제하는 곳도 있다. 시험문제 출제뿐만이 아니다. 주관식 시험의 경우 채점하는 평가위원들도 외부와 격리된 채 합숙하며 채점하도록 하고 있다. 공무원 시험을 예로 들면 과거에는 평가위원에 해당하는 교수들이 자신의 연구실에서 채점을 하고 우편이나 직접 전달하는 방식으로 채점 결과지를 시험 출제기관에 보냈다. 그러나 이제는 격리된 채 합숙하며 채점한다.

평가의 공정성을 위한 진화는 실시간 평가 반영을 위한 노력과 그 조치에서도 나타난다. 아직 많이 확대되지는 않았지만 공무원 면접

시험의 경우 평가위원들은 시험장에서 면접대상자에게 곧바로 점수를 부여하도록 하고 있다. 주로 전산화된 시스템을 이용해서 평가위원 각자가 평가점수를 실시간 부여하는 것이다. 평가 후 평가자들 간정보 공유 등으로 평가점수를 조정하는 것을 막기 위해서이다. 실제로 평가 후 결과회의를 할 때 가장 먼저 발언하는 사람의 평가결과에 맞춰 나머지 사람들도 점수를 부여하는 경우도 있고,[1] 또 기본적으로 완전한 합리성이 아닌 제한된 합리성을 지닌 인간은 시간이 지날수록 처음의 기억력이 흐려지기도 한다. 그래서 평가의 공정성을 위해 집중해서 평가하는 그 순간의 점수를 온전히 반영하도록 해 놓은 것이 실시간 평가점수 입력이다.

평가위원 제척제도도 평가의 공정성을 높이기 위한 진화의 산물이다. 평가를 받는 대상 중에 평가를 하는 사람과 연관 있는 사람이 없어야 한다. 가족과 친인척은 물론이고, 정부사업 평가 등에서는 평가를 하는 사람이 해당 피평가기관으로부터 용역 등의 사업을 수주한 경우도 당연히 배제하고 있다. 오늘날에는 보안 서약서를 작성하면서 대부분 이 부분을 반드시 물어본다. 거짓 보고를 하면 처벌받을 수도 있다. 자진해서 보고하는 형태라서 자칫 누락될 우려도 있지만 제도화해서 보고하도록 하고, 보고를 누락한 경우 처벌할 수 있도록 한 것은 과거보다 공정성을 높이려는 조치이다.

그럼에도 불구하고 개선할 부분이 많다. 이는 얼마 전 우리 사회에서 큰 이슈가 된 사건을 통해 알 수 있다. 고등학교 교사로 재직 중인 아버지가 자신과 같은 학교에 다니는 자식을 위해 시험문제를 유출한 일이나 채점을 조작한 일, 그리고 대학교수가 자신의 강의를 자식이 수강하도록 해서 높은 학점을 부여한 일 등이다. 평가위원 제척제도가 있어도 이와 같은 사례가 완전히 없어지지는 않는 것이 현실이다. 이에 대한 개선을 중심으로 평가의 진화가 계속 이루어져야 한다.

이와 함께 평가위원을 자동 선정하는 방식도 공정성을 위한 진화의 노력이다. 어떤 기관에서 평가위원이 필요하면 대개 평가위원 후보자 중에서 나름의 기준을 가지고 선정해서 평가를 부탁한다. 그런데 이때는 평가를 부탁하는 담당자의 주관적 판단이 평가위원 선정에 깊이 개입하게 된다. 친분이 있거나 담당자로서 업무에 수월한 역할을 해 주는 평가위원에게 치중해서 평가를 부탁할 수도 있다. 마음만 먹으면 평가 담당자가 특정한 평가 대상자가 유리하게 평가받도록 하기 위해 자신과 친분이 있는 평가위원을 일부러 섭외해서 평가를 맡기는 것도 얼마든지 가능하다. 따라서 이런 문제를 개선하고자 평가위원 후보자군에서 자동 선정 시스템을 통해 평가위원을 무작위로 선정하는 방식을 채택하는 사례가 늘고 있다. 자동 선정 시스템으로 평가위원을 선정하는 것만이 아니라, 선정된 평가위원에게 평가의향을 물어볼 때도 인간의 주관적·감정적 신호가 전혀 드러나지 않도록 자동 응답 시스템을 활용하고 있다.

민주성의 발전

평가는 민주성을 확보하기 위한 방향으로 발전하고 있다. 평가는 권력적 속성에 의해 갑과 을이 분명히 구분되기도 하지만, 과거에 비해 오늘날에는 평가자인 갑에 의한 권력행위의 영향력에 대응하고자 을에 해당하는 피평가자의 권력행위도 인정하고 있다. 예를 들면 이의신청제도, 평가결과 공개, 특정 평가자 제외 요청, 평가 후 피평가자의 의견 청취와 평가 등이 있다.

이의신청제도는 평가자들의 굳건한 권력과 그로부터 나오는 권위에 도전하는 제도이다. 국가기관에 의한 시험 대부분은 이의신청제도를 두고 있다. 수능이나 공무원 시험의 경우 이의신청제도가 활발히 운영되고 있다. 시험을 본 피평가자가 자신을 평가한 평가자들이 출제한 시험문제에 공식적으로 이의를 제기하는 것이다. 시험지 형태의 시험뿐만 아니라 면접 형태의 시험도 마찬가지다. 이의신청을 하면 담당기관은 그에 대한 답변을 해야 한다. 답변은 자체 검토로 이루어지기도 하고, 제3의 평가위원을 새롭게 위촉해서 해당 문제에 대한 이의가 적절한지 등을 논의한다. 이의신청에 대한 답변은 이상 없음이나 이의를 받아들이거나 둘 중 하나이다. 이상 없다면 평가결과는 그대로 유지되지만 이의가 받아들여지면 수정된다. 1994학년도 수능부터 2020학년도 수능까지 이의가 받아들여진 사례는 총 8문제였다. 복수정답으로 처리되거나 정답 없음으로 전원 정답 처리된 사례들이다. 때에 따라서는 이상 없다는 담당기관의 답변을 수용하지 못하는 피평가자가 법적 판단을 받기 위해 소송을 제기하기도 한다.

평가결과를 공개하는 것도 평가에서 민주성을 확보하기 위한 진화의 한 사례이다. 평가를 한 후 피평가자에게 최종 평가결과인 합격 여부만을 알려 주는 데서 나아가 구체적으로 피평가자가 받은 평가점수를 공개하는 것은 평가자 중심의 평가에서 피평가자를 고려한 평가로의 변화를 의미한다. 평가점수를 영역별로 모두 공개하는 경우가 있는가 하면 일부만 하는 경우도 있고, 경쟁자들과의 비교를 위해 다른 피평가자들의 점수까지 함께 볼 수 있도록 공개하는 경우가 있는가 하면 해당 피평가자 개인의 점수만을 공개하는 경우도 있다. 이는 공개하는 정도의 문제인데, 중요한 것은 평가를 받은 사람들이 스스로 납득할 수 있을 만큼의 정보 공개를 주어진 규정하에서 요청할 수 있다는 점이다. 이렇게 공개하면 평가의 민주성은 물론이고 평가에 대해 갖는 책임성도 높아진다. 평가결과 공개는 평가를 한 결과에 대한 자신감이기도 하다. 그렇게 하면 평가자에게 더 높은 책임성을 요구하는 효과도 낳는다.

평가결과 공개와 함께 평가자의 기본 인적 사항을 공개하는 경우도 있다. 누가 평가했는지 정보를 공개하는 것은 피평가자에게 평가에 대한 정보를 최대한 제공해서 투명성을 확보한다는 점에서 민주성을 높이는 일이다. 평가자 공개는 피평가자의 요구를 반영한다는 점에서도 민주적인 조치이다. 여기서 피평가자의 요구란 피평가자가 특정한 평가자로부터 평가를 받지 않도록 해 달라는 공식적인 요구를 말한다. 평가위원 제척은 앞서 살펴본 대로 평가위원이 평가 대상자와 관련이 있는 경우 스스로 그 평가를 담당하지 않는 것을 말한다.

반대로 평가를 받는 사람이 특정한 평가자로부터 평가를 받지 않겠다고 요구할 수도 있다. 이는 피평가자에 의한 평가자 배제제도인데, 이를 적극적으로 활용하는 분야가 과거보다 많아졌다. 학계는 학문적 견해가 다른 경우가 많다. 이론의 종류가 많고 접근방법과 분석의 틀이 연구자마다 다른 만큼 가설도 많다. 그래서 의견 충돌이 종종 있기 때문에 타인의 연구 가설에 부정적인 평가를 내리기도 한다. 국가에서 연구자들에게 연구지원을 할 때 일정한 평가를 하기 마련인데, 이때 연구자들 간 학문적 견해 차이에서 오는 이견으로 불합리하게 부정적인 평가가 내려지는 것을 막기 위해 특정한 평가자를 제외해 달라는 요청을 할 수 있다. 우리나라의 경우 한국연구재단에서 실시하는 각종 연구지원 사업 평가에서 이를 적극 활용하고 있다.

평가 후 피평가자의 의견 청취 역시 평가의 민주화를 위한 노력의 일환으로 평가의 진화를 보여 주는 것이다. 과거에는 평가자들이 평가를 하면 피평가자가 그 결과를 수용하는 것이 자연스러운 일이었다. 하지만 이제는 피평가자의 이의신청 이외에도 피평가자가 직접 평가 전반에 대한 의견을 개진하는 것이 허용되며, 향후 평가에서 평가자들은 그 의견을 반영하기도 한다. 그리고 평가를 진행하기 전에 피평가자를 대상으로 의견을 수렴하기도 한다. 예를 들어 정부지원 사업을 평가할 때 피평가자에 해당하는 실무자들의 의견을 듣고 반영 여부를 결정한 다음 평가를 진행한다. 특히 수년간 진행되어 온 평가의 지표가 조금씩 바뀌거나 수정되는 경우가 있는데, 이는 피평가자의 의견이 반영된 경우일 때가 많다.

이와 함께 피평가자가 평가자를 직접 평가하는 경우도 있는데, 대표적인 것이 학생들의 교수 강의평가이다. 그 외에도 정부의 보조금 지원대상자를 선정하는 사업을 심사·평가할 때 피평가자들은 면접이나 발표 등의 평가가 끝난 뒤 곧바로 평가장을 나와서 방금 평가를 진행했던 평가자들에 대한 평가를 하기도 한다. 부적절한 질문을 하지는 않았는지, 평가하는 태도에 부적절함은 없었는지 등을 평가하는 것이다. 어떤 경우에는 면접장의 자리 배치도를 보여 주면서 어느 평가자의 태도나 질문이 부적절했는지 직접적으로 물어보기도 한다. 그리고 면접이 진행되는 과정 전반을 녹음하거나 녹화하는 경우도 늘어나고 있다. 이는 모두 피평가자의 의견을 청취하고 반영하는 평가의 민주성을 보여 주는 것이다.

영역 확장성 모색

평가는 영역을 확장하며 나아간다. 인간이든 인간 이외의 유기체든 어떤 대상의 생존과 발전은 흔히 영역 확장을 통해 이루어진다. 자신의 영역을 확장하는 것은 존재 자체에 대한 인지 강화는 물론이고 존재 가치를 향상시키는 효과를 낳는다. 사람들은 자신의 영역을 확장하기 위해 노력하는데, 그중 하나가 자신의 일 또는 자신과 관련된 일을 만들어 냄으로써 영향력을 미칠 수 있는 영역을 넓히는 것이다. 이는 새로운 영역의 탄생일 수도 있고 기존 영역의 재생산일 수도 있다. 이와 관련된 흥미로운 법칙이 바로 파킨슨의 법칙 Parkinson's Law 이다.

파킨슨의 법칙에는 여러 내용이 있는데, 그중 하나가 직원 수 증가와 관련된 내용이다.[2] 간단히 말하면, '직원 수와 업무량은 아무 관련이 없다'는 것이다. 업무량이 늘어나면 직원 수가 증가한다는 생각과는 배치된다. 직원 수는 업무량이 늘어나건 줄어들건 아니면 아예 없어지건 상관없다는 것으로, 오히려 업무량과는 다른 요인에 의해 직원 수가 증가한다는 내용이다. 파킨슨 법칙에서 직원 수 증가 요인은 두 가지이다. 첫째는 관리자는 부하직원을 늘리려 하는 반면에 경쟁자가 늘어나는 것은 바라지 않는다. 둘째는 관리자는 서로를 위해 일을 만들어 내는 경향이 있다.[3]

여기서 두 번째 요인은 생존을 위한 영역 만들기와 유사하다. 관리자가 실제 업무량과는 상관없이 부하직원을 늘릴 때 늘어난 부하직원들을 가만히 아무 일도 하지 않게 둘 수는 없다. 일을 주는 것은 부하직원들의 조직 내 존재 이유이기도 하고 상관의 존재 이유이기도 하다. 일이 많다고 투덜대는 직원에게 일을 전혀 주지 않겠다고 하면, 그건 바라지 않는다고 할 것이다. 일이 없으면 그 사람의 존재 이유가 없어지므로 조직에서도 필요 없는 사람이 되기 때문이다. 이처럼 일을 만들어 내는 것과 그 일의 범위가 더 넓어지는 것이 영역 확장이다.

꾸준히 신사업을 발굴하고 확장해 나가는 것은 발전의 문제이기도 하지만 더 직접적으로는 생존의 문제이다. 이른바 먹거리를 찾아내고 또 새롭게 만들어 내고 더 다양한 사람들이 기존의 먹거리를 찾도록 활동 범위를 계속 넓혀 가야 하는 것이다. 평가를 전담하는 기관은 해당 평가가 그 기관의 존재 이유이다. 더 많은 평가를 할 수 있는 여건이나 기회, 즉 평가의 영역이 확장된다면 그 기관의 존재 이유와 가치는 더 공고화된다. 그래서 평가 대상을 달리하는 비슷한 평가를 만들거나, 다양성 차원에서 기존 평가와 유사하지만 차별적인 그 무엇을 추가해서 또 다른 평가를 만들기도 한다. 이 모두가 일종의 영역 확장이다.

평가주기 부여도 평가의 영역 확장성에 해당한다. 평가를 1회성으로 끝내는 것이 아니라 주기적으로 하도록 만드는 것이다. 예컨대 기관 인증평가 시 인증 기간을 3년이나 5년 등으로 한정하고, 이후 다시 인증평가를 받아서 인증을 획득하도록 한다. 그러면 또다시 3년 또는 5년간 인증기관으로 인정받는 것이다. 이 과정에서는 피드백이라는 평가장치도 영역 확장에 일정 부분 기여한다. 평가 후 평가결과 이행 등을 점검하는 피드백이라는 명분하에 또 평가를 진행하기도 한다.

그리고 평가를 세분화해서 체계적이고 구조적인 평가로 받아들이게 하면서 영역을 확장하기도 한다. 한 가지 평가영역에서 서면평가와 현장평가를 하면서 동시에 대면평가를 하기도 하고, 평가 후 일정 점수 이하인 경우 다시 2차 평가를 해서 일정 점수 이상이 나오도록 부활의 기회를 주기도 한다. 평가를 한 뒤 평가를 잘했는지를 평가하기도 한다. 일종의 메타평가이다. 면접평가를 통해 채용할 때 면접평가가 제대로 이루어졌는지를 평가하기 위해 별도로 평가자를 위촉하기도 한다. 명칭은 다양한데 채용점검위원회에 의한 채용점검 등이 그 역할을 한다.

제도의 속성 중 하나인 경로 의존성 path dependence 이 평가에도 적용된다. 그래서 평가영역을 확장하는 작업들이 단발성에 그치는 것이 아니라 지속되는 특징을 보이기도 한다. 한번 만들어지면 없어지지 않고 계속되기 때문에 일단 만들어 놓는 것이 중요하다. 한번 만들어 놓으면 그것은 자신의 영역으로 지속된다. 영역 확장과정에서 영역 다툼이 일어나는 것도 바로 이 때문이다. 한정된 평가업무를 두고 가급적이면 자신의 영역으로 만들려고 하므로 영역을 확장할 때 갈등이 생기는 것이다.

　이슈화되지는 않았지만, 실제 다음과 같은 사례가 있었다. A기관과 B기관은 모두 중앙정부 소속 기관이다. A기관은 중앙정부 부처를 대상으로 평가를 비롯한 특정 업무를 담당하는 기관이고, B기관은 지방자치단체를 대상으로 평가를 비롯한 특정 업무를 담당하는 기관이다. 대상의 차이일 뿐 담당하는 업무는 동일하다. 그런데 A기관이 B기관의 평가업무를 담당하려는 계획을 구상하고 있었다. A기관은 담당하는 평가업무를 늘리는 영역 확장을 통해 기관의 존재 가치를 높이고 확대 발전하려는 의도를 지니고 있었다. A기관의 담당자로부터 직접 관련 계획을 들은 적이 있었는데, 이에 대해 B기관은 당연히 강력하게 반발하고 있다고 했다. 바로 이런 모습이다. 경로 의존적 속성, 즉 한 번 맡으면 거의 영속적으로 맡는 속성 때문에 영역을 확장하려는 노력은 다툼과 갈등으로 번지기도 한다. 비록 다툼과 갈등이 있더라도 평가는 그 자체의 존재 이유와 가치를 더 높이기 위해 영역 확장의 방법으로 진화하고 있다.

평가의 진화와 호모 이밸루쿠스의 대응

평가의 공정성과 민주성 그리고 영역 확장적 진화는 평가의 주체이자 대상자로서 호모 이밸루쿠스의 대응을 이끌었다. 호모 이밸루쿠스는 진화하는 평가에 대응하고 적응하면서 그 역시 진화한다. 공정성이 높아진 평가는 호모 이밸루쿠스에게 기회이기도 하고 부담을 가중하기도 한다. 평가의 공정성이 높아지면 평가를 받는 호모 이밸루쿠스 중에서 생득적 자산 태어날 때부터 유리한 위치에 있게 해 주는 자산, 이른바 금수저을 적게 보유한 이들은 평가의 신뢰도가 높아져 평가에 집중한다. 그래서 다양한 평가 전략을 구사하는 전략가로 진화한다. 평가가 공정하면 오로지 평가에만 집중하면 된다. 하지만 평가가 불공정하면 평가에 집중하지 못하고 평가에 영향을 미치는 보이지 않는 힘에 다가서기 위해 이런저런 줄을 찾아 헤매면서 모략가로 전락해 버리기도 한다.

시험은 공정하니까 열심히만 하면 실력으로 판가름 난다고 여기면서 시험에서 좋은 결과를 얻기 위해 전략을 세운다. 그래서 한때《공부가 가장 쉬웠어요─막노동꾼 출신 서울대 수석합격자 장승수 이야기》가 화제가 되었고, 최근에는 더욱 직접적으로 시험에서 전략을 강조하는《나는 무조건 합격하는 공부만 한다─26살, 9개월 만에 사법시험을 패스한 이윤규 변호사의 패턴 공부법》이나《공부의 신, 천 개의 시크릿―강성태와 1,000명의 공신이 밝혀낸 최적의 공부 패턴》등 수많은 공부법 안내서가 나오고 있다. 꽤 괜찮은 실적을 보이며 시험이라는 평가에 나름대로 잘 적응하고 진화한 호모 이밸루쿠스들이 자신의 적응 방식을 더 널리 알리고 있는 것이다.

일반적으로 적응과 진화는 조력과 상호부조에 의해 더 잘 이루어지기 때문에 호모 이밸루쿠스도 기꺼이 그런 행동을 하며 생활한다. 그래서 공무원 시험을 비롯한 각종 국가시험의 합격자들이 쓴 '합격수기'를 공유하며 읽는다. 합격수기는 그 주인공처럼 같은 시험에 합격하고 싶은 호모 이밸루쿠스에게 시험이 지배하는 사회에서 충분히 '적응할 수 있고' '진화할 수 있다'는 용기와 자극을 준다. 때로는 반성하게 하고 다독이기도 하며 진화시킨다. 공동체 생활을 하는 생물체는 혼자서 적응하고 진화하는 것이 쉽지 않은 법이라서 서로가 알려 주고 이끌어 준다.

물론 자본주의 사회에서는 알려 주고 이끌어 줄 때 자본이 동원된다. 그래서 때로는 자본이라는 경제력이 호모 이밸루쿠스가 평가지배 사회에서 얼마나 잘 진화했는가를 예측할 수 있게 해 주는 요인이 되기도 한다. 자본이 동원된다고 해서 평가의 공정성이 훼손되는 것은 아니다. 공정성을 해치지 않는 범위 내에서 자본이 동원된다면 크게 문제되지 않는다.

그렇다 보니 평가를 받는 호모 이밸루쿠스 중에서 생득적 자산을 많이 보유하고 있는 이들은 여전히 지름길을 찾아 헤맨다. 이들에게는 '지름길'을 찾아내는 것이 오늘날 사회를 살아가는 적응이고 진화의 결과이다. 진화란 생존에 유리하게 적응한 결과이므로 규범적 차원에서 옳고 그름을 말하지는 않는다. 특히 사람들이 인위적으로 만든 구성물로 가득 찬 사회에서는 더욱 그렇다. 그런 가운데 아빠 찬스와 엄마 찬스는 나날이 더 진화해 간다. 부모 찬스를 이용하지만 가급적이면 그것이 부모 찬스로 보이지 않게 하는 방법, 찬스이지만 찬스가 아닌 것처럼 하는 방법, 남들에게 찬스로 알려질 경우 찬스가 아니라고 당당히 주장할 수 있는 방법 등을 찾아내서 자유로이 활용할 수 있는 경지로 다가가며 진화한다.

호모 이밸루쿠스는 평가의 민주성에도 적응하며 발전하고 있다. 특히 평가를 하는 호모 이밸루쿠스가 평가의 민주성에 더 적극적으로 발맞추어 진화하고 있다. 가장 특징적인 점은 평가권력의 행사 강도를 줄여 가고 있다는 점이다. 평가를 한다는 자체에서 비롯되는 구조적 차원 평가자가 피평가자에게 인지적 차별성을 부여하는 구조 의 권력 강도는 거의 변함없이 그대로라고 할 수 있지만, 평가행위가 이루어지는 과정에서 생기는 권력의 강도는 호모 이밸루쿠스 스스로 조정하며 조율해 나가고 있다.

평가의 민주성에서 비롯되는 피평가자의 권리인 의견 제시 등은 권력을 행사하는 주체인 평가자의 힘을 어느 정도 통제하는 결과를 낳는다. 피평가자가 합법적으로 이의신청을 하고, 평가를 받은 후 피평가자가 평가자를 평가하는 것에 익숙해지지 않으면 더 이상 평가자로서 역할을 하기 어렵다. 평가자가 권력을 더 많이 가지고 있어서 평가자 마음대로 할 수 있다는 사고방식은 진화는 물론이고 생존조차 어렵게 만든다. 평가위원이 되면 주의사항을 전달받는데, 모든 평가에 공통적으로 강조되는 주의사항이 있다. 평가자로서 고압적 · 권위적 · 강압적인 자세를 보이지 말라는 내용이다.

평가자로서 적응하고 진화한 모습은, 이의신청 자체가 생기지 않도록 충분한 역량을 갖추거나 설사 이의신청을 받더라도 흔쾌히 검토하는 자세를 보이는 것이다. 이와 함께 피평가자가 평가를 받은 후 제시한 의견 중에서 생산적으로 활용 가능한 것은 적극 활용하려는 태도를 지니고, 반면에 불합리한 의견이라면 위험을 무릅쓰고라도 과감히 평가절하해 버리는 배포를 지니는 것도 일종의 진화된 모습 중 하나이다.

물론 평가를 하는 호모 이밸루쿠스가 이러기는 쉽지 않다. 피평가자로부터 이의신청을 받는 것부터가 평가를 하는 주체의 전문성과 신뢰성에 부정적인 신호로 여겨지기 때문이다. 더구나 이의신청이 받아들여져서 평가결과가 수정되면 그때부터 평가자로서의 자격에 의문이 제기되기도 한다.

실제로 우리나라에서 상당히 중요하게 여기는 국가시험에서 출제위원장급에 해당될 정도의 경력을 지닌 어떤 출제위원이 있었다. 그런데 그가 출제한 문제에 오류가 있었고 이의신청에 따라 복수정답을 인정하는 일이 발생했다. 다음 해 시험 출제위원장이 될 가능성이 거의 확실시되었던 그는 더 이상 해당 시험의 출제위원으로 참가하지 못했다. 이의신청제도에 따라 피평가자의 영향력이 충분히 발휘된 이 사례는 해당 평가를 하는 호모 이밸루쿠스에게 평가행위의 정교함과 책임감이 철저히 내면화되도록 만들었다.

평가영역의 확장은 평가를 받는 호모 이밸루쿠스에게는 피로도를 더 높이는 결과를 낳는다. 하나였던 평가가 둘로 나뉘어 두 번의 평가를 받아야 하고, 비슷한 평가가 또 생기기도 하며, 주기적으로 평가를 받아야 하기 때문이다. 그래도 호모 이밸루쿠스는 여기에 또 적응한다. 특히 업무상 평가를 꼭 받아야 하는 호모 이밸루쿠스라면 피할 수 없어서라도 적응할 수밖에 없는 처지이다. 취업시험과 같이 합격을 목표로 하는 호모 이밸루쿠스도 마찬가지다. 그 전에는 없던 2~3일간 합숙을 하는 심층면접까지 만들어져 그것까지 거쳐야 하니 일단 그에 적응할 수밖에 없다. 2~3일간 합숙면접을 하고 합격하면 그나마 다행이지만 고생은 고생대로 하고 합격하지 못하는 이들은 실망감이 이만저만이 아니다. 그렇기 때문에 더욱 철저히 그러한 평가에 적응하려고 한다.

이들이 적응하는 한 가지 방법은 평가영역이 확장되면서 등장한 새로운 또는 유사한 평가에 익숙해지기 위해 여러 차례 모의평가를 반복하는 것이다. 이는 곧 평가를 받는 호모 이밸루쿠스가 시뮬레이터 simulator 로 적용하며 진화하는 것을 말한다. 모의평가는 평가를 받는 호모 이밸루쿠스가 평가에 익숙해지려고 가장 많이 활용하는 방법이다. 특히 새로운 평가가 등장하면 기존의 평가 기출문제 등 가 존재하지 않기 때문에 최대한 유사하게 만든 모의평가에 매달릴 수밖에 없다. 모의평가에서는 평가를 받는 호모 이밸루쿠스가 직접 평가를 받는 것처럼 임하기도 하고, 때로는 평가를 하는 호모 이밸루쿠스가 되어 보기도 한다. "네가 시험 출제자라 생각하고 시험 공부를 해라."라는 말처럼 모의평가를 할 때 평가를 하는 호모 이밸루쿠스가 되어 보는 것이다.

합숙면접이 처음이라면 호모 이밸루쿠스는 면접대상자가 되어 보기도, 면접위원이 되어 보기도 하면서 시뮬레이션한다. 계속 스스로 시뮬레이션이 적용되는 시뮬레이터가 되는 것이다. 수능을 한 달 앞둔 시점에서 실제 수능이 진행되는 시각에 맞춰 모의고사를 반복해서 풀어 보는 수험생은 그야말로 시뮬레이터이다. 재정지원 사업 공모에 선정되기 위해 발표 평가를 앞둔 발표자가 발표시간을 체크하고 분위기용 멘트까지 연습하면서 거의 기계에 가깝도록 준비하는 것도 같은 예이다. 기존에 해 오던 평가에 대해서도 모의평가를 수없이 반복하지만 평가영역의 확장으로 새롭게 만들어진 평가에 대해서는 더욱 그렇다.

한편, 평가영역이 확장됨에 따라 평가를 하는 호모 이밸루쿠스는 양극화된다. 승자 중심의 독점적 지위를 얻으며 독식하는 호모 이밸루쿠스로 진화하기도 하고, 한편에서는 그렇지 못한 호모 이밸루쿠스로 살아가기도 한다. 평가를 할 수 있는 위치에 있는 호모 이밸루쿠스라고 해도 모두가 실제 평가를 할 수 있는 것은 아니다. 평가영역이 확장되면 평가하는 영역이 많아지기 때문에 평가를 하는 호모 이밸루쿠스의 활동이 많아질 것으로 예상할 수 있으나 반드시 그렇지는 않다.

평가는 경력을 중시하는 경향이 있다. 평가자, 즉 평가위원을 모집할 때 관련 평가 경력을 중요하게 고려한다. 특히 정부사업과 관련된 평가에서는 더욱 그렇다. 평가를 주관하는 기관 입장에서는 평가 경력이 있는 위원을 섭외하면 평가 운영에 수월한 점이 많다. 그렇다 보니 늘어나는 평가영역은 결국 평가자로 여러 번 활동한 호모 이밸루쿠스의 활동영역을 더 넓히는 결과를 낳는다. 평가영역을 확장하는데 주도적인 역할을 한 이들도 기존에 평가자로서 활발히 활동한 호모 이밸루쿠스이다. 이들이 평가한 경험을 바탕으로 평가영역을 더 넓히는 것이 또는 더 세분화된 평가가 필요하다는 의견을 적극적으로 제시하며 영향을 미친 결과이다. 실제로 시험제도 개편이나 평가 시스템 개선을 위한 의견 수렴과 제도 설계과정 등에 이들의 참여는 매우 활발하다. 이들은 해당 평가에 오랜 경험을 지니고 있다는 이점을 활용해서 적극 참여한다. 이 과정에서 이들이 자신의 이익을 가장 우선시한다고 단정할 수는 없지만 자신의 이익을 고려한 이런저런 의견 제시를 하는 것도 사실이다.

반면, 평가자의 풀pool에 들어갈 수 있는 자격은 있으나 평가자로서의 경험을 하지 못한 사람은 여전히 그대로 남아 있다. 평가 경력자를 원하는데 평가 경력이 없으니 참여할 수 없고, 이미 평가자로서 많은 경력을 보유한 이들이 자신들의 이익에 부합하는 평가영역을 확장함에 따라 실질적으로 참여할 기회도 마땅치 않다. 그래서 결국 평가자로서 호모 이밸루쿠스는 승자독식화되고 빈익빈 부익부가 된다. 승자독식의 혜택을 보는 호모 이밸루쿠스는 점점 평가 전문가로서 입지를 넓혀 가며 높은 수준의 평가 전문가로 변모한다. 이들은 다년간 다양한 평가 경험을 차별화된 역량으로 과시할 수 있는 자기 홍보도 즐기며 지낸다. 단순히 즐기는 데서 나아가 더 나은 경력으로 진출할 계획도 세운다. 반면 평가자의 위치에 있지만 그 울타리에 진입하지 못한 신출내기 호모 이밸루쿠스는 틈틈이 기회를 엿보며 진입하려고 노력한다. 그 노력의 하나는 끊임없이 평가자 풀에 등록하고 자신의 경력을 관리하는 일이다.

호모 이밸루쿠스의 정규분포와 롱테일 분포

호모 이밸루쿠스는 모두 동일한 상태나 여건으로 평가지배사회를 살아가고 있을까? 인류가 모두 동일한 수준으로 진화한 것이 아니듯이 호모 이밸루쿠스도 제각각 진화의 수준이 다르다. 시험과 같은 평가를 잘 치른 호모 이밸루쿠스가 있는가 하면 그렇지 않은 이도 있다. 앞서 살펴본 대로 평가를 받는 호모 이밸루쿠스 중에는 생득적 자산을 많이 지닌 이가 있는가 하면 그렇지 않은 이도 있다. 평가를 하는 호모 이밸루쿠스 중에도 평가 경험이 많아 계속 평가할 수 있는 기회를 갖는 이가 있는 반면, 평가할 수 있는 자격을 갖추었어도 평가 경험이 거의 없어 평가할 수 있는 기회가 아주 드문 이도 있다. 평가시장에서 아주 잘 나가는 평가 관련 업체가 있는 반면 그렇지 않은 업체도 있다.

이는 모두 평가지배사회에서 호모 이밸루쿠스들이 적응한 나름의 진화 결과이다. 사실, 평가의 의미를 생각해 보면 모두가 동일한 수준의 호모 이밸루쿠스라는 것은 애초에 성립되지 않는 말이기도 하다. 상대적인 인지적 차별성을 부여하는 것이 평가이기 때문에 평가는 차이를 낳고 그에 따라 주어지는 이해득실이 달라진다. 그 이해득실이 평가지배사회를 살아갈 때 적응에 영향을 미치므로 진화의 결과가 달라지는 것은 당연하다. 그렇다면 그 수준을 볼 수 있는 분포도가 있을까?

정규분포 normal distribution 와 멱함수 법칙 Power Law 이 적용되는 롱테일 long tail 분포를 생각해 볼 수 있다. 정규분포는 평균을 중심으로 종 모양 bell-shaped 의 대칭 형태를 띤다. [그림 7-1] 왼쪽 그래프에 나타난 것처럼 거의 대부분이 평균에 몰려 있다. 롱테일 분포는 어떤 사건의 분포가 평균을 중심으로 몰리는 종 모양의 정규분포 곡선과는

[그림 7-1] 정규분포와 롱테일 분포

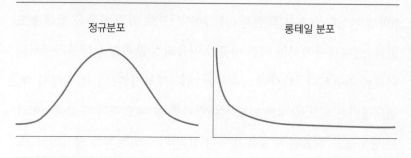

정규분포

롱테일 분포

달리, 멱함수 법칙에 따라 발생빈도가 높은 소규모 사건들이 몰려 있는 숏 헤드short head와 자주 발생하지 않는 대규모 사건들로 이루어진 롱 테일long tail로 이루어져 있다. 롱테일은 작은 것들이지만 모두 합하면 그것이 오히려 발생빈도가 높은 소수에 버금갈 정도의 규모를 지니기도 한다.[4] [그림 7-1]의 오른쪽 그래프가 이에 해당한다. 국가 전체의 부富 80%를 20%의 인구가 차지하고 있다는 파레토 법칙과도 유사하다.

그동안 평가는 주로 정규분포를 가정하고 이루어지는 경우가 많았다. 정규분포는 '정규'normal, 정상라는 용어에서 나타나듯이 현실에서 여러 분포의 대표로 인식되는 경향이 강하다. 통계분석에서 모수통계는 분석 데이터의 분포를 정규분포로 가정하고 있다. 그렇다 보니 평가를 할 때 처음부터 정규분포를 염두에 두고 강제 배분하는 경우가 많다.

대학에서 학생들에게 학점을 부여하는 방식은 A학점 이상은 30%, B학점 이상은 70%, C학점 이하는 30% 등으로 일정 비율을 정해 놓고 있다. 절대평가에서는 이런 비율이 적용되지 않지만 상대평가에서는 엄격히 적용된다. 심지어 교육부는 대학 재정지원사업을 시행할 때, 절대평가는 되도록 적게 하고 상대평가를 할 때도 평가의 엄중성이라는 항목으로 학점별 비율을 얼마나 잘 지키고 있는지를 평가한다. 정부사업이나 기관평가에서도 마찬가지다. A부터 D등급까지 부여할 때 그 비율을 정해 놓고 있는데, 비율의 기준은 정규분포이다. 왜 이렇게까지 하는지 물어보니 한 관계자가 말하기를, 그렇게 해야 평가받는 기관들이 불만을 덜 갖고, 결과도 보기 좋아서 평가를 담당하는 상급기관도 좋아한다고 했다. 이 말은 평가를 받는 기관이나 평가를 담당하는 기관이 정규분포를 거의 정답으로 여기고 있다는 뜻이다.

이렇게 본다면 호모 이밸루쿠스는 평균에 해당하는 평가결과 수준의 차별적 속성을 지니고 있다는 의미가 된다. 3장에서 살펴본 것처럼 평가지표에 철저히 맞춰 평가를 준비하면 많은 호모 이밸루쿠스들은 표준적이고 평균적인 모습을 띨 가능성이 높다. 적어도 겉으로 보기에는 평가지표에 가깝게 그 수준을 끌어올리고 있기 때문이다. 그리고 인증이나 자격 등의 평가와 같이 일정 수준에 충족하는지 여부를 평가할 때도 마찬가지다. 인증이나 자격을 획득했다면 그 수준에서는 비슷해진다.

그러나 때로 호모 이밸루쿠스는 롱테일 분포로 존재하기도 한다. 평가 분야별로 차이가 있겠지만 대개의 경우 평가결과가 승자독식으로 이어지는 분야에서 롱테일 분포가 자주 목격된다. 승자독식이 이루어지면 승자가 아닌 대다수는 긴 꼬리에 널리 퍼져 있고 승자는 특정한 좁은 구간인 숏 헤드에 위치한다. 주로 예술, 스포츠, 연예 분야에서 이런 경향이 나타난다. 이 분야에서는 승자가 되면 상당한 평판과 수익을 통해 그 위치를 더욱 공고화하는 대신, 나머지는 승자의 평판과 수익에 비교해 보면 정말 보잘것없는 수준으로 긴 꼬리에 위치하게 된다. 롱테일 분포는 일종의 빈익빈 부익부의 상황을 보여 준다.

그런데 호모 이밸루쿠스는 이 상황을 매우 당연하게 받아들인다. 현대 자본주의 사회에서 불평등이 워낙 일상화되어 있어 별 거부감 없이 수용하는 경우도 있지만, 긴 꼬리에 위치한 이들은 자신의 처지를 비관하면서도 이를 잊기 위해 숏 헤드를 바라보며 그 속에 들어갈 날을 꿈꾸며 현재의 상황을 일종의 과정으로 여기기 때문이다. '한 방'만 있다면 언제라도 숏 헤드에 들어갈 수 있다는 믿음이 현재의 불평등한 불편을 극복하게 만든다. 슈퍼스타가 모든 것을 가지고 있는 상황에서 호모 이밸루쿠스가 그것을 인정하며 살아가는 것은 그 상황에 적응했기 때문이다. 그래서 때로는 롱테일 분포를 보이는 분야에서 꼬리 부분에 살아가는 호모 이밸루쿠스가 자신은 정규분포에서 살아가고 있다고 오해하기도 한다.

미주

1 앨버트 라슬로 바라바시, 홍지수 옮김(2019).《성공의 공식 포뮬러》, 한국
   경제신문, p.131.
2 시릴 노스코트 파킨슨, 김광웅 옮김(2010).《파킨슨의 법칙》, 21세기북스,
   p.36.
3 김민주(2019).《공공관리학》, 박영사, p.38.
4 크리스 앤더슨, 이노무브그룹 옮김(2006).《롱테일 경제학》, 알에이치코
   리아.

호모 이밸루쿠스가
평가지배사회에서 살아갈 방법

homo evalucus

통치자가 가장 효과적으로 통치하는 방법은 통치를 받는 이들이 스스로 통치자의 의도에 맞게 움직이게끔 하는 것이다. 권력자의 권력행위도 마찬가지다. 권력 행사의 대상자들이 자발적으로 권력자의 의도에 부합하는 행동을 하게끔 만드는 것이다. 통치자나 권력자는 모두 타인을 지배하는 주체로서, 효과적인 지배자는 지배를 받는 사람들이 스스로 지배자의 의도대로 움직이도록 만드는 기술을 지니고 있다. 지배를 받는 사람들이 자발적으로 지배자의 의도에 맞게 행동하는 것을 너무나도 자연스럽고 당연하게 받아들이면 지배자의 지배는 성공적이라고 평가받는다. 지배를 받는 사람들이 지배를 받고 있다는 사실을 전혀 알지 못하는 상태일 때 그 효과는 극에 달한다. 스스로 선택해서 자발적으로 하는 행동이라고 생각할 뿐 지배자의 의도에 따른 것이라고는 전혀 생각하지 못하는 상태가 되는 것이다.

평가지배사회에서 호모 이밸루쿠스는 평가를 하거나 받는 것을 너무나도 당연하고 자연스럽게 여긴다. 그래서 평가에 지배받고 있다는 사실을 전혀 인지하지 못한 채 살아가고 있다. 너무나도 당연하고 자연스러운 것은 '새삼스러운 노력'이 없다면 끝내 인지하지 못하기도 한다. 그런 점에서 볼 때 평가지배사회에서 평가는 인간을 매우 효과적으로 지배하고 있다.

지금까지 이 책에서는 '새삼스러운 노력'을 했다. 호모 이밸루쿠스가 평가지배사회에서 살고 있다는 점을 인지할 수 있도록 여러 논의를 했다. 그런데 이렇게 해도 인지하지 못하는 경우가 있고, 인지했다고 해도 시간이 지나면 다시 잊어버린다. 더 심각한 것은 인지하기는 했지만 현실을 부정하거나 체념하는 경우이다. 그 모든 가능성을 열어 두고 이 책에서 마지막으로 제시하고 싶은 메시지가 있다. 이런저런 상황을 고려했을 때, 차라리 평가지배사회에 효율적으로 대응하는 방법이라도 알아보자는 것이다. 피할 수 없는 현실이 되었다면 현실을 부정하거나 현실을 인지하지 못하고 있음을 안타까워만 하지 말고 살아갈 방법을 고민하는 것이 더 현실적이다.

이를 위해 첫째, 평가지배사회에서 평가에 대한 인식 특히 부정적 인식을 솔직히 드러내는 것이 필요하다. 평가를 긍정적으로 수용하는 인식을 버리는 것이다. 평가에 대한 부정적 인식을 인정하고 솔직하게 드러내자는 말이다. 우리는 흔히 긍정적으로 인식하는 것이 좋고 부정적으로 인식하는 것은 나쁘다고 생각한다. 그래서 가급적이면 절망적인 상황에서도 긍정적으로 생각하자며 서로를 다독인다. 긍정적인 자아상과 고정관념이 우리 사회에 깊숙이 배어 있어서 좀처럼 부정적인 사고를 하기 어렵다. 거의 모든 분야의 치유책으로도 긍정적인 사고를 제시하고 있다.[1]

하지만 긍정적인 사고만 하는 것은 인간의 온전함 wholeness 을 갖추지 못한 상태이다. 토드 카시단 Todd Kashdan 과 로버트 비스워스 디너 Robert Biswas-Diener 의 주장처럼 인간이 긍정과 부정을 모두 인정하고 받아들일 때 온전함에 이를 수 있다. 감정의 어두운 면, 일명 다크사이드 dark side 도 쓸모가 있다.[2] 부정적인 사고는 사회보호 기능을 하기도 하고 균형 잡힌 이해력을 높이기도 한다. 취약함과 나약함을 부정적으로 여겨서 계속 감추려 하면 오히려 더 심해진다. 사회는 모순덩어리다. 모순덩어리를 모순덩어리가 아니라고 외치는 것은 왜곡된 인식이고 문제 해결을 뒤로 미루는 행위밖에 되지 않는다. 건강하고 균형 잡힌 인간은 긍정적인 사고와 부정적인 사고를 모두 한다.

평가를 받는 사람 중 평가받아서 좋다는 사람은 1장에서 예로 든 작전장교와 같이 특별한 사례로 꼽을 만큼 아주 소수일 뿐이다. 하지만 바버라 에런라이크의 말처럼 긍정적인 사고만을 강조하는 것은 역설적이게도 불안 심리를 더 드러내는 것이라고 볼 때,[3] 작전장교도 아마 불안의 심리가 더 크게 자리 잡고 있었을지도 모른다.

평가를 앞둔 사람들에게 "좋게 생각해라", "긍정적으로 받아들여라", "잘될 거라고 믿어라" 등의 말은 크게 도움이 되지 않는다. 평가를 받는 사람은 권력관계에서도 을의 위치에 있기 때문에 불안한 것은 당연하고 부정적인 생각도 계속 떠오르기 마련이다. 시험이나 평가를 앞둔 사람에게서 나타나는 긴장은 가장 솔직한 신체 반응이다.

이럴 때는 차라리 호모 이밸루쿠스라는 존재를 온전히 받아들여부정적인 생각을 의도적으로 감추지 않는 것이 낫다. "걱정되고 좋지않은 평가를 받을 것 같은 생각이 드는 게 당연해", "불안하지? 나도너라면 불안할 것 같아", "내가 더 떨린다"라고 말하는 것은 평가지배사회를 살아가는 호모 이밸루쿠스로서 연대감을 높인다. 그래서 부정적인 생각이 나에게만 있는 특별한 감정이 아니라는 것을 알게 된다. 나는 계속 부정적인 생각이 드는데 긍정적으로 생각하라고 하면, "나는 왜 긍정적인 생각은 들지 않고 부정적인 생각만 드는 걸까? 내가 이상한 건가?"라는 생각만 키운다. 인지 부조화cognitive dissonance가 일어나는 셈이다. 그냥 불안하면 불안하다고 하고, 걱정되면 걱정된다고 하고, 잘되지 않을 것 같은 느낌이 들면 그렇게 느껴진다고 하고, 긴장되면 긴장된다고 하면 된다.

평가지배사회에서 평가를 온몸으로 받고 사는 호모 이밸루쿠스에게는 온몸으로 느끼는 감정을 그대로 표현하는 것이 가장 좋은 대응 방법이다. 평가가 주는 부정적인 생각과 감정을 그대로 드러내면서 호모 이밸루쿠스로서 현실을 정확히 인식하는 것이 평가를 올바르게 대하는 첫걸음이다. 진단을 잘못하면 처방도 소용없듯이, 스스로 솔직해지면 오히려 한결 편한 마음으로 평가에 임할 수 있다. 부정적으로 여겨지면 부정적인 감정을 고스란히 내보이면서 스스로를 제대로 진단하는 것이 평가지배사회에서 호모 이밸루쿠스가 살아가는 방법이다.

때로는 평가와 관련된 부정적 사고의 정도가 가장 높다고 볼 수 있는 최악의 상황을 생각하는 것도 이와 관련이 있다. 최악의 상황을 미리 생각하면 정말 최악의 상황이 되었을 때 우리 뇌는 이미 가상으로 먼저 경험했던 상황이기 때문에 정신적 충격이 덜하고, 만일 최악의 상황이 되지 않았다면 최악의 상황까지 고려했던 것에 비해서는 다행이라는 안도감을 느낄 수 있다. 최악의 상황은 부정적인 생각이다. 이처럼 평가에 대한 부정적인 생각을 제어하지 말고 그대로 펼치고 때로는 적극 활용할 필요가 있다.

둘째, 최소 노력의 법칙 principle of least effort 에 따라 평가의 복잡성을 줄여야 한다. 모든 것은 나름대로의 역사를 지니고 있으면서 수많은 관계를 맺고 있다. 우리 눈앞에 놓여 있는 조그마한 연필 한 자루도 지금 이 자리에 오기까지 온갖 이야기와 흔적을 간직하고 있다.[4] 그래서 이 연필에 대해 잘 알려면 그 이력을 모두 검토해 보면 된다. 그러면 대상에 대한 충분하고 정확한 이해를 할 수 있다. 연필 한 자루에 담긴 정보와 관계도 무수히 많은데 하물며 어떤 행위를 할 때 그 행위와 관련된 변수들은 더 그렇다. 평가도 마찬가지다. 평가를 하거나 받으려면 고려해야 할 사항이 너무나도 많다. 그런데 그 많은 것을 모두 고려한다면 우리의 에너지는 금방 바닥날 것이다. 그래서 3장에서 살펴보았듯이 평가지표가 존재한다. 평가지표에만 초점을 두는 것이 가장 현실적이다.

바로 이 점이다. 현실에서 평가를 하거나 받으려면 철저하게 복잡성을 줄여야 한다. 어떤 대상을 정확히 그리고 충분히 알기 위해서는 관련된 사항을 모두 확인하는 것이 중요하다. 하지만 현실에서 평가를 하거나 받는다면 평가와 관련된 모든 것을 고려하다가는 평가 자체를 할 수 없게 된다. 그래서 평가지표가 있다면 평가지표에만 초점을 맞춰야 하고, 평가지표가 없다면 가능한 한 평가 대상에 대한 핵심 사항만 확인해야 한다.

이는 호모 이밸루쿠스가 이미 그들의 본능 속에 있는 최소 노력의 법칙을 평가에서도 적극 활용해야 한다는 말이다. 최소 노력의 법칙이란 인간은 본능적으로 최소의 노력을 들여서 무엇인가를 하려고 한다는 것이다. 에너지의 최소량만을 소비하고자 하는 본능적 성향을 지니고 있다는 것으로, 인류 초기부터 그랬다고 한다. 일을 하면 가급적 적은 노력을 들여서 에너지를 보존하려는 습성을 지니고 있는 것

이다. 이를 위해 인간은 간단하고 손쉽고 수월한 방법을 찾는다.[5]

평가가 부담되고 벅차게 느껴지면 노력을 최소화해도 되는 지점을 찾으면 된다. 평가에 관련된 것으로 여겨지는 모든 것을 다 할 필요는 없다. 그것은 인간이 지닌 최소 노력의 본능에 맞지 않을뿐더러 모든 것을 하려다가 아무것도 하지 못하는 결과를 낳을 수도 있다. 인간은 간단한 어떤 것을 제시하면서 그것만 하라고 할 때, 그리고 그에 수긍해서 간단한 그것만 하면 된다고 믿을 때 가장 집중도가 높아진다. 적어도 평가만큼은 철저히 핵심에 집중하고 나머지는 제쳐 두는 최소 노력의 법칙을 적용할 필요가 있다. 그렇지 않아도 온갖 평가가 지배하는 사회를 정신없이 살아가는 호모 이밸루쿠스에게 일상이 된 평가의 세세한 부분까지 모두 고려하도록 하는 것은 가혹하다.

중요한 점은 평가를 하는 사람도 최소 노력의 법칙에 따라 가급적이면 큰 에너지 소모 없이 평가를 하려고 한다는 것이다. 그래서 더욱더 핵심에 초점을 둘 수밖에 없다. 특히 오늘날에는 평가의 민주성이 높아져서 핵심에서 벗어나거나 매우 지엽적인 부분을 평가하기가 어렵다. 지엽적인 것은 논쟁이 될 수 있는 사안을 많이 지니고 있다. 누구나 인정하는 핵심적인 사안이 아니라 지엽적인 것으로 계속 남아 있다면 분명 그 이유가 있기 마련이다. 평가의 민주성이 높아지면서 평가를 하는 사람도 최소 노력의 법칙에 따라 평가를 받는 사람이 충분히 납득할 수 있는 평가를 하기 위해 노력한다. 그 노력은 주로 평가의 핵심이 무엇인지를 설정하고 그에 따라 평가를 하는 것이다.

평가에서 중요한 것은 어디에 평가의 초점을 둘 것인가이다. 호모 이밸루쿠스는 평가의 복잡성에 빠져 허우적거리지 않으려면 확실한 튜브 하나만 잘 고르면 된다. 호모 이밸루쿠스는 불필요한 것들은 과감히 도려내 버리는 오컴의 면도날 Occam's razor 을 항상 지니고 있어야 한다.

셋째, 호모 이밸루쿠스는 태풍의 눈을 찾아야 한다. 태풍의 눈은 태풍이 휘몰아칠 때 그 한가운데 있는 고요한 지점이다. 평가의 태풍이 몰아쳐도 그 속에 있는 고요한 영역을 확보해야 한다. 태풍의 눈을 찾아 활용하는 호모 이밸루쿠스와 그렇지 못한 이 사이에는 분명한 차이가 존재한다. 그 차이는 성과의 차이일 수도 있고 몸의 건강 상태나 마음의 여유일 수도 있다.

호모 이밸루쿠스는 크고 작은 평가까지 모두 고려하면 하루에도 여러 개의 평가에 참여한다. 평가가 호모 이밸루쿠스에게 미치는 정도에 따라 우선순위가 분명 존재하지만, 완전히 무시할 수 없는 평가까지 고려하면 때로는 정신이 없을 정도이다. 그래서 평가의 태풍이 몰아칠 때 호모 이밸루쿠스는 오히려 태풍의 눈을 찾아야 한다. 비단 여러 개의 평가에 참여할 때뿐만 아니라 중요한 평가에 몰두할 때도 마찬가지다. 중요한 시험은 1년이고 2년이고 계속 호모 이밸루쿠스의 일상을 지배한다. 노량진 학원가에서 생활해 본 사람들은 두 번 다시 그때로 돌아가고 싶지 않다고 말한다. 어떤 사람은 신림동 고시촌에서 생활한 뒤 서울 생활 자체가 싫어졌다고 했다. 주위를 둘러보면 온통 시험에 관련된 것뿐이라 시험의 태풍 속에 들어 있는 것처럼 느껴졌기 때문이다.

그럼에도 불구하고 평가지배사회 속에서도 분명 어떤 지점에는 태풍의 눈과 같은 특정 영역이 존재하기 마련이다. 이를테면 시험이라는 태풍 속에서도 특정한 시간에 잠시 짬을 내어 커피를 마실 수 있다. 아무리 중요한 시험을 준비한다 하더라도 일주일 중 하루 한 시간은 드라마를 볼 수도 있다. 공공인재학부 교수로 있다 보니 공무원 시험을 준비하는 학생을 자주 본다. 관련된 상담도 많이 하는데, 항상 하는 말 중에 하나는 일주일 중 하루 또는 반나절만이라도 무조건 놀거나 아무것도 하지 말고 쉬라는 것이다. 일주일 내내 단 하루도 쉬지 않고 시험에만 매달리는 것은 좋은 방법이 아니다. 쉬는 날이 있어야 나머지 날을 위한 충전을 할 수 있다. 좋지 않은 시험 준비 방식 중 하나는 공부하는 것도 아니고 쉬는 것도 아니면서 어정쩡하게 시간을 보내는 것이다. 불안한 마음에 쉬려니 시간이 아깝고 그렇다고 시험 공부가 잘되는 것도 아니다 보니 그냥 어정쩡하게 시간만 보내면서 책상에 앉아 있는 것이다.

그보다는 태풍의 눈에 해당하는 날을 정해서 잠시라도 평가라는 태풍을 잊는 것이 필요하다. 사실 태풍의 눈은 찾는 것이 아니라 만드는 것이다. 이는 습관으로 가능하다. 합리적이지 못한 인간일수록 필요하고 중요하게 여겨지는 것을 의식적으로 만들어야 한다. 그것이 습관으로 굳어지면 더 좋은 성과를 낼 가능성도 높아진다.[6]

평가를 하는 호모 이밸루쿠스도 마찬가지다. 평가하는 일도 정신 없을 때가 많다. 평가받는 사람도 괴롭지만 평가하는 사람도 괴롭다. 남을 평가한다는 자체에서 오는 부담감으로 괴롭기도 하지만 평가하는 업무 자체가 많기도 하다. 따라서 평가 일정과 속도에 휩쓸려 대충 평가해 버릴 수도 있다.

평가하는 사람 역시 태풍의 눈에 해당하는 잠깐의 충전 시간을 가져야 한다. 한 사람의 일생을 좌우할 수도 있는 평가를 잠깐의 여유를 가질 수도 없는 상태에서 해서는 안 된다. 평가하는 사람의 여유란 평가에서 조금 벗어나서 자신을 바라보는 것이다. 그렇게 하면 평가의 태풍이 몰아쳐도 그 속에서 고요를 맛볼 수 있다. 때로는 어떤 평가 대상자에 대한 평가를 한 뒤 그 대상자를 평가와 상관없이 생각해 보면 또 다른 면이 보이거나 느껴지는 경우가 있다. 잠깐의 여유가 또 다른 시각을 갖게 해 준다.

마지막으로 넷째, 호모 이밸루쿠스가 평가를 하거나 받은 다음 취약해지는 행동 특성에 주의할 필요가 있다. 사람은 에너지가 고갈되면 부정행위나 비도덕적 행위를 할 가능성이 더 높아진다는 연구결과가 있다. 비교적 많은 에너지가 소모되는 어떤 행위를 하고 나면 도덕적 문제에 특히 취약해진다고 한다.[7] 위법은 아니더라도 사소한 도덕적 일탈이 자주 나타난다는 것이다. 에너지 소모가 많다는 것은 개인이 각종 형태의 부담감을 유발하는 일을 했다는 것이고, 그 일이 종결되면 일종의 해방감이 도덕적 행위에 느슨함을 유발하는 것이다. 평가가 여기에 해당될 수 있는데, 특히 시험이 그렇고 그 시험이 비교적 장기간 준비해야 하는 경우라면 더욱 그렇다. 비록 사소한 도덕적 일탈이 자주 나타난다는 연구결과이지만, 사소한 일탈이 때로는 본인이 모르는 위법 행위일 수도 있고, 위법이 아닌 일탈이라고 해도 누적되면 그 강도가 결코 사소하지 않은 수준의 도덕적 일탈로 커질 수도 있다.

그런 점에서 볼 때 호모 이밸루쿠스는 평가를 하고 평가를 받는 행위에서 더 나아가 평가 이후의 행위도 고려해야 한다. 이를 역으로 활용하면, 평가를 하는 입장에서는 평가를 받는 호모 이밸루쿠스의 진면목을 평가 이후의 행동으로 판단하면 된다. 시험 등의 평가에서 평가를 받는 호모 이밸루쿠스가 진짜 모습을 시험과정에서 드러내는 경우는 흔하지 않다. 면접의 기술과 전략이 있을 정도로 면접장에서는 아주 초보적이고 기초적인 판단 정도만 가능하지, 면접대상자의 원래 역량을 모두 확인하기는 어렵다. 그래서 면접을 1차와 2차로 나눠서 하기도 하고 필요하면 합숙면접을 하기도 하지만 한계는 있다. 그중에서도 인성 면접은 더더욱 그렇다. 한 사람의 인성을 몇 분이나 며칠 안에 판단하는 것은 불가능하다.

이럴 때는 시험을 끝낸 후 호모 이밸루쿠스의 행동을 보면 된다. 일부 미국 기업에서는 최종합격 결정 이전에 해당 후보자의 SNS를 보면서 평소 어떤 사람인지 평가하기도 한다. 여기서 더 나아가 합격 통지 후에 합격자가 어떤 모습을 보이는지를 SNS 등으로 확인하기도 한다. 합격 후 도덕적 일탈과 같은 취약성이 드러나는지 보는 것이다. 만일 심각한 도덕적 일탈이 목격되면, 비록 합격을 취소할 수는 없으나 앞으로 함께 생활하면서 충분히 고려할 사항이 무엇인지는 알게 된다. 따라서 호모 이밸루쿠스는 평가 이후의 행동에 대해서도 고려해야 한다.

평가지배사회를 살아가는 호모 이밸루쿠스의 대응 방식은 이런 것들이다. 평가에 대한 부정적 인식도 솔직히 드러내고, 가급적이면 평가의 복잡성을 줄이며, 평가가 몰아치더라도 고요한 지점은 확보해 두고, 평가 이후에 취약해지는 행동에 주의한다. 호모 이밸루쿠스가 살아갈 방법은 이러한 대응 방식을 더 정교하게 다듬어서 평가지배사회에 계속 적응하는 것이다.

미주

1   바버라 에런라이크, 전미영 옮김(2011).《긍정의 배신》, 부키.

2   토드 카시단·로버트 비스워스 디너, 강예진 옮김(2018).《다크사이드》, 한빛비즈.

3   바버라 에런라이크, 전미영 옮김(2011).《긍정의 배신》, 부키, p.25.

4   에드워드 흄스, 김태훈 옮김(2017).《배송추적》, 사회평론.

5   비키 쿤켈, 박혜원 옮김(2009).《본능의 경제학》, 사이, pp.118~120.

6   웬디 우드, 김윤재 옮김(2019).《해빗》, 다산북스.

7   댄 애리얼리, 이경식 옮김(2012).《거짓말하는 착한 사람들》, 청림출판.

참고문헌

강광우. 〈선거 때마다 등장했던 '동남권 신공항'…이번에는?〉, 《서울경제》, 2019. 2. 16.

구자홍. 〈청와대 '밀양' 낙점하고 신공항 밀어붙이나〉, 《주간동아》, 2016. 6. 15.

김기만. 〈정시확대·실적개선…메가스터디교육 고공행진〉, 《한국경제》, 2020. 1. 23., A22면.

김동성·김상철·채희락(2008). 〈문법성과 어휘 응집성 기반의 영어 작문 평가 시스템〉, 《인지과학》, 19(3): 223–255.

김미경. 〈직장인 10명 중 9명, "평판 관리 필요해"〉, 《이데일리》, 2011. 8. 17.

김민주(2015). 《행정계량분석론》, 대영문화사.

＿＿＿(2016). 《평가지배사회》, 커뮤니케이션북스.

＿＿＿(2017). 〈예산배분 권력의 역전〉, 《인문사회과학연구》, 18(3): 143-181.

＿＿＿(2017). 《정부는 어떤 곳인가》, 대영문화사.

＿＿＿(2019). 《공공관리학》, 박영사.

_____(2019). 〈대규모 정부사업의 반복된 철회가 마을주민에게 미친 심적 영향 분석〉, 《지방행정연구》, 33(4): 249-282.

_____(2019). 《재무행정학》, 박영사.

김성휘 · 진상현 · 김태은 · 지영호. 〈여론조사의 정치학〉, 《머니투데이》, 2016. 1. 15.

김영화. 〈'각자도생' 청춘, 특성화고 졸업생들〉, 《시사IN》, 2019. 4. 30.

김은영. 〈대치동 학원비 할인도 챙긴다…백화점 VIP 쟁탈전〉, 《조선일보》, 2019. 9. 17.

김정현. 〈올해 서울 초등학교 예비소집 불참 1만 1,124명 … "소재 파악 착수"〉, 《뉴시스》, 2020. 1. 10.

김지현. 〈자격증 3개 스펙에도… 첫 취업 11개월 걸린다〉, 《한국일보》, 2019. 7. 23., 12면.

김훈(2019). 《연필로 쓰기》, 문학동네.

나심 니콜라스 탈레브, 안세민 옮김(2013). 《안티프래질》, 와이즈베리.

댄 애리얼리, 이경식 옮김(2012). 《거짓말하는 착한 사람들》, 청림출판.

로버트 프랭크, 정태영 옮김(2018). 《실력과 노력으로 성공했다는 당신에게》, 글항아리.

루드비히 비트겐슈타인, 김양순 옮김(2008). 《논리철학논고/철학탐구/반철학적 단장》, 동서문화사.

마르틴 하이데거, 전양범 옮김(2016). 《존재와 시간》, 동서문화사.

마이클 모부신, 이건 외 옮김(2019). 《마이클 모부신 운과 실력의 성공 방정식》, 에프엔미디어.

마이클 샌델, 안기순 옮김(2012). 《돈으로 살 수 없는 것들》, 와이즈베리.

마커스 버킹엄 · 애슐리 구달, 이영래 옮김(2019). 《일에 관한 9가지 거짓말》, 쌤앤파커스.

막스 베버, 이상률 옮김(2018).《관료제》, 문예출판사.

매일경제 기획취재팀. 〈내 고민은 취업>생활비>연애…그래도 미래는 밝다〉,《매일경제》, 2019. 1. 1., 5면.

바버라 에런라이크, 전미영 옮김(2011).《긍정의 배신》, 부키.

박상욱. 〈운명 달린 '입소문'? 학원끼리 '댓글 비방전'도…손 놓은 당국〉,《JTBC 뉴스룸》, 2019. 1. 16.

박영재. 〈민간자격증 2만 8,000개, 공인 여부 잘 따져야〉,《중앙일보》, 2018. 1. 30., 6면.

박현석. 〈2019 전국 대학 취준생 취업 준비 및 기업인식 조사 결과보고서 발표〉,《뉴스타운》, 2019. 8. 8.

박형빈. 〈자사고, 지정취소 결정 부당…교육청, 적법 절차 따랐다〉,《연합뉴스》, 2019. 11. 21.

방종임. 〈소비자 사로잡은 최고의 교육 기업은?〉, 조선에듀, 2020. 2. 3.

버지니아 유뱅크스, 김영선 옮김(2018).《자동화된 불평등》, 북트리거.

브라이언 워커·데이비드 솔트, 고려대학교 오정에코리질리언스연구원 옮김(2015).《리질리언스 사고》, 지오북.

비키 쿤켈, 박혜원 옮김(2009).《본능의 경제학》, 사이.

빅토어 마이어 쇤베르거·토마스 람게, 홍경탁 옮김(2018).《데이터자본주의》, 21세기북스.

서울특별시교육청(2018).《2019학년도 자율형 사립고등학교 운영성과 평가계획》, 서울특별시교육청.

_____(2019).《2019~2022 서울교육중기발전계획》, 서울특별시교육청.

선근형. 〈자녀 수능성적, 부모 학력·소득 비례 관계 입증〉,《경향신문》, 2009. 4. 16.

시노다 나오키, 박정임 옮김(2017).《시노다 과장의 삼시세끼》, 앨리스.

시릴 노스코트 파킨슨, 김광웅 옮김(2010).《파킨슨의 법칙》, 21세기북스.

신태현.〈중견기업 과장, 승진 못할 확률 제일 커〉,《뉴스토마토》, 2019. 1. 31.

아자 가트, 오숙은·이재만 옮김(2017).《문명과 전쟁》, 교유서가.

앤서니 기든스, 김미숙 외 옮김(1999).《현대 사회학》, 을유문화사.

앨버트 라슬로 바라바시, 홍지수 옮김(2019).《성공의 공식 포뮬러》, 한국경
  제신문.

에드워드 흄스, 김태훈 옮김(2017).《배송추적》, 사회평론.

에리히 프롬, 장혜경 옮김(2016).《나는 왜 무기력을 되풀이하는가》, 도서출
  판 나무생각.

염세철학가, 차혜정 옮김(2019).《당당한 염세주의자》, 나무의철학.

오수호.〈고액 입시 학원 고강도 세무조사〉,《KBS뉴스》, 2015. 10. 13.

온라인뉴스팀.〈한 달에 3번 복권 당첨된 부부, 상금 21억…'인생은 로또?'〉,
  《헤럴드경제》, 2014. 4. 3.

울리히 벡, 홍성태 옮김(2014).《위험사회: 새로운 근대(성)를 향하여》, 새물결.

웬디 우드, 김윤재 옮김(2019).《해빗》, 다산북스.

위정환.〈토익 700점 이하 승진 못해…SK, 과장급부터 적용〉,《매일경제》,
  2001. 4. 16.

유발 하라리, 조현욱 옮김(2015).《사피엔스》, 김영사.

의협신문 공동취재팀.〈의료기관평가가 병원 바꿨다〈1〉〉,《의협신문》, 2007.
  6. 12.

이강은.〈2019 수능 출제비용 '245억 원'… 수능 도입 이래 역대 최대〉,《세계
  일보》, 2018. 11. 15.

이미연.〈정시 확대 방침에 학원가 북적…대치동 대입학원만 445곳〉,《매일경
  제》, 2019. 12. 5.

이반 일리치, 박홍규 옮김(2009).《학교 없는 사회》, 생각의나무.

이서영(2016). 〈과학적 권위의 정치적 활용: 2016년 영남권신공항 입지 선정 시 프랑스 파리공항공단(ADPi) 개입에 대한 국민들의 인식〉,《21세기정치학회보》, 26(4): 67-96.

이수일. 〈올해 구직자 평균 입사지원 횟수 10.3회…블라인드 입사지원 35.3%〉,《아시아투데이》, 2019. 9. 23.

이오성·이상원. 〈'아님 말고'식 여론조사 주범은 선거용 '떴다방'〉,《시사IN》, 2016. 5. 11.

이재영. 〈'공무원 열풍'에 한국사능력검정시험 응시자 13년 만에 33배↑〉,《연합뉴스》, 2019. 12. 17.

이진용. 〈"승진 때문에"…과외에 내몰리는 서울시 공무원들〉,《헤럴드경제》, 2019. 3. 25., 12면.

이철호(2005). 〈입시, 불평등의 제도화〉,《교육비평》 17: 8-56.

장원영·김성식(2014). 〈알고리즘 자동평가 시스템의 개발 및 적용: 프로그래밍 학습 효과 분석〉,《컴퓨터교육학회논문지》 17(4): 45-57.

잭 고드윈, 신수열 옮김(2018).《사무실의 정치학》, 이책.

정상연. 〈콜센터 상담 품질 자동평가 은행권 최초로 시스템 구축〉,《동아일보》, 2019. 10. 28.

정유미. 〈취준생 10명 중 8명 "부모가 곧 스펙이다"〉,《경향신문》, 2019. 9. 18., 1면.

정학구. 〈박창호 입지평가위원장 "동남권에 신공항 필요하다"〉,《연합뉴스》, 2011. 3. 25.

제리 멀러, 김윤경 옮김(2020).《성과지표의 배신》, 궁리출판.

조호윤. 〈취업 준비 기간 '평균 13개월', 5번째 공채지원자 9% 달해〉,《아시아경제》, 2016. 6. 26.

최민지. 〈자사고 논란은 이틀째 'ING'…"평가 지표 부당"〉,《머니투데이》, 2019. 7. 23.

최창욱·황세영·유민상(2018).《아동·청소년 권리에 관한 국제협약 이행 연구–한국아동·청소년 인권실태 2018 기초분석 보고서》, 한국청소년정책연구원.

크리스 앤더슨, 이노무브그룹 옮김(2006).《롱테일 경제학》, 알에이치코리아.

토드 로즈, 정미나 옮김(2018).《평균의 종말》, 21세기북스.

토드 로즈·오기 오가스, 정미나 옮김(2019).《다크호스》, 21세기북스.

토드 카시단·로버트 비스워스 디너, 강예진 옮김(2018).《다크사이드》, 한빛비즈.

피터 홀린스, 김현수 옮김(2018).《운을 기획하라》, 카시오페아.

플로리안 아이그너, 서유리 옮김(2018).《우연은 얼마나 내 삶을 지배하는가》, 동양북스.

한국교육개발원(2019).《한국교육개발원 교육여론조사(KEDI POLL 2019)》, 한국교육개발원.

한병철, 김태환 옮김(2012).《피로사회》, 문학과지성사.

＿＿＿, 김남시 옮김(2016).《권력이란 무엇인가》, 문학과지성사.

＿＿＿, 이재영 옮김(2016).《아름다움의 구원》, 문학과지성사.

한치원. 〈[정책토론] 교육평가제도와 정책, 무엇이 문제인가〉,《에듀인뉴스》, 2016. 9. 1.

현대경제연구원(2017).〈공시의 경제적 영향 분석과 시사점〉, 현대경제연구원.

홍두승·구해근(2001).《사회계층·계급론》, 다산출판사.

황성욱·조윤용(2017).〈일반인의 평판, 어떻게 측정할 수 있는가?〉,《한국광고홍보학보》, 19(4): 35-63.

Blau, Peter M.(1964). *Exchange and Power in Social Life*, New Brunswick, N.J.: Transaction Publishers.

Dahl, Robert(1957). "The Concept of Power", *Behavioral Science*, 2.

DiMaggio, Paul J. and Walter W. Powell(1983). "The Iron Cage Revisited: Institutional Isomorphism and Collective Rationality in Organizational Fields", *American Sociological Review*, 48(2): 147-160.

Downs, Anthony(1972). "Up and Down with Ecology: The 'Issue-Attention Cycle'", *The Public Interest*, 28: 38–50.

Emerson, Richard M.(1962). "Power-Dependence Relations", *American Sociological Review*, 27(1): 31-41.

Housman, Michael and Dylan Minor(2015). "Toxic Workers", Working Paper 16-057, Harvard Business School, Boston.

Lukes, Steven(2005). *Power: A Radical View*, London: Palgrave Macmillan.

Rumsey, Abby Smith(2016). *When We Are No More: How Digital Memory Is Shaping Our Future*, Bloomsbury Press.

Weber, Max(1948). *From Max Weber: Essays in Sociology*, London: Routledge.

「고등교육기관의 자체평가에 관한 규칙」
「고등교육법」
「공무원 성과평가 등에 관한 규정」
「교육기본법」
「국가공무원법」
「정부업무평가 기본법」
「초 · 중등교육법」
「학교생활기록 작성 및 관리지침」

대한변호사협회 홈페이지(www.koreanbar.or.kr)

한국교육과정평가원 홈페이지(www.kice.re.kr)

한국대학평가원 홈페이지(aims.kcue.or.kr)

SKY 캐슬 홈페이지(tv.jtbc.joins.com/skycastle)

찾아보기